U0421145

快与慢

一只蜜蜂

一只蜘蛛

蜜蜂代表了古人的一种品位，蜂巢稳定有序，是有理数的象征：确定和优雅。

蜘蛛象征了现代人的一种理性，蜘蛛网呈几何图形，是无理数的代表：不确定和不斯文。

蜜蜂筑巢，无论采集什么，都滋养了自己，但丝毫无损花朵的芳香、美丽和活力。

蜘蛛吐丝，无论形状怎样，都是织造粘网，为了猎杀他者……

“轻与重”文丛的2.0版

爱情终结于冷漠，

终结于冷静下来的策略性问题，

终结于慈悲心肠所致的勉强维持。

——尼克拉斯·卢曼

华东师范大学出版社六点分社　策划

快与慢
点点 主编

作为激情的爱情

关于亲密性编码

[德] 尼克拉斯·卢曼 著　范劲 译

Niklas Luhmann

Liebe als Passion

Zur Codierung von Intimität

华东师范大学出版社

缘　起

倪为国

1

继“轻与重”文丛，我们推出了 2.0 版的“快与慢”书系。

如果说，“轻与重”偏好“essai”的文体，尝试构筑一个“常识”的水库；书系 Logo 借用“蝴蝶和螃蟹”来标识，旨在传递一种悠远的隐喻，一种古典的情怀；“快与慢”书系则崇尚“logos”的言说，就像打一口“问题”的深井，更关注古今之变带来的古今之争、古今之辨；故，书系 Logo 假托“蜜蜂和蜘蛛”来暗合“快与慢”，隐喻古与今。如是说——

> 蜜蜂代表了古人的一种品位，蜂巢稳定有序，是有理数的象征：确定和优雅。
>
> 蜘蛛象征了现代人的一种理性，蜘蛛网

呈几何图形,是无理数的代表:不确定和不斯文。

蜜蜂筑巢,无论采集什么,都滋养了自己,但丝毫无损花朵的色彩、芳香和美丽。

蜘蛛吐丝,无论形状怎样,都是织造粘网,为了猎杀他者……

2

快与慢,是人赋予时间的一种意义。

时间只有用数学(字)来表现,才被赋予了存在的意义。人们正是借助时间的数学计量揭示万事万物背后的真或理,且以此诠释生命的意义、人生的价值。

慢者,才会"静"。静,表示古人沉思的生活,有节制,向往一种通透的高贵生活;快者,意味"动",旨在传达现代人行动的生活,有欲望,追求一种自由的快乐生活。今日之快,意味着把时间作为填充题;今日之慢,则是把时间变为思考题。所以,快,并不代表进步,慢,也不表明落后。

当下,"快与慢"已然成为衡量今天这个时代所谓"进步"的一种常识:搜索,就成了一种新的习惯,新的生活方式——我们几乎每天都会重复做这件事情：搜索，再搜索……

搜索，不是阅读。搜索的本质，就是放弃思考，寻找答案。

一部人类的思想史，自然是提问者的历史，而不是众说纷纭的答案历史；今日提问者少，给答案人甚多，搜索答案的人则更多。

慢慢地，静静地阅读，也许是抵御或放弃“搜索”，重新学会思考的开始……

3

阅读，是一种自我教化的方式。

阅读意义的呈现，不是读书本身，而是取决于我们读什么样的书。倘若我们的阅读，仅仅为了获取知识，那就犹如乞丐渴望获得金钱或食物一般，因为知识的多少，与善恶无关，与德性无关，与高贵无关。今天高谈“读什么”，犹如在节食减肥的人面前讨论饥饿一样，又显得过于奢求。

书单，不是菜谱。

读书，自然不仅仅是为了谋食，谋职，谋官，更重要的是谋道。

本书系的旨趣，一句话：且慢勿快。慢，意味着我们拒绝任何形式对知识汲取的极简或图说，避免我们的阅读碎片化;慢,意味着我们关注问题,而不是选择答案;慢,意味着我们要回到古典,重新出发,凭靠古传经典,摆脱中与西的纠葛,远离左与右的缠斗,跳出激进与保守的对峙,去除进步与落后的观念。

从这个意义上说,我们遴选或开出的书单,不迎合大众的口味,也不顾及大众的兴趣。因为读书人的斯文"预设了某些言辞及举止的修养,要求我们的自然激情得以管束,具备有所执守且宽宏大量的平民所激赏的一种情操"(C. S. 路易斯语)。因为所谓"文明"(civilized)的内核是斯文(civil)。

4

真正的阅读,也许就是向一个伟人,一部伟大作品致敬。

> 生活与伟大作品之间/存在古老的敌意(里尔克诗)。

这种敌意,源自那个"启蒙",而今世俗权力和奢华物质已经败坏了这个词,或者说,启蒙运动成就了这种敌意。"知识越多越反动"恰似这种古老敌意的显白脚注。在智能化信息化时代的今日，这种古老的敌意正日趋浓烈，甚至扑面而来，而能感受、理解且正视这种敌意带来的张力和紧张的，永远是少数人。编辑的天职也许就在于发现、成就这些“少数人”。

快，是绝大多数人的自由作为；慢，则是少数人的自觉理想。

著书，是个慢活，有十年磨一剑之说；读书，理当也是个细活，有十年如一日之喻。

是为序。

目　录

自由即秩序：
卢曼的爱情理论(代译序)

一　“爱情圆圈”

爱情大概是最常见的社会现象，任何时代，任何社会，都有爱情存在。哪有少女不怀春，哪有少年不钟情，是一般人的口头禅。然而仔细想来，爱情并非自然而然，亲密关系的制度化少不了人为努力，爱情实际上是通过无数人的想象，尤其是文学家的想象规划出来的一个特别领域。爱情不光是个人的爱情，也是社会的爱情，必须服从一般的交流规则。

席勒的《阴谋与爱情》1784 年在曼海姆首演，第三幕第四场中有一段关于爱情的讨论：

> 斐迪南　……有一个想法，伟大、豪迈如我的爱情，它一阵又一阵地撞击着我的灵魂——这就是你，露意丝，还有我和我们的爱

情！在这个圆圈里不包含着整个的天空吗？难道你还需要别的第四种什么？

……

露意丝　难道你除了爱我，不承担任何别的职责？

斐迪南　（拥抱她）保证你的安宁，就是我最神圣的职责。

露意丝　（非常严肃地）那就请你住口，并且离开我——我有一位父亲，他除去我这独生女儿，便一无所有——明天他将满六十岁——他提心吊胆，知道宰相准会对他进行报复……

斐迪南　（迅速抢过话头）让他和我们一块儿走。这样便没啥好说了吧，亲爱的！我马上去变卖值钱的东西，并且从父亲账上提些款子出来。抢夺一个强盗的财物不算犯法；他那许多财产，不都是国家的血泪么？——半夜一点时有辆车驶到门口来，你们赶紧跳上车。咱们远走高飞。

露意丝　可你父亲会在背后诅咒我们——这样的诅咒，我的冒失鬼啊，就是杀人犯说出来也总会传到上帝耳边，就是缚在绞刑架上的强盗听了也会视为上天的报应，因

> 而心惊胆寒。这样的诅咒将像幽灵，无情地驱赶我们这些流浪者，从天涯到海角，从此岸到彼岸——不，亲爱的！如果只有罪孽能使我得到你，那我还有失去你的力量和勇气。①

之所以援引这段话，是因为其中涉及编码、秩序、社会区分等有关社会系统建构的问题。不难看出，两种爱情编码的矛盾才是戏剧冲突的核心，孕育阴谋的真正土壤。其中一种是等级社会的"门当户对"金律，爱情的促发基于家族和阶层的利益；另一种是浪漫主义的普遍化爱情，爱情最重要的理由是爱情本身。斐迪南代表了一种对当时人来说新型的爱情编码，将爱情想象为高于一切，"爱情圆圈"排斥周围环境，只包含三个要素：你、我双方加爱情。"哪儿有露意丝爱我，哪儿就是我的祖国"，为了这个祖国，整个世界皆可抛却。相反，露意丝在爱情方面是个现实主义者，她没有爱情自治的奢求，却特别在意外在的社会秩序。首先，她清楚地知道，斐迪南的父亲不会容许这桩婚姻，如果斐迪南一意孤行，他只有叛逆一条路。叛

① 席勒《阴谋与爱情》，杨武能译，四川文艺出版社 2007 年版，第 84—85 页。

逆意味着打破固有秩序，对于尚未进入新秩序——“爱情圆圈”——的人来说，放弃旧的安身立命之所是不可想象的，那就是“罪孽”，故而她对斐迪南说：“如果只有罪孽能使我得到你，那我还有失去你的力量和勇气。”其次，她知道，她从属于她的父亲，应服从父亲所属的市民阶层的婚恋规则。作为女儿，保护父亲是她的神圣职责，不能因为一己的情感需求给父亲招来祸殃。然而，不妨说，父亲和她的关系才是露意丝心目中真正的爱情表象，伴侣应该像父亲一样保护自己的配偶和财产。她暂时保护父亲也是为了保护家庭领主对家属的保护功能。

不同爱情编码造成不同行为方式，一方满腔热情，步步相逼；一方冷静克制，顾虑重重，才给局外人提供了挑拨离间的机会。18 世纪将结束之际，欧洲文学中出现了个体、天才的观念，爱情相应地变得个体化、人格化，但是旧的爱情编码犹在，社会分层仍然是社会的引导原则，大部分人还像露意丝那样，秉承“你的心属于你的等级”的信条。甚至新旧爱情编码本身就成了等级标记，上层人士倾向于自由择偶，也往往拿自由作为纵欲的遮掩。在此情形下，市民阶级反而会更固执地坚守旧的婚姻法则，譬如服从家族利益、禁止女性婚前性行为、父亲做主等等，以此和伤风败俗的上层划出界限。无论如何，这都关系到秩序问题，爱情编码代表了二人亲密互动的规则，而“爱情圆圈”成了自主爱情的精彩隐喻。

二 理 论

卢曼从他学术生涯之始就涉入这一主题。在1968/1969年冬季学期代理阿多诺的法兰克福大学社会学教席时，卢曼选择了“爱情”作为授课主题。某种意义上，这符合68年一代的精神，因为爱情是自由的代名词。1982年，《作为激情的爱情》出版。2008年，基塞林(Andre Kieserling)又从卢曼遗稿整理出当年课程讲义的底稿，以《爱情：一种练习》为题出版。

显然，卢曼不仅仅是对爱情现象感兴趣，也不仅仅是对法国17世纪通俗爱情小说着迷，而是很早就直觉到这一现象的社会理论效益。在《作为激情的爱情》中，卢曼主要考察了17世纪以来爱情的历史语义学演化，配合以之前就开始践行的两条理论线索，即知识社会学和交流媒介理论，以呈现爱情作为一种交流媒介从社会中分化而出的过程。要弄懂他的思路，首先就要掌握几个基本概念。

1. 概率极低的关系

爱情是最重要的，可也是最难捉摸、几乎非理性的人际关系形式，用卢曼的话说就是概率极低的（unwahrscheinlich）关系，故爱情关系的成功是社会系统演化的一大成就。从概率极低到概率较高的神奇转化，是事情的核心，也是理论探讨的焦点。爱情之所以有魅力，正因为实现概率极低。为何如此？——因为“双重偶然性”的存在。伴侣双方为迥异的两个“世界”，各使用一套自我/世界、行动/体验的区分标准，彼此互为偶然，从而导致“正常”情况下，双方本应不知道如何进入爱情、维持爱情。卢曼用了出租车的比喻来形容这一处境：

> 婚姻在天上缔结，在汽车中自会分道扬镳。因为坐在方向盘前的那位是以情境为导向的，他会认为，他是在尽其所能地驾驶；而坐在一旁观察他的这位同车人，会感到受他的行驶方式所摆布，将此方式归咎于驾驶者的品格。同车人只能以评论和批评的方式行

> 动；但要想得到驾驶者的同意，却希望渺茫。在出租车里(极端情形不论)大概是没有什么必要，就此进行一番交流。可在亲密关系中，的的确确就是这种情境成了对问题的测试：他如此行动是以我的(而非他的)世界为根据吗？在产生怀疑时，有谁能够忍得住不去尝试通过交流进行澄清呢(而在其他场合中大可偃旗息鼓，以沉默告诉自己和对方：不必冒险测试)？①

出租车内发生的，是一方在行动，而一方只需体验，期待和自身体验相符合。爱情的悲剧性就在于这种不对称性。行动和观察的分离造成了“归因冲突”，一方认为行动的原因是情境，一方认为是行动者个性使然。如果不能随时交换行动和观察、自我和他者的位置，让互动密集化，必然出现交流堵塞。现代社会的恋人普遍感受到这一烦恼。个体化发展到一定程度，和他人的共识变得极为困难，因为讲话者总是从自身出发，以自我为中心设计世界，交流伙伴沦为确认者的补充角色，

---

① Niklas Luhmann, *Liebe als Passion*, Frankfurt a. M.: Suhrkamp, 1994, S. 42.

去被动地承认对方的世界设计就是最普遍的世界设计。

2. 由象征而一般化的交流媒介

如何摆脱困境？人类发明了由象征而一般化的交流媒介(symbolisch generalisiertes Kommunikationsmedium)，所谓"爱情"就是这个东西，承担了让亲密关系由概率极低变得概率很高的功能。媒介来自社会，它让私密情感社会化，或者说，以社会认可的方式保持私密。卢曼的核心观点是，爱情借助抄袭来的模式、抄袭来的情感、抄袭来的存在而产生，人们之所以一见钟情，是因为早就学会了一见钟情。不难设想，青年男女在进入恋爱过程之前，就通过社会环境尤其是小说影视熟悉了过程、套路和结局，在脑中将同一脚本演练了千百遍。如此大费周章，耗尽心力，只为等待一个契机，让现实中的对方上钩，等待一个理由，让自己心甘情愿地在现实中陷入罗网。即便为情而苦，也是遵循规范(像少年维特那样!)在受苦。爱情作为媒介本身不是情感，但能让情感以看得见的方式实现。伴侣双方无法直接沟通，却大可以和媒介达成一致，在媒介内部获得共识。交流媒介之内，对方的强求不仅可以接受，而且会带来愉悦。神奇的是，语义流动越自相矛盾，行为模式越奇特夸张，符码就越是稳固，这一爱情关系的特殊现象，正说明了交流媒介的性质：

> 像在所有的交流媒介中那样，符码在此也必须在自身中为自身规定了例外；只有将负面的自我指涉融入其中，它才能制度化。[①]

一般化意味着媒介适用于任何场合，不受缚于事实情况，这一提升借由象征而实现。诺瓦利斯的格言"象征即神秘化"在卢曼理解来，就是将逻辑中的悖论变得"不可见化"，将差异在神秘化的层面统一。[②]

3. 语义学

爱情媒介通过一种具有普遍约束力的语义学(Semantik)，规定语义流动的通道，为痴情儿女供应演出脚本。所谓语义学，系指"被标举为具有保存价值的经过浓缩和确认的观察，或意义的短暂

---

① Niklas Luhmann, *Liebe als Passion*, S. 83.

② Niklas Luhmann, *Die Wissenschaft der Gesellschaft*, Frankfurt a. M.: Suhrkamp, 1992, S. 189.

固定,以用于重复使用,尤其是以文本形式”。[1] 语义学包含的意义内容经过高度压缩,具有了稳定性,从而可以脱离具体使用场合。它相当于社会的概念库存,一方面储备意义内容选择所需的种种形式,一方面储备交流用的主题。语义学和社会结构通常为联动的循环关系,否则就起不到引导交流的作用,但总是比社会结构变化滞后一段时间。《作为激情的爱情》属于卢曼的“社会结构和语义学”项目计划的一部分,基本思想是:社会系统由阶层分化向功能分化过渡,导致了语义学观念资产的深刻变化。功能分化取代阶层分化,意味着交流成功不再取决于交流者的等级地位,而是特定功能系统为特定问题的解决提供的成功条件,掌握系统的交流规则就尤为重要。爱情语义学的普遍贯彻,让交流成为自我指涉的反身过程,专门性和普适化合而为一——专门系统之内,规则是普适的。说到底,这是一套系统性的化简工具,通过一些人们不假思索地使用的“词语外衣、套话、智慧格言和经验警句”,[2]化简过剩的复

① Detlef Krause, *Luhmann-Lexikon*, Stuttgart: Lucius & Lucius, 2005, Aufl. 4, S. 223.
② Niklas Luhmann, *Liebe als Passion*, S. 9.

杂性，让痴男怨女在疯狂中确保自家的清醒，确保双方体验和行动的一致。

4. 亲密系统

卢曼将系统区分为机器、有机体、社会系统、心理系统(即意识)四类，系统的特征是所谓“自创生”(Autopoiesis)，即从构成自身的要素中再生产出自身。社会系统的特征是持续不断的交流，根据所容纳、所管理的交流的不同类型，又分为交互作用、组织(法庭、学校、基金会等)、按功能分化出来的部分系统(法律、教育、科学、艺术等)以及社会运动(如抗议、冲突)四类。爱情帮助伴侣间组成个体的人格性系统，以区别于非人格性系统，卢曼称之为“人际间互渗入”，或称之为“交互作用系统”、“亲密系统”。亲密系统和家庭一样，属于交互作用(Interaktion)层面，这类交流以实际接触为前提，在场/不在场的差异对于交流成功十分重要。亲密关系和其他交互作用关系的区别则在于，心理系统不仅参与系统运作，且以人格的形式成为最重要的交流前提。

斐迪南的“爱情圆圈”终将会普遍化，以便将所有人格性要素纳入交流。卢曼将现代的社会结构特征界定为功能分化。功能分化促成个体自治，每个人都成了自由、平等地履行功能的个体，与阶层相关的不变“存在”失去了意义。个体化的增强，导致对于切近世界的渴望也愈益急迫，这正是亲密系统分化而出的社会理由。个体问题的解决方案不是简单的个体化，还需要将切近世界和公共领域、人格性交互作用和非人格性交互作用区分开，才能通过分流信息以应付种种复杂性。反过来，人格性和非人格性关系在现代社会的激进分离，又导致把抚慰灵魂的希望过多地托付于人格性层面，从而激化了亲密性需求。

随着亲密系统分化而出，社会系统卸掉了负担，可是爱情成了高难度的艺术、高风险的事业。爱情需要为自己发明依据，自己促动、自己阻碍、自己诱惑自己以达到目的，闭合与自我指涉成为爱情的核心。

从整体上说，爱情的自由化对应于社会的结构性变迁。媒介之所以变得越来越自由，从根本上说，是因为现代社会复杂性越来越高。面对越来越复杂的环境，系统自身的复杂性也需要越来越高，否则在当代环境下，如果还依照从前那种父母之命的简单方式，求偶者将无法找到合适伴侣。这就是说，在高风险、高度不确定的系统中，最好的稳定机制反而是风险和不确定本身，复杂性的自由互动才能防止系统崩溃。

三　语义学的历史演化

有了交流媒介、语义学、功能分化等抽象的理论工具，就能让历史的具体材料开口说话了——系统自我演化的脉络就得以在意义结构中呈现。在卢曼眼中，中世纪、古典主义、浪漫派是现代爱情最重要的三个语义学资源，对应于理性爱情、风雅爱情、浪漫爱情三种爱情类型。中世纪宫廷爱情推崇"遥远的爱慕"，摒弃感性情欲，要求对贵妇人"效劳"，爱情的论据是对象的完美特性(美貌、德行、高贵……)。17 世纪下半叶开始流行的"激情型爱情"(amour passion)，开启了古典主义文学的"悖论体系论"(Paradoxie-Systematik)，生动想象(幻象就是真)成为爱情的论据。由此导致符码的形式在 17 世纪下半叶由理想化变为悖论化，在 1800 年左右出现的浪漫主义爱情中又变为自我指涉的功能。浪漫派只需要爱情本身为爱情辩护，也就是德国作家让·保尔总结的"为了爱情而爱情"。

显然，以悖论编码瓦解完美性理想，迈出了走向自治的关键一步。以悖论形式谈论爱情，古已有之，但是在17世纪才成为公式：为了悖论使用悖论，悖论即统一。激情化爱情的登场，让假正经的“风雅”相形见绌。“激情”不但鼓励恋人抛弃社会和道德责任，还是一个引发悖论性交互作用的语义学诡计。它造成一系列悖论性表述，如“激情”是一座监狱，但是没有人想逃离；女子虽然害怕受骗，但最不能忍受的就是不能爱了；明明急不可耐，但说成是被迫无奈，等等。在主动性/被动性的换位游戏中，追求者把自身的主动理解为受制于对方的被动（被动性本身也是向恋人示好的积极策略）。然而这种被动性作为符码规则又体现了社会的主动塑造：要求恋爱者进入一种无法抵御的激情。一旦当事人陷入激情，爱情理据可以通过想象自行炮制，由此才能摆脱对象的完美性获得选择自由。

激情悖论的心理基础是，人们一方面仍然膜拜理想爱情，一方面又意识到其空洞。可是很明显，激情公式对爱情自由的要求又会陷入悖论，即人为激情——掌握了激情，也就背叛了激情，因为丧失了代表激情的被动性。为了化解这一难题，有人提出了重返道德的替代方案。17世纪末法国的道德回潮、英国的道德论争，都体现了对于更道德的友谊伦理的推崇。受此影响，整个18世纪都在追求爱情和友谊的结合，一定程度上延缓了新语义学的分化而出。也有人像卢梭那样，要求将爱情和“自然”概念相联系，用抽象的自然为激情化情感辩护。但这些措施被证明毫无成效，语义学演化反而是走向进一步悖论化，从被动采纳悖论到主动的悖论化。一开始使用悖论公式，是为了应付临时需要，因为主导规则仍是传统的德行、美貌至上。但如果悖论公式发展为独立的交流媒介，真/伪的死结就解开了。悖论得以在媒介中自我反身，以进一步的悖论来解开而非以某种原则解决悖论——悖论由世界的正常衬托而出，如果世界本身是悖论，则悖论就是真理了。

从试图解决悖论的角度来看，激情常常是虚伪的表现，《阴谋与爱情》中的斐迪南就可能给读者造成这种印象：他的自由爱情剥夺了对方不爱的自由。然而，一旦悖论编码“庸常化”，人人遵从新的法则，悖论就会成为系统塑造的条件。一方面，悖论形式可以将完美性的抽象理想在横向维度展开。既然人格化个体化的爱情总是自我关联而任意的，总是和完美性无缘，恋人就以自身的偶然连接、交换对方的偶然，在这种无穷交替中实现“完美”——编码的反身性的“自我完美”。另一方面，悖论形式可以将完美性理想在纵向维度展开：以片刻交换片刻。激情永远和当前一刻相关联，仅仅在当前一刻中才有可能追求永久。交替正是为了避免合一实现，延迟才能让爱情交流持续下去。悖论化消解高等的/感性的爱情的单调区分，容忍恋人自相矛盾的、乖张过度的个体性行为选择，譬如通过模仿不诚实来演绎诚实，通过拒绝结婚来保持爱情，通过保持德行来参与勾引游戏，等等，爱情世界也在种种乖张中变得越来越复杂，越来越引人入胜。无论哪种乖张，都是要显示和社会环境的区分，轻浮让爱情区分于道德和家庭义务，感伤让爱情脱离理性控制。悖论最终在“不可交流性”主题中臻于顶峰。“不可交流性”是18世纪爱情语义学最卓越的成果，打破了道德准则的最后堡垒，它意味着，一切外来的看法都无须理会了，爱情的真/伪无可交流，而只能自我理解。帕美拉只是在菲尔丁这样局外的观察者看来虚伪之极，她自己在小说中却爱得(表演得)酣畅淋漓，压根不知道有意识/无意识勾引的差异何在——对她，对理查生，这一差异属于不可交流的知识。交流触及自身界限，离交流系统的形成就不远了。不可交流的，最终是系统/环境的界限，亦即悖论差异的统一体，如果硬要将此统一体变为交流主题，就要冒爱情终结的风险了。不过，交流堵塞会葬送一切修辞学，真爱却自会安然无恙。

因此可以说，激情悖论的贯彻和提升，保证了爱情媒介最终的分化而出。古典主义“激情型爱情”代表了爱情既自由又不自由的过渡阶段，但又为现代爱情锻造了组织手段，预示着，今后的爱情将由悖论化而非理想化的道路得到实现。悖论的威力就在于，它是“一种具有强大系统化力量的技术”。[1] 悖论编码不会让行动瘫痪，也不会导致精神分裂，恰恰相反，悖论一方面释放了恋人的个体性，另一方面让系统运作更为稳定，因为悖论可以让不稳定性合法化，让心理体验精致化(一切极端都是激情的演出)。在此意义上，“激情”成为现代爱情最卓越的引导性象征。

激情的中心命题是过度，以过度显示自身和其他系统相区分，自己就是自己的理由。在激情的过度方面，浪漫派可谓登峰造极。通过过度本身的过度提升、悖论本身的悖论化，理想化和悖论化的区分获得新的统一，悖论即理想，扬弃了各种旧的语义差异。浪漫主义反讽概念意味着通过距

---

① Niklas Luhmann, *Liebe als Passion*, S. 67.

离提升自身，距离说到底是和现实，和爱情的一切社会性实现的距离，一旦美梦成真就得自行跳出，反诸自身，从而将爱情保留在永恒的符码运作，即爱情对于爱情的追求中——“对于世界的探索终结了，世界如今在其自身中成为一个谜”。[①] 另外，法国古典主义的“激情型爱情”演出于婚外，而浪漫派要求在婚内追求激情的持久，以“爱情婚姻”取代门当户对的社会分层原则，且将性的要素纳入符码，这就奠定了当代社会的基本婚恋法则。

激情的最初和最终含义是：被动即自由，这一意义将在自治系统中实现：服从爱情编码，就能获得自由。激情的历史发展体现为，由最初的在恋人中个别地、神秘地实现自我，到最后的集体沦陷于交流媒介，激情成为一种看不见的社会框架。激情由法国式婚外导向转向婚内，由抵抗作为社会制度的婚姻，到婚姻本身成为亲密关系的制度化，同时也驯化了激情中的狂暴因素，使平庸大众也能安心享受爱情，小人物的浪漫同样甜蜜。

经过了中世纪、古典主义、浪漫派三个阶段的

---

① Niklas Luhmann, *Liebe als Passion*, S. 161.

预备，以人格为中心的个体性爱情正式被采纳为社会标准。在人格概念中，性、爱情得到了统一。现代人的性和爱情皆由于一个不可置换的个体性人格而发生，而此人格无非意味着独异的、个体性的自我/世界的差异。人格/非人格的差异扬弃了传统爱情语义学的构成性差异如"感性的/非感性的爱情"、"爱情/友谊"、"快感/爱情"等，因为在自治爱情中，决定性区分是在人格性的爱情关系和非人格性的社会关系之间做出的。现代爱情不再依赖夸张悖论、激情、过度，但是牢牢保持了语义学演化的两大成果，即个体独一性和为爱而爱的信念。在爱情的自治王国之内，恋人自由地运用从理想化到悖论化的一切手段，去自主地解决问题。父亲顶多有建议权，而不能直接干涉孩子的恋爱行为。于是，爱情语义学就从理想化、悖论化过渡到了问题化的阶段。重要的不是一次性的少年激情，而是以日常实践将看似不可能的系统勉力维持，努力留在人格/非人格的二元编码之内创造一个纯粹人格性世界。当代社会也借助亲密系统实现了一个重要目的，即让人格性关系和非人格性关系互不妨碍，人格性预期和社会团结彼此协调。

最后的药方似乎是一种性、爱情和友谊在婚

姻中的合一。

四 亲密系统的秩序

进一步，我们要问，什么是卢曼心目中符合现代社会要求的爱情秩序呢？卢曼的整体思路可总结如下：

1. 以性的共生机制为物质基础，将当事人诱入罟中，欲罢不能。性的标志最容易将人格和社会情境区分开来，有助于在公共场合中发现人格性爱慕的苗头，因此能代替风雅承担爱情的启动功能。身体关系是最好的简化机制，它能比友谊更有效地将伴侣双方和周围环境隔绝，换言之，将他们隔离在大多数复杂性之外。在当代的爱情关系中，性的价值越来越突出，原因在于，当代社会的高度复杂性需要更有力的化简工具。但在另一方面，由性展开的人类关系的亲密内容恣肆繁杂，必须将其纳入亲密交流模式中，否则会造成持久的干扰、不堪承受的负担。爱情也体现为性的理想化和系统化。

2. 以爱情为引导性“意义”(Sinn)。卢曼的

“意义”系指超出当前意义的“指引盈余”(Verweisungsüberschuss)[①]，同理，爱情作为“意义”的特点是在系统关联中建构，同时却又超越此系统关联。意义不是某个高悬的理念，卢曼所讲的意义和世界、视域同义，这个世界视域随着建构行为本身而增长，同时包含了可能性和不可能性，已有的和未来的视域。由此就可以理解，为什么卢曼的爱情包含了理想化和悖论化两个动机。爱情随时超出自身，这是理想性的一面；而恋人必须将自我建构的世界视为真实，又是悖论性的一面。

3. 现代爱情以偶然的启动机制取代理性考虑和风雅技术的启动机制。偶然被植入符码之中，象征选择的自由，机会的无限敞开，提高了恋爱的成功机率。主动引入不确定性，是为了对冲爱情交流的不确定性，而无前提的偶然开端，更提升了爱情作为“无中生有”的交流成就的人生价值。

友谊中的委身他人是为了自我的双重化，而自由爱情只跟个体人格相关，在委身他人的同时仍保持自我同一。但是爱情中的个体人格同样是偶然的，绝非某种固定的质性(如果是这样，爱情

---

① Niklas Luhmann, *Die Gesellschaft der Gesellschaft*, Frankfurt a.m.: Suhrkamp, 1998, S. 49.

就可以通过“道听途说”实现,而无需见面)。实际上,恋爱者的人格是在交互作用中建构的。有交互作用在,就有作为依托的人格在,人格(悖论性地)既是建构的根据又是建构的产物——“人际间互渗入恰恰意味着,另一方作为恋爱者自身体验和行动的视域,使恋爱者作为我而在,离开了爱情这一我在(Ichsein)就不会成为现实。”①

既然是在偶然相遇中成就了两个偶然的人格,恋爱在事情维度上就是两个偶在的悖论,悖论成为“事情本身”,需要在交流维度和时间维度上展开自身。

4. 行动和体验的悖论性共在场(Kopräsenz)是爱情不得不面对的第一个问题。行动和体验分属于不同的交流系统,一种属于社会系统,以实在情境为导向,一种属于心理系统,以想象中的实在、以对于(对方)想象中的实在的想象为导向。当行动和体验同时出现在一个事件中时,共识性整合是不可能的,偏偏爱情就是要实现这一不可能的整合。二人交互作用的核心就是行动和体验的同时发生:他者被爱的体验,引发了自我的爱的行动。如果一个人以另一个人的体验为观察和行

① Niklas Luhmann, *Liebe als Passion*, S. 160.

动的理由，而不分辨后者的想法是否荒唐或自私，人们就知道他陷入了爱河。简单地说，A 将 B 体验为被爱者，将自己体验为恋爱者或行动者。A 对 B 的体验必须直接引发 A 作为恋爱者的行动，否则就无法将自身体验为恋爱者。如果 B 现在体验到 A 爱自己，而且将此体验也作为自身的行动来体验，则 B 也是一个恋爱者。[1]

5. 爱情的另一基本问题是在瞬间中安排永久。瞬间和永久共在场，意味着不同时性(过去、现在、未来)的同时化。永久不仅是幻象，更是爱情的形式，凡真爱都是永久的，真的恋人都会使用永久这一形式——不过必须在“瞬间”的媒介中。因此瞬间和永久的矛盾在交流中不成为问题，对交流不构成障碍，反而造成了交流的有效性，这就是爱情系统中媒介/形式的交替形式。真爱情永远是瞬间，永远是永久。一切的关键只是，交流本身要继续下去，拖延下去。人们只能用时间来实现永久的形式，在时间中思念永久，保存瞬间。

系统论道出一个公开秘密，交流需要时间，以便和交流相连接——“需要时间来进行下一步操

---

① Detlef Krause, *Luhmann-Lexikon*, S. 189.

作,以便能呆在被标记一边,或跨越构建形式的界限”。[①] 意义由时间而实现,证明“互渗”和“永久”两个虚构的唯一办法是继续虚构。但这不是对时间的简单消耗,恰相反,交流即时间,恋人以无休止的谈话、口角、戏语制造了“自己的”时间。理解了这一整体思路,如何将悖论去悖论化,让处于双重偶在中的恋人的处境可以忍受,答案就清楚了——那只能是时间,而非任何一种超越横向(体验和行动)和纵向(瞬间和永久)悖论性共在场的先验层次(理想)。服从符码的理想,做伟大的恋人,只意味着将悖论无限推延,爱对方意味着永远愿意再忍受片刻的不可忍受,和对方一道制造同时又忍受悖论。因果性归因的难题不可能由一个过程之外的抽象理念,而只能由时间这个最具体又最抽象的理念来解决,换言之,爱情的困难只能由爱情本身的延续,由继续使用爱情这一媒介来克服。中国“难得糊涂”的古老人生智慧,在这里得到了精确的理性化表述。难得糊涂不仅包含了忍受悖论、不放弃悖论的悲剧精神,还表现了中国人享受悖论的乐天性格。

6. 这后两个问题的中心化造成了卢曼所提倡

---

① Niklas Luhmann, *Die Gesellschaft der Gesellschaft*, S. 61.

的“问题导向”，从理想到悖论到问题的符码转换，就是让爱情作为自由秩序的本性越来越清楚地呈现，爱情最终显示为依仗性的引诱、爱情的引导而实现的自我秩序建构。问题导向就是学习导向，每一次亲密性忍受都是一次学习——学习如何更好地忍受！问题是向着未来的，即不是向着过去的理想，而是向着各种未知的可能性敞开——爱情真正的魅惑在于，它能敞开世界的未知空间。很少有人想到，没有悖论逼迫，我们又怎么会暂时放弃自身，片刻地走出一己的逼窄世界。真正爱过的人，才知道忍耐中暗含的学习机会。

耐心而坚韧的“敷衍”，是爱情语义学发展的顶峰阶段(尽管卢曼不愿这样来表述)，即问题化的阶段。问题导向即操作导向，操作中才有系统存在。这种操作绝不简单，其中包含着一种无法实现而只能无限接近的理想性，即理解性地体验，按理解性体验去行动。

卢曼把交流过程分为三个选择行动：一是信息的选择；二是传达的选择；三是接受或理解的选择。信息和传达的实现者是“他者”(Alter)，理解的实现者是“自我”(Ego)，但理解并非理解所传达的内容为何，而是理解到有信息传达给我，但同时也理解到，这个传达来的信息和传达者所掌握的信息是有区别的，即是说，理解了选择一和选择二之间的区别，因此接受者的选择内在地包含了前两个由“他者”做出的选择，它是三个交流行动的综合，将三个行动变成了一个真正的“操作”（Operation），因此接受者才是自我，是第一位的，而信息的采集者和传达者是他者，是第二位的，这和通常的交流理论和日常经验正相反。[①] 这等于说，怀疑才是交流的基础，你在接受的同时在怀疑，同时还知道对方知道你在怀疑，因为怀疑将交流推进、维持下去，交流成功的标志就是不确定性的维持。这种关系的极致就是爱情的亲密关系。爱情“不可交流性”和信息选择与传达选择的区分无法实现有关，因为在爱情场合，“假如信息过热，传达也不可能冷静”，[②]换言之，信息和传达都不是根据社会通行的选择标准，而是服务于恋人的勾心斗角、交替测试，以至于堵塞了交流。

如此困难的情形下，更需要理解的努力：理解对方的体验和行动与其环境的关系，理解信息加工的特殊方式，并进而理解自我描述的弦外之音。

---

① Niklas Luhmann, *Soziale Systeme. Grundriss einer allgemeinen Theorie*, Frankfurt a. M.: Suhrkamp, 1984, S. 195.

② Niklas Luhmann, *Liebe als Passion*, S. 156.

他者的理解负有一项艰难任务，即让自我忘掉作为芸芸众生的客观事实，在二人世界内成为一个“独一无二”的个体，个体性就体现在系统/环境、信息/非信息、自我描述/实际情形等多重差异上，而个体性也让多重差异变得可以容忍。凭这些差异，恋人从芸芸众生中自由地选择了对方，凭这些差异，恋人能说服自己这是一个唯一选择，而且因为尘寰中只有自己能做出这一“绝对”正确的偶然选择，这个选择也就证明了、提升了自身的价值。换言之，彼此帮助对方从匿名建构的世界脱颖而出并获得个体尊严，就是现代爱情的神奇功效。不仅如此，在对方中承认不可化简的多重差异，接纳对方体现的多重差异，就相当于用对方的眼睛(差异标准)在看世界了。

五　爱情和系统论精神

说到底，卢曼如此重视爱情，是因为亲密性不但是一种交流秩序，且在许多方面突出地显示了系统论的基本精神。

首先，卢曼以悖论为系统。“同一性的悖论和通过区分展开悖论”可谓其系统建构的要诀，然而,这不过是一个最古老的哲学问题。“同一性的悖论”意味着,世界是自身又不是自身:世界始终是同一个世界,是一切区分(观察)的可能性前提;但另一方面,世界又随着每一次区分(观察)而变得不同,或者说以另外的方式成为悖论了。观察者像一把四处标记的锋利刻刀,世界还是那个世界,可对于刻刀来说,它每时每刻都在改变。悖论并非本体,它实际上仅对于观察者才存在,因为观察始终和盲区相伴。观察所排除的两个基本盲区,一个是观察者自身,一个是世界整体。假如没有哪个观察者能像上帝那样看到全部,一个本体性社会描述也就无法实现,唯剩下和某种描述相认同的可能,这一认同自然是悖论性的同义反复,换言之,社会系统的同一性是一种必然的虚构。[①]故可以理解,人类历史上为何存在如此多的社会悖论,如逐利可能造成公益,以人权为纲领的法国大革命反而导致恐怖杀戮,等等。悖论无法从根本上消除,只能通过区分将悖论展开,区分即观察,换言之,观察(区分)的盲区有望在下一次的或他人的观察(区分)中看到,然而下一次的或他人

① Niklas Luhmann, *Die Gesellschaft der Gesellschaft*, S. 1061.

的观察又必然会产生自身的盲区……，就这样不断迁延，悖论的展开即系统的运作。卢曼反对康德先验/后验的区分，也反对黑格尔在被区分者中寻求同一，[①]他的"新理性"形式乃是在操作中包容悖论，将悖论在时间和社会两个维度上无限推延。反过来说，以悖论为中心的系统也随时可能崩溃，需要不断得到拯救。维持系统的努力尚存，系统才会在，并没有任何"内在"的存在理由。系统的同一性既非某种价值，亦非某种规范，相反，所有的评判标准，好与坏，真与假，理性与非理性，成功与失败，都是为了维持系统运作而在系统内部通过交流而产生。

系统建构也就是意义(即视域、世界)的建构。卢曼的意义分为三个维度，即事情维度、时间维度、社会维度。世界还原为事情本身，就呈现为系统/环境的区分。系统作为独立系统的成立依赖于和环境相区分，但区分的界限又是由系统自己设立的，这就是最大的悖论：系统是自身又是其环境。这一区分就是系统的符码(Code)，系统会在运作中将此符码作为引导性差异，不断地"再输入"

---

① Niklas Luhmann, *Die Gesellschaft der Gesellschaft*, S. 694.

(re-entry)自身,以赋予每一次操作以价值,实现和下一次操作的连接。系统/环境的事情性悖论在操作中,即在社会和时间两个维度上展开为自我/他者、过去/未来的悖论,是系统建构的基本路径。

其次,卢曼反对主体性的语义学。他认为,现代社会系统为"个体性"提供的象征是"主体性",然而"主体"无法像传统社会中的"上帝"那样有效地进行整合,将分裂在不同功能系统中的个体身份重新统一,因为"主体"由于其抽象性事实上无法参与任何一个功能系统。主体性语义学的缺陷在于,主体的另一面,即未标记一面(盲区)是世界,世界被排除了;个体的人的另一面,即未标记一面是其他人,其他人被排除了。脱离了时间、不受功能约束的主体是抽象建构,在主体间性基础上也无法建立社会理论,因为"自己知道自己"、并以此为自身和为世界奠基的主体和"其他"在语义上天生不相容。主体中既然没有"其他"的位置,"其他"主体也就不再是主体,"诸主体的社会"实为一个悖论。[1] "间"(inter)并不能为主体奠基,反之,主体自己知道自己,就是最成功、最普遍的交

① Niklas Luhmann, *Die Gesellschaft der Gesellschaft*, S. 1027.

流，让所有交流成为多余——两个主体的交流还是自我交流。卢曼指出，主体之所以成为社会描述的法宝，恰是因为它根本不属于社会，而是被排除在观察者和被观察者之外的“第三方”。

卢曼将主客体的传统框架置于交流概念之下。他的著名论断——社会不是由人而是由交流组成——有意挑衅人文主义传统，从现象学逻辑来说却是必然推论。社会在他那里本身就是概念性建构(“社会的社会”)，而交流即“生产和再生产社会的操作”。在交流中，自我指涉/外来指涉的交替才会发生，观察和结果才得以合一。交流不但规定了主客体所处的位置，还可以让主客体交换位置，相互观察。卢曼的观察者不是拥有先验根据、可以设置世界的主体，而是受制于世界、按功能系统的要求进行观察的行动单位。

其三，卢曼对“世界视域”概念的理解。“视域”是胡塞尔后期哲学的根本性概念，但胡塞尔讲“视域”，核心仍是先验自我的明证性，以意识的主体性为思考的出发点。尽管胡塞尔区分知觉体验的“内视域”和“外视域”，但基点是直接直观的视域，视域变动体现为由内向外，由确定性向无限性、个体性向普遍性的扩展，换言之，“外视域”虽不确定，但通过视角的转换和观察的延伸，不确定性也可以进入直观范围从而变得确定，对于无限世界的认识最终是可以实现的。卢曼很早就批评说，胡塞尔没有澄清世界概念和视域概念的真实关系，视域“有时听起来是包容一切的视域的表象，有时是一切视域的总体性的表象”，如果要突破这一理解，必须将世界描述为“所有视域的可超越性和可替代性（偶在性）”。[①] 换言之，如果将视域理解为世界整体，仅凭一（“包容一切”）和多（所有视域之和）两个动机是不够的，还要将视域的消逝和未来，将已逃逸和未出现的视域考虑在内。胡塞尔的视域作为所有可能性的最后界限，却未将界限另一边即不可能性包括在内。在《社会的科学》中，卢曼说得更直接：

> 胡塞尔幸运的隐喻视域——作为一切观察的界限——表述了这个问题，同时又遮蔽了内含于它的悖论：一个并非界限的界限，一个作为所有可确定性的条件的不可确定性。[②]

① Jürgen Habermas, Niklas Luhmann, *Theorie der Gesellschaft oder Sozialtechnologie*, Frankfurt a. M.: Suhrkamp, 1971, S. 301, Anm. 15.

② Niklas Luhmann, *Die Wissenschaft der Gesellschaft*, S. 681, Anm. 96.

被遮蔽的问题即“世界统一”(Welteinheit)，又可称为差异的统一，因为任何观察都只能看到差异的一边，而看不到另一边，可正因为不看另一边，才看到了这一边。由此就可以理解卢曼对于社会学传统思维的批判，他认为以往社会学方法论的缺陷正是无法将“排除”纳入自身，正视自身的“排除”操作。

卢曼走了不同于胡塞尔的另一条路子，以内外视域、系统和环境的共在场为基础来建构世界，世界统一因而表达为世界范围的“同时”(Zugleich)：

> 实在在一种世界范围的同时中自己再生产自身。人们同时知道和不知道这一点。人们能够知道事情是如此，但不能观察到事情是如此，因为为此需要一种笼罩一切的整全视角，距离和对这个再生产的参与是同时需要的。①

按照纳瑟希(Armin Nassehi)的评论，只有系

---

① Niklas Luhmann, *Die Wissenschaft der Gesellschaft*, S. 681.

统论才懂得如何和共在场打交道。[1] 共在场的实现,显然是以承认系统/环境的差异不可消除为前提的。卢曼以连续不断的相互观察来保证界限两边的差异性共现,实现操作层面的世界统一。

从不确定性、偶然、悖论出发来看待交流系统和社会关系,就不难领会爱情关系在卢曼的社会理论中占据何等地位。亲密关系是一个无比卓越的悖论系统,而爱情在主体和世界两个问题上都有范式意味。

首先,爱情并不以主体性为依据。且不论激情的狂风暴雨会埋葬主体性,即便波澜不惊的爱情,也要求"变化中的同一"——爱情同一性中包含了"依爱情而成长"的提升概念。视自身为稳固不变,不受环境影响,是个体性爱情的前提,但是在爱的行动中,自我又在成长,恋人在理解对方的同时就改变了对方。

其次,主体间性绝非恋人关系的实质,爱情并非因为共识而发生。爱情是双重偶然的极致,可正因为此,编码的反身化也最早实现于爱情语义

---

① Oliver Jahraus, Armin Nassehi, Mario Grizelj (Hrsg), *Luhmann-Handbuch: Leben — Werk — Wirkung*, Metzler, 2012, S. 13.

学中，恋人可谓现代社会功能系统自治的引领者。

其三，爱情的世界是系统/环境、自我/他者、过去/未来的三重共现，爱情的系统/环境悖论可归结为一句话：自我即世界，这一悖论需要在交互作用中相互接纳，需要在时间维度上经历考验。爱情因此永远是临时"凑合"成的系统，依赖双方的理解意愿而存在。再没有本体论的一体和永久，只能根据规则不断地再生产天长地久，在完美理想和灰色实际之间寻求妥协，一旦操作停止，系统就自动消失了。

六　爱情交流的启迪

1. 爱情和经济

爱情既然是一个卓越的悖论系统，理解爱情，就有助于理解其他交流领域。在功能运作方面，爱情和现代社会其他交流媒介大有相通之处。爱情的自由，是自由地培训自己进入符码规则，这一点为所有功能系统所分享，故不但有自由的爱情，也有自由的艺术、自由的科学、自由的教育、自由的经济，等等。我们不妨以爱情和经济的类比关系为例，展示爱情在系统理论中的范式意义。

在欧洲的爱情文学中，爱情和经济的类比屡屡出现，揭示了亲密关系的一个重要特征。自我指涉的爱情在浪漫派时代分化而出，无独有偶，同一时代也形成了浪漫主义经济学，其核心就是货币符号的自我指涉和无限循环。货币成了和文学、爱情类似的交流媒介，即亚当·穆勒（Adam Müller）所说的“词语货币”（Wortgeld）。诺瓦利斯将货币和语言相类比，因为二者都能发挥普遍的中介功能，词语流动就相当于货币流通。亚当·穆勒进一步认识到，贷款就是无限欲望的交流媒介，其中包含了无限的占有要求和无限的失落，它让所有的男人和女人都感到缺失，又让他们在共同的缺失中得以沟通交流。[1] 这样一来，货币意味着交流和交流的连接，摆脱了单纯的对于商品的指代。和爱情一样，货币作为交流媒介的力量不在于满足自然需要，而在于创造需要，创造欲望及欲望的幻象，使人为了欲望而疯狂，为了欲望而创造。货币不是普通媒介，而是由象征而一般化的媒介，因为货币从来不是某一物品的价格，而是抽

---

① Joseph Vogl, *Kalküel und Leidenschaft. Poetik des öekonomischen Menschen*, Zürich: diaphanes, 2011, S. 280—281.

象的一切物品的价格，故可以在象征层面通向其他著名象征，金钱就是幻想、想象力、自我乃至于爱情，这就预示了后来的力比多经济学、“符号政治经济学”(波德里亚)。

关于爱情关系的研究所得，因此也能应用于经济交流。爱情和经济都是符号交换的世界，两个世界都充满交易的风险，但风险并未导致系统的崩溃，反而是活力之源，因此都可以视为动态平衡的典范。爱情是风险最高的人际关系，爱情的魅力却有一大半来自风险。同样，在金融系统中，风险孕育着收益，而将风险以保险、期货等形式出售，为对冲系统风险的常用手段。恋爱者和投机市场上的交易者都在自由地承受风险，享受收益，投机不过意味着在当下和未来、确定性和不确定性、收益和风险之间进行协调，预估其平衡之点。爱情和经济这两个维度上，充分体现了现代“风险社会”的特征。在一般人印象中，卢曼的名字是和复杂的系统建构相联系的，然而如下描述表明，他并非刻板教条的哲学怪人，倒是深谙爱情三昧：

> 提升效果可与经济中一般通过贷款达到的效果相比较；它基于间接性、迂回性、“延缓满足”，以及专有功能的保障——以便过程的

> 连续性仍然得到维持。一开始，意中人可以通过赠予希望为游戏投资(finanzieren)，却将自身的赠予推迟。情郎却愈加欲罢不能，珍视捕猎甚于猎获。时间延展服务于强化、言语化、崇高化；它构成潜在的/共享的利益……
>
> 希望同时意味着，远期汇票的兑现将比人们预期的要昂贵。人们之前没有想到的额外费用也得计算在内，而眼下实现的激情不足以作抵偿。恋爱者自反性的预期结构只会加强这种不相称，相同的过度阐释倾向(这种倾向承负着关系的构建)，以及拿希望和现实作比较，都加速了瓦解。关系无法承受其自身的时间性，从而瓦解。[①]

其实，卢曼在书中频繁使用“弥散”(diffus)、“复合体”(Komplex)等术语，就体现了一种自由倾向，因为这些概念都旨在反对单一的因果性决定关系。亲密性的交流基础是“弥散”的，权力、语义、浪漫派等皆为混杂了多元因素的“复合体”。因此，阿尔都塞著名的“多重因素决定”

---

① Niklas Luhmann, *Liebe als Passion*, S. 93.

(überdeterminieren)概念也被一并采纳。爱情世界充斥着任性、猜忌、欺骗、臆想、误解，这些相互连接、彼此强化的不确定性，如同投机市场上的人性贪欲，将亲密关系变成一种实现概念极低的交流。然而，不确定性不是爱情的敌人，恰恰相反，有了它们才有了爱情。自由游戏、交互决定乃是由于媒介编码的框架而得以展开，在一种借助象征而实现的秩序中，不可思议的爱情交流也取得了成功，从混沌的不确定性中也酿出了亲密关系的玉液琼浆。

2. 爱情和后现代

从社会学角度来说，作为激情的爱情说明了自由作为秩序的可能性。卢曼的核心观念可归结为：

> 个体在寻求幸福的表象引领下，服务于人类的再生产。为此社会必须在爱情和婚姻中准备好适当形式，以便让最大限度的秩序和自由的组合得以实现。[1]

---

[1] Niklas Luhmann, *Liebe als Passion*, S. 188.

社会的最高使命正是发明作为自由的秩序。爱情是自由和秩序、个体性和社会性最成功、最奇妙的连接，一旦意识到这一点，爱情就显示出超出个别系统的引导作用。《社会的社会》最后一章为“所谓后现代”，显然这是现代社会最新的自我描述方式。据后现代理论家的说法，当代社会正走向完全无序，无规范的“什么都可以”将成为规范，历史、意义、主体会彻底终结。波德里亚以极感性的方式描述了这一状态，试图证明，在仿像化的当代世界，运用理性进行自由选择几无可能。如今的异化人群并非民众，倒是坚执于理性的启蒙者。异化的原因，不是信息的封闭，反倒是信息过多，且过于透明：

> 这里的问题是一种全新形式的非确定性，这种非确定性不是源于缺乏信息，而是来自信息本身，甚至是信息的过量。是信息本身产生了非确定性，这种非确定性因而是无可救药的，而不像传统的非确定性还总是可以得到解决。①

---

① Jean Baudrillard, “The Masses: The Implosion of the Social in the Media”, *New Literary History*, Vol. 16, 3 (1985), pp. 577—589.

彻底的混沌催生了一种新的集体性欲求，即放弃欲求的欲求，回到启蒙之前的状态，将主体的称号和欲求的责任一并交还给牧师、专业人士、哲学家、政治家们。

然而，卢曼知道，信息之所以不确定，是因为信息由确定性和不确定性的区分造成，没有不确定性就没有信息。假如像波德里亚那样，认为信息的“过度”盈余、透明会导致交流的不可能性，则爱情是最不可能的交流，但恰是这种不可能性才导致了爱情的出现——只是需要一个自由的秩序，也就是需要一个“世界”。爱情作为二人的亲密关系世界再清楚不过地向我们表明，这个“世界”之所以既自由又有序，乃因为它是由爱情自身，为了爱情的目的，以爱情的质料而建构的，它不仅自我编程，还通过自我观察与自我描述实现自我反身。世界恰恰是因为认识世界的不可能性才成立，道理很简单，正因为不可能进入物自体，我们才自行建构世界，在“我们的”世界中为物自体和认识物自体的不可能性安排一个适当的位置，这是现象学的伟大发现。

分歧出在整体观上。卢曼认为，在认识世界统一的问题上，黑格尔代表一个极端，即自上而下地谋求统一的传统思路，可谓科层制的延续；后现代代表另一极端，视世界整体为一片混沌，可谓无政府主义的延续。他们都只看到了区分的一边，而没有看到另一边。他批评说，后现代理论家被铺天盖地袭来的“新”事件压倒，失去了时代的中心线索。而他作为真正的整体主义者不仅知道秩序的重要性，且知道风险、偶然、悖论本身即系统，自由本身即秩序，绝对的混沌从不存在。卢曼赞同后现代对于“全面的统一性诉求的放弃”，但提醒说，这一原则本身就是悖论（反对元叙事本身又是一个叙事），故如果它是对的，它就同时是错的。它无非表明社会整体、世界整体都不再是一个基于理性的原则，而只是一个悖论——“悖论就是我们时代的正统”。①

从交互作用、组织到功能系统的各种系统的出现，正是为了解决双重偶然性的困境，使不可能的交流成为可能。社会总是有办法来容纳自身生产的复杂性，同时又总是通过复杂性的生产来挑战、提升自身。后现代的末世论话语，也不过是现代的自我描述，即现代自己为自己制造的外来指涉，实现着系统所必需的打破自我指涉的功能。

① Niklas Luhmann, *Die Gesellschaft der Gesellschaft*, S. 1144.

如何能认识整体呢？原则上说，任何观察都是偏颇的，只有系统自己了解自己，故要看到系统统一体，唯一的可能是借助系统自身的眼睛，换言之，追随系统交替地使用界内和界外的观察方式进行(自我)观察。世界统一就像电影胶片上的图像，虽然在任何一次观察中都不能一次性呈现，却能在连续性操作中自我呈现。绝对的光明虽不存在，但也没有什么能隐匿在永远的黑暗之中，没有什么事情能从本体上逃避观察，只是需要在一定条件下才能观察到。这方面，亲密关系提供了一个成功榜样，爱情实际上是单方面建构的两面性，这一绝对的片面性通过持续的交互作用却变成了真正的统一。难怪自柏拉图以来，爱情就被寄予了恢复人的整体性的希望，卢曼的特别处仅在于，他强调爱情通过悖论机制发挥整合作用，爱情的作用不是实现神秘合一，而是让人学会适应悖论世界。

七　关于翻译

最后还想就本书的翻译本身啰嗦几句。

本书翻译也是在一种“激情”状态中完成的。

我在 2016 年赴柏林自由大学访学之前，就和出版社倪为国老师商定了本书的出版事宜。在柏林逗留的一年中，除了完成自己的国家社科基金项目，利用闲暇时间，每天译出两到三千字，进展顺利，颇有得心应手之感。其间还就部分内容，在柏林自由大学的部分卢曼爱好者中做了几次导读性报告。当然，本书翻译有一个极有利的条件，即有卢曼亲自校对过的英译本作为辅助。[①] 有了比较可靠的拐杖，加上自己有学习和运用卢曼理论近十年的经历，想来不会有太大困难。然而，真到了初稿完成，进入校对打磨阶段，重新观察自己的卢曼观察，发现盲点层出不穷，才领悟到自己在从事一项疯狂的工作，而居然在懵然无知的状态下完成了这项疯狂的工作，顿有冷汗从后背心冒出，一时间从头凉到了脚底，想到要面临社会学界和哲学界同行的集体审判，更是惶惶不可终日。就翻译本身来说，关键问题是哲学、社会学和"卢曼"三个系统的纠缠。卢曼虽号称社会学家，然而他的术语使用常依附于胡塞尔现象学和德国唯心主义哲学，让我这个哲学的业余爱好者极感为难（虽然也

---

① 即 Niklas Luhmann, *Love as Passion: The Codification of Intimacy*, Jeremy Gaines, Doris L. Jones, trs., Cambridge: Harvard UP, 1986.

认真参照了倪梁康的现象学概念词典和邓晓芒的康德翻译)，譬如 Selbstheit 和 Ichsein 如何区分？Subjektivität 当然是"主体性"，可是 Subjektität 这个谁也没见过的怪词呢？另外 Interaktion 似也不宜翻成一般的"互动"，还是应该凸显其现象学含义，故"交互作用"为是。但并非所有场合都以哲学为准，如 Reflexion 不能译为"反思"，而应采用社会学术语"反身"，因为卢曼这里不但有思想性反身(反思)，也有社会性反身、亲密系统内的个体性反身。另外，卢曼自己就是一系统，他的术语创造不但极为丰富，自身也有严格而细腻的区分，许多术语只能在"卢曼"系统内才能得到有效辨别。如 Programm 可译成"项目"、"程序"，但在卢曼这里"项目"已有 Projekt，"程序"有 Verfahren，不得已译成"规划"，但这其实仍有问题，因为动词形式 programmieren 在含义上显然更贴近于计算机领域的"编程"。要解开这类纠缠，涉及对卢曼(或卢曼悖论)本身的深刻判断，这一判断取决于观察者的"决定"，然而套用卢曼的原理，任何决定都是用新区分在制造新盲区，用标记刻刀改变"原"事态，是要承担莫大风险的。相比这种"本体性"困难，卢曼对于抽象表达和机智游戏的爱好，只算得上"技术性"障碍了。不过煎熬过这一回，也有了不少宝贵心得，不单弄清了爱情现象学大概是怎么回事，更对学术翻译工作有了刻骨铭心的敬畏。

本书虽号称卢曼最受公众欢迎的一本书，又针对一个流行的大众话题，还包含大量文学材料，却绝不通俗。相反，文学材料和突兀的理论阐述的直接并列，让本书相较《社会的社会》、《社会系统》之类系统性论述可能更为晦涩。为了让本书不至于沦为为我一个人译的书，我搜肠刮肚，尽所能地撰写了一个较为详尽的导言，力图呈现本书主旨，希望对读者理解本书有所帮助。

感谢倪为国老师促成本书的移译付梓，他对卢曼的内在价值早有了解，我们一拍即合。感谢华东师范大学对外汉语学院的蒋向艳老师，她不辞辛苦，精心校正了所有法文译文，古道热肠，令人感动。感谢在柏林自由大学的康德读书小组结识的诸位朋友，他们对于卢曼的兴趣极大地鼓舞了我。何舒骏、徐广垠两位年轻的哲学系博士生不但在读书活动中给我启迪，也帮我校对了术语表，在此一并表示诚挚的感谢！

范　劲

2018 年盛夏于南桥老街

前　言

此处展开的对于“爱情”语义学的考察，结合了两套不同的理论语境。一方面它居于知识社会学工作的语境，这方面的工作致力于考察社会形式由传统向现代的转变。关于这一主题的其他论文已在《社会结构和语义学》（两卷本，法兰克福1980、1981年版）标题下付梓，本书意在延续这些研究。这些研究工作的出发前提是，社会系统由阶层性系统分化向功能性系统分化的转型，造成了语义学的观念财产的深刻变化，有了这种观念财产，社会才可能连续地实现其自身的再生产、行动和行动的连接。这种形式发生演化性转型时，词语外衣、套话、智慧格言和经验警句可能继续流传，却会改变其意义、选择性及其包装经验和开启新视角的能力。重点——意义复合体由之出发以引导操作——会发生转移；如果观念财产足够富足的话，就会以此方式酝酿社会结构中的深刻变化,伴随之,并足够迅速地使之可信化。借助于此,结构性变化就可能相对迅速、常常简直是以革命形式展开,而不必一次性地产生出变化的所有前提。

一种由象征而一般化的交流媒介的普遍理论的初步探索,则让我们获得了第二个语境。与此相应,爱情在此处不是作为情感(情感最多显示为一缕余晖)来处理的,而是作为象征符码,符码会指示,在交流实现毋宁说概率极低的情形下,人们还能以何种方式成功地达成交流。符码会鼓励人们塑造相应的情感。离开了它,大多数人——如拉罗什富科(La Rochefoucauld)所说——可能压根不会遇到这类情感。对竭力仿效前维多利亚小说的英国女人们来说,甚至必须等待携有结婚意愿的爱情的明显信号出现,才可以有意识地去发现何为爱情。也就是说,所涉及的并非一种社会学理论的纯粹杜撰,而是一种在爱情语义学中久已被反思的事实情况。理论附加于这一事实情况的,只是从抽象所获,而和全然不同类型的事实情况如权力、货币、真理的比较,皆赖于理论才得以成立;理论由此获得了额外认识,由此显示,爱情并非异常,而是一种完全正常的低概率性(Unwahrscheinlichkeit)。

低概率性的概率性（Wahrscheinlichkeit）提升——这正是串联起社会理论、演化理论和交流媒介理论的公式。较低概率性社会结构的正常化对于交流媒介提出了较高要求，反映在交流媒介的语义学中，演化概念则应当解释，诸如此类的情况是如何发生的。

关于爱情语义学的历史研究顺应于这种理论关联。当然并不奢望在一种有关方法的严格意义上去证实演化理论。然而，在涉及方法问题时，它提供了处于互补关系中的两种工作经验。其中一种说明，只有非常抽象而结构复杂的社会学理论，才能让历史材料说话。通向具体性的道路要求经由抽象的迂回。历史性研究若要获得成功，目前的社会学还是太缺乏理论性和抽象性了。另一个印象则是，对于方法论上尚未得到充分澄清的事情关联来说，时间序列有一种独特的证明力。

帕森斯（Parsons）间或已经有了这种想法，即一个分化了的系统之所以成为一个系统，仅仅因为它是由分化（Differenzierung）产生。在关于历史性语义学的研究中，此种类型的印象得到增强。表面看来，是演化在试验连接能力。但如果共时性地观察高度复杂性的事实情况，网状连接（Vernetzung）才具有说服力，人们尽管可以将它解释为偶然,却几乎没有可能,就因为其他组合方式不如它好或不如它可能性高而将它们排除在外。在历史性观察中,亲缘关系显示得更为清楚,因为人们认识到,一个现存系统或一种经过周详表述的语义学是如何预先判定其自身的未来的(这个未来必须被认为是原则上不确定的)。这一点也许最清楚地显示在科学史中:只有那些嗣后经受住考验的发现,才能被激发出来,这一事实并非纯属偶然。真理显现于过程之中。

这也许可以普遍化为一种纯然的秩序论据。在此不妨简单地勾勒一下出自以下研究中的一个示例:社会学理论抽象地假定,在由象征而一般化的交流媒介的分化而出和对它们的 real assets [真实资产](帕森斯)、它们的共生机制的调控之间,存在一种相互关联。这一点也可以通过比较真理/知觉、爱情/性、货币/基本需求、权力/人身暴力等相互关联而被证为可信。历史性研究在此理论的基础上还另外显示出,法国人的 amour passion [激情型爱情]复合体和清教徒的 companionship [伙伴关系]婚姻之间尤其在这方面的差异规定了相异的连接前提:正如我们会详细展示的,只有 amour passion [激情型爱情]语义学才足够复杂,能够吸纳 18 世纪对于性的价值提升;而英国人尽管为爱情和婚姻的结合做了多得多的前期工作,在同样条件下却只能产生出维多利亚性道德的怪胎。在历史性序列中,而且恰恰是在对同一问题反应的不同中显示出一种事情关联——我得承认:是以一种在方法论上(哪怕有了韦伯)尚未能充分澄清的方式来显示的。

此处我无需深入探讨事实情况和结果,相互关联过于复杂,是一个简短总结无法涵盖的。即便是以下篇章顺序的描述,在这方面也不过是一个妥协的结果。鉴于事情关联、历史变迁和地区差别之间的交织,章节划分无法完全遵循其中任何一个视角。我所赖以为支撑的文献,在注释中清晰可见。然而,我的考察在相当大范围内纳入了 17 和 18 世纪小说,这些小说给我的印象是,它们一开始和格言及宣传说教的文学紧密交织,随后联系逐渐减弱。在此方面也产生了价值评判的困难。尽管自 17 世纪以来尽人皆知,小说本身变成了爱情事宜中学习和向导的因素,要将此观点析解为个别论点、概念、定理或经验规则,却殊非易事。人们只能再次强调指出,小说中人格的行为方式以符码为导向,也就是说,主要是让符码生机勃勃,而非额外添加新质。对于重要个案,譬如克勒芙王妃和拖在断念小说(Entsagungsromanen)身后的一连串续作,例外情形会立即被认出。我非常自觉地寻找二流和三流文学,也非常自觉地采用了一种不切实际的引文选择原则——语言表述的优美。我无法下定决心,翻译出自通用欧洲语言的引文,大概也要归咎于对于素材的个人爱好。

尼克拉斯·卢曼

比勒费尔德,1982年5月

第一章

社会和个体：人格性和非人格性关系

把现代社会界定为非人格性的大众社会，而不再作深究，显然是一个错误判断。出现这样一种理解，部分是因为从理论上过分狭隘地规定了社会概念，部分是因为受外观迷惑。谁要是主要在经济范畴之内理解社会，即是说，从社会的经济系统来把握社会，就必然会相信非人格性关系居统治地位，因为经济系统中的确是如此。但经济仅是决定社会生活的动机之一。自然啰，即便采纳了单个人的立场，他（她）和多数其他人也只能发生非人格性关系。在此意义上，社会——如果被理解为所有关系之总和——看起来首先是非人格性的。但同时，对每一单个人而言，也可能在某些情况下强化人格性关系，将许多他（她）视为最贴己之事传达给他人，在他人中获得确认。如果我们想到，这种可能性对于任何人都存在，并被许多人把握和实现，则这种可能性也是大众性的；现代社会的标志之一，就是可以自由地获取这一可能，很少因为要考虑其他关系而受到限制。

以下我们由此前提出发，即和较早期的社会构型相比，现代社会的标志是一种双重提升：一方面经由更多的非人格性关系的可能性；一方面经由更深入的人格性关系。之所以能扩展这种双重可能性，乃因为社会在整体上更加复杂，因为它能更好地调节不同类型社会关系间的相互依赖性，更好地过滤掉潜在干扰。

之所以能提升非人格性关系的可能性，是因为在众多领域都有可能达成更成功的交流——即便人们根本不认识其交流伙伴，只能根据少数匆匆掌握的角色标志（警察、女售货员、电话中心）去评判对方。另外还因为，每个这样的操作都依赖于无数其他操作，这些操作实现其功能的保障，并不在于个性标志——对于信赖这类标志的人来说，它们就是熟知的标志。之前任何社会都不像这样，存在概率极低的、偶然的、不能解释为自然的可信赖性，它并不需要以私人间相识为保障。

人格性关系之可能性的扩展，则不能以同样方式理解为单纯延展，理解为成功展开的交流关系在数量和多样性上的增加。对任何单个人来说，这种延展都会迅速臻于极限，成为不可承受的负担。社会关系中人格性因素的展开不能靠延展，只能加以深化。换言之，在所实现的社会关系中，更多个体性的、独一无二的人格特性，或最终从原则上说个体性人格之所有特性，都变得富有意义。我们不妨将这类关系从概念上界定为“人际间互渗入”（zwischenmenschliche Interpenetration）。如果说成“亲密关系”（Intimbeziehungen），也是同样意思。

这个概念描述了一个逐级展开的过程。它基于这样一个前提，即那些构成了单个人以及其记忆、其态度的东西，不可能被另一个人全盘了解；之所以如此，是因为即便其本人也不能全盘了解这些东西（这从特里斯川·项狄描写自己生平的尝试，就可以看出）。当然，“或多或少”地知道并关注他人的事情，还是有可能的。尤其是在交流层面上存在某些规则和符码，它们规定，在特定社会关系中，原则上这个人必须接纳有关另一个人的一切，对于另一个人觉得切身重要的东西，不能表示漠不关心，即从他（她）这方面来说，不能让任何问题得不到回应，即便——且正因为——这些问题仅仅牵涉个人。在事实的层面，只要社会能让出自由空间，对干扰视而不见，人际间互渗入就可以连续地提升，但在进行交流性调节的层面，这样一种提升的可能性却是被非连续地加以固定的。一种亲密关系的系统类型于是被创造出来，在其中任何人格性的东西都不容许逃离交流。

基于我们在社会学上对人格之个体性的社会生成所知晓、所猜测的一切，[①]人们必须放弃这样一种做法，即根据人类学常数来解释对于人格之个体性的需求，来解释将自己和他人描画为独一无二的可能性。毋宁说，对于人格之个体性的需求及其在交流关系中寻求表达和承认之可能性，主要和社会系统的复杂性与区分

① 可比较譬如涂尔干（Emile Durkheim）已变得著名的结论表述，见 De la division du travail social, Paris 1893，引自德文版 Über die Teilung der sozialen Arbeit, Frankfurt 1977, S. 443 ff.；另见同一作者的 Leçons de Sociologie: Physique des mœurs et du droit, Paris 1950, S. 68 ff.; Georg Simmel, Grundfragen der Soziologie (Individuum und Gesellschaft), Berlin-Leipzig 1917, S. 71 ff.; Louis Dumont, Homo Hierarchicus: The Caste System and its Implications, London 1970. 关于平行展开的、被讨论很多的语义发展，也可比较 Norman Nelson, Individualism as a Criterion of the Renaissance, Journal of English and Germanic Philology 32 (1933), S. 316－334; Angel Sanchez de la Torre, Los comienzos del subjetivismo juridico en la cultura Europea, Madrid 1958; Colin Morris, The Discovery of the Individual 1050－1200, London 1972.

类型相关联。[①] 在此我们并不打算全面探讨个体性和与之相伴的语义学的社会生成这一主题，而是限制于其中一个重要的局部问题：探询一种由象征而一般化的交流媒介如何产生。这种交流媒介被赋予特定任务，借助这一交流媒介，在交流行为中处理个体性不但成为可能，还得到维护和提升。

不言而喻的前提是，人之个体性是所有社会都承认的经验——在身体和灵魂之统一体意义上，在自主运动的意义上，而尤其在各人都有属己之死的意义上。基督教信奉灵魂不灭，认为灵魂得救全然是个体性命运，不受所处阶层、家庭乃至具体死亡情形所影响，也并不能从根本上超出这一人类学事实。而不论文艺复兴的论战性个人主义，还是冲动管理（Affekt-Management）和自然合理性的个体化（譬如在比韦斯［Vives］那里），抑或

① 另一个不应当由此被混淆的问题，涉及加于人格身上的社会关联和控制的规模。在这方面，在有些社会系统中存在着高自由度，而这并不能被阐释为社会承认甚至是个体性要求。尤其可比较 John F. Embree, Thailand — A Loosely Structured Social System, American Anthropologist 52 (1950), S. 181－193，以及探讨此主题的 Hans-Dieter Evers (Hrsg.), Loosely Structured Social Systems: Thailand in Comparative Perspective, New Haven 1969.

巴洛克的自我保存个人主义，都莫不如此。它们不过是强化了这种个体性的社会合法性——考虑到在社会结构中安置单个人格变得越来越困难。尽管人格仍由其社会地位，亦即阶层系统中的位置所规定，然而与此同时，在政治、经济、宗教、学术知识的功能领域，却并无严格的位置规定。不过在初始阶段，所有这一切尚不足以导致旧的个人主义概念——由相互分隔和自身不可分割所定义——解体，或在运用到具体人身上时加以修订。[①]

当今世界取消了旧的个体概念并赋予词语新的含义，所经历的发展具有多种面相，这些面相必须仔细地区分开来，因为它们不仅代表了不同的实际事物，且相互间可能形成冲突。首先，在由阶层性向功能性社会分化的过渡中，会出现更强的人格系统和社会系统的差异化（确切地说：人格系统的系统/环境差异和社会系统的系统/环境差异）。导致这一现象的原因是，在功能分化过程

① 可比较譬如 François de Callières, La Logique des amans ou l'amour logician, Paris 1668, S. 118:"L'individu est proprement un sujet separé de tout autre, et qui ne se peut diviser sans estre detruit [个体不折不扣地是一个和他人相分隔的主体，而且不可能自身分割而不遭到毁灭]。"

中，单个人格不再能够被安置在社会的一个且是唯一一个子系统中，而是被预设为在社会中没有居所。[①] 这不仅意味着，诸人格本身现在要凭借其标志上更大的不同性来凸显自己（当然也可能遭到怀疑），而且对于人格性系统的系统参照来说，它们的系统/环境关系也会更强地分化，以至于如果人们在此种情形下仍然显示出相同标志，则必须当成偶然（而非作为类的标志）来处理。

从系统论角度来说很容易理解的这一分化趋势，对单个人格来说就意味着，他（她）有越来越多的理由，将其和环境的独有差异（在时间维度上就是：这一差异的历史和未来）转而用于阐释自身人格，由此自我变成体验的焦点，而环境相对来说变得模糊。与自我认同成了自身体验和行动的基础，然而，要实现自我认同，要确知自身作为有机体的存在，仅仅拥有一个名字，或通过一些普遍的

---

① 对于个体的概念来说，可以有如下理解：旧的专门化方向——生物→人→某一阶层的所属者→某一城市或某个国家的居民→某一职业的所属者→某一家庭的所属者→个体，已失去了意义，恰恰是个体性——先前是最具体之物——如今成为人身上最普遍之物。这样一来，先前必须被视为高度偶然的事物，如今就可以理解为必然性的，可以用世界关联概括其特征。另一方面，这种新理解，这种用独一无二的世界构成来为个体下定义的做法，取消了直到1800年左右仍生效的观念——个体作为自然。

社会范畴如年龄、性别、社会地位、职业作为界标，已经不够了。单个人必须在其个性系统层面上，即是说，在和其环境的差异中，在其处理这一差异时与他人不同的方式中，获得确认。不论是社会，还是由社会构建的世界之可能性，都变得远为复杂，远为不透明。由此产生了对于一个尚可理解的、熟悉的、亲密的，也是尚能够拥有的切近世界（意义上接近于古希腊的 philos［爱］）的需要。

人格的个体化和对于切近世界的需要并不一定并肩行进，两者甚至趋向于矛盾，因为相比由法律或金钱、政治或科学所规定的非人格形式的宏观机制，反倒是切近世界给予个体的自由展开空间较少。因此，对于现代社会中个体要解决的问题来说，单提出“人格日益增长的个体化”概念是不够的。我们不能简单地诉诸自身的自治性以及相伴而生的适应能力。除此之外，单个人格还需要切近世界和远方世界的差异，需要仅对个人有效的经验、判断、反应方式和匿名地构建起来、人人都承认的世界的差异，才能应付所有作为可能呈现之事物的复杂性和偶然性。单个人必须能够利用这个差异，才能让所获得的信息分流。但这只有在高度人格的体验加工和行动天赋获得社会承认，而社会承认的获得又是以社会认可的形式发生时，才是可能的。单个人不仅要在自身之所是，也要在自身之所见中获得回应。

必须如此复杂地表述事情形势，才能理解，在具有高度人格相关性的事务上，所有交流都涉及成为自我和构设世界之双重性，那个作为 alter ego [第二自我]参与交流的人，正是在此双重意义上被卷入其中：既是为了自己，也是为了他人。于是，如果要分化出一个共同的私人世界，前提就是每个人都能分享他人的世界（尽管是以高度个体性方式自己去体验），因为他（她）自己在其中分得了一个特别位置：因为他（她）会作为被爱者出现在这个他人的世界中。在高度发展的个体化和对切近世界的需要之间自然存在种种可能的、极明显的差异——只需想想 18 世纪时友谊和孤独情感的并存——但正因如此，才针对两个问题发展出一种共同的交流媒介，而且是利用了友谊和爱情的语义场。

这个媒介的分化而出，其语义学在面对基础性问题时的耐久性，都是我们将要处理的课题。这一分化而出的过程之轮廓在 17 世纪下半叶变得日益清晰。在当时它依赖于业已获得承认的个体性之独异价值，依赖于向个体作为个体提出的任务——如自我控制、冲动控制。但还绝不能说，个体开始以人格性交互作用和非人格性交互作用之差异为导向,开始寻求一种基于亲密和信任的高度人格性交流的领域。在彼时仍和阶层相绑缚的交流中,还完全感受不到通过阐释将一个切近世界置入世界之中的需要。那么,发展一种针对亲密领域的特殊交流媒介为何又有可能?其发展的具体情形如何?在我们进入历史性研究之前,有必要借助一种由象征而一般化的交流媒介的普遍理论,来先行处理这个问题。

第二章

爱情作为由象征而一般化的交流媒介

在普遍意义上，由象征而一般化的交流媒介指的是那些语义装置，它们能让本身概率极低的交流获得成功。[①] “获得成功”在此处的意思是：接受这些交流的意愿得到显著提高，以至于人们敢于大胆进行交流，而不是一开始就断定它毫无希望，搁置一旁。跨越这一低概率性阈限之所以如此重要，是因为倘若不是这样，社会系统就不可能形成，因为社会系统只能经由交流而出现。换言之，低概率性标示出让勇气丧失之阈限，而从演化角度来看，则标示出可能发生的变异被再次清除

① 可进一步比较：Niklas Luhmann, Einführende Bemerkungen zu einer Theorie symbolisch generalisierter Kommunikationsmedien, in ders., Soziologische Aufklärung Bd. 2, Opladen 1975, S. 170－192; Luhmann, Macht, Stuttgart 1975; Luhmann, Die Unwahrscheinlichkeit der Kommunikation, in ders., Soziologische Aufklärung Bd. 3, Opladen 1981, S. 25－34.

的界限。如果能将这些界限向外推移，首先社会系统中的系统形成可能性就会提升，同时可供交流的主题数量会增加，系统内部的交流自由度和外部的适应能力也会升高——由此种种，演化的可能性也会增长。①

对于所有交流媒介，我们都可以假定，对它们的要求会随着社会演化的进程而提高。如果社会系统和它可能的环境变得更复杂，则所有限定(Festlegungen)的选择性也会增加。任何必须被传达的消息，都要从更多的其他可能性中遴选出来。由此，促成传达和接受那些选择之成果的动机，就变得越发概率极低。即是说，通过选择的方式促成接受，变得越发困难了。但恰恰这就是交流媒介的功能所在。社会演化理论以及认为通过社会分化类型的改变，社会系统的复杂性会猛然跃升的观点，让人不由得猜测，社会的交流过程会追随这样一种发展，寻找另一种既普遍又特殊的选择和促动(Motivierung)相结合的层面。譬如说，抛开利用爱情来实现社会团结的所有传统，将

① 不言而喻地，所有这些表述都必须加上限定条件，即所涉及的是在一个极专门方面的可能性的提升，而由此并未排除，可能性由于其他原因会变得不可能，演化由于其他原因会失败。

爱情宣布为不要理由的、人格性的："Par ce que c'estoit luy; par ce que c'estoit moy［因为是他(她)；因为是我］"，就像蒙田的名言所说。[①]

并无任何理由能让人断言，对新形式和新解决方案的寻找一定会成功，在社会的所有功能领域中，复杂性的增加都能被无限地遏止。因此我们的分析必须既联系实际事物，同时又要针对历史、社会结构和思想史，才有可能解释清楚，究竟在何种程度上社会能承受它自身的演化，在何种程度上它能相应地重新塑造其交流能力，又是在何种程度上，某些功能领域会滞后落伍，以至于我们必须考虑到相应的扭曲变形。

为了解决选择和促动的组合问题，由象征而一般化的交流媒介利用了一种和实在相关联的语义学：真理、爱情、货币、权力，等等。这些术语标记了句子、情感、交易手段、威胁手段等等的特性，在运用媒介时这些指向事实情况的导向也会被卷入。这些事实情况会被假定其本身就拥有因果关系：参与交流者*以为*(meinen)是这样，在"道理上"(im Sinn)就得这样。然而，媒介自身并不是这些

① Michel de Montaigne, Essais I, 28, 引自 éd. de la Pléiade, Paris 1950, Paris 1950, S. 224.

事实情况，它们只是交流指示——无论事实情况存在与否，都可以相对独立地发出这些指示。[①] 故不能在品质、情感、原因的实际层面上把握媒介的功能和效果，因为这些媒介本身预先就经过了社会中介——通过对于交流之可能性的共识。

在此意义上，爱情作为媒介本身不是情感，而是一种交流符码，人们根据这一符码的规则表达、构成、模仿情感，假定他人拥有或否认他人拥有某种情感，如果相应交流得以实现，还能让自身去承担所有的后果。早在 17 世纪——我们在后面篇章中还会提及——人们就完全意识到，无论如何强调作为激情的爱，实际上都关涉一种行为模式，这种行为模式能够被扮演，还在人们启航去寻找爱情之前，这种行为模式就能活生生呈现在眼前；

① 帕森斯也持这一观点，见 Religion in Postindustrial America：The Problem of Secularization，Social Research 41 (1941)，S. 193－225 (214 f.). 冲动(Affekt)及爱情“in my present sense is a *medium* of interchange and not the primary bond of solidarity itself [在我目前的意义下是相互交换的媒介，而不是团结本身的原初纽带]”。其他社会学家也把爱情语义学理解为 cultural imperative [文化命令]或意识形态性规范。参见 Willard Waller / Reuben Hill, The Family：A Dynamic Interpretation，2. Aufl. New York 1951，S. 113；William J. Goode，Soziologie der Familie，dt. Übers. München 1967，S. 81.

即是说，在人们找到伴侣之前，这个行为模式就可以用作导向，让人知晓事情之重大意义，另外，它也可以让伴侣的缺失被感知到，甚而成为命运。① 爱情一开始在某种程度上可能是空转运行，②以一种一般化的寻找模式为导向，这种模式让选择变得较容易，但是对于情感的深度实现可能造成阻碍。正是根植于符码中的意义提升，使得爱情的学习、征兆的阐释以及表示深情的微小信号之传

① "Il y des gens qui n'auraient jamais été amoureux s'ils n'avaient entendu parler de l'amour［有那么一些人，如果他们没听到过别人谈论爱情的话，是绝不会成为恋爱者的］，"拉罗什富科那里是这么说的，见 Réflexions ou sentences et maximes morales Nr. 136，引自 Œuvres complètes，éd. de la Pléiade，Paris 1964，S. 421.

18 世纪尽管有了一种人格性－个体性明显的爱情伦理，这种之前的、就好像是嬉戏式的爱情学习的要素也一直存在。在克洛卜斯托克(Klopstock)那里，这一将游戏转化为世界的伴侣发现的经验是十分明显的，例如：Der Verwandelte（"找到你，哦正是你，我学习了爱情"），引自 Ausgewählte Werke，München 1962，S. 66－68；或者在 1752 年 8 月 1 日致施勒格尔(J. A. Schlegel)的信中："……我的选择——在我学习了如此久的爱情之后——必须落到一个能让我十分幸福的女孩头上……"，引自 Briefe von und an Klopstock (Hrsg. J. M. Lappenberg)，Braunschweig 1867，S. 108 f. 显然，在事前的思想操练和行事时的激情澎湃之间，人们并未感到有何矛盾之处。

② 此为西美尔的一个表述：Georg Simmel，Über die Liebe (Fragment)，in：Fragmente und Aufsätze，München 1923，S. 47－123 (62).

达成为可能；正是符码让差异变得可以被经验，让无法实现的爱情同样激动人心。

以下思考皆基于这样一种观点，即文学的、理想化的、神秘化的爱情表现在选择其主题和引导思想时，并非出于偶然，而是在对当时的社会及社会变化趋势做出回应；这些表现即便纯属描述(deskriptiv)性质，也不一定反映了恋爱的真情实境，倒可能是在解决既定问题，换言之，将社会系统的功能必然性带入一种可流传的形式。每一时代的爱情语义学不啻为我们敞开一条通道，去理解交流媒介和社会结构的关系。

每一种由象征而一般化的交流媒介都是因为一种特定的阈限问题而分化出来。就爱情媒介而言，这一问题存在于高度人格性交流自身。在高度人格性交流中，我们想要去理解一种交流，而讲话者正是凭借这一交流来寻求与其他个体相区分。这种情形可能由此而产生，即讲话者将自身作为主题，也就是谈论自身；但也可能是这样，即讲话者在谈论事情时，以其和事情的关系作为交流出发点。自身立场和世界观越是个体化，越是风格独具，获得他人的共识和兴趣的概率性就越发低。这当中涉及的，不仅是某人作为个体所拥有或自认为拥有的特性，换言之，不仅仅涉及人格的美貌和德行——二者在 17、18 世纪的爱情文学中扮演决定性的角色。人格特性可以作为事实来接受、欣赏或忍受。超出这以外的，是人格性个体的世界关联，这一点在 18 世纪将近结束时才被认清。如果这种世界关联一道被个体化，作为交流伙伴的自己，也就不可能退回到对某一在他人人格中被给予（gegeben）的事实的承认上去——该事实或许是令人愉快的、有用的、尚能被接受的，或许得到其他评价。如果他人也将自身给予为构建世界的个体，则每一个与之交谈的人都已被预先安置于此世界中，因此就无可避免地要做出选择：是确认还是拒绝他人以自我为中心的世界设计。充当世界确认者的补充角色，成为对交流伙伴的强求，但同时也含有这样的暗示，即这个世界设计独一无二，即是说独异的，即是说无法获得共识的。这也意味着：一方被强求实施确认行为，而这一行为却没有向外的连接能力，也就是说，该行为无法在其他什么地方得到承认。在如此被动的情形下，任何理智的受话对象都会逃之夭夭，要不就尝试着忽略交流所暗示的人格性关系，得体地过渡到“匿名地”建构的世界之非人格性去。

如此一来，在恋爱中所涉及的就并非“总体交流”，[①]并不是尽量将所有交流的主题都集中于伙伴或爱情关系上——尽管恋爱者一开始会以为是这样。所预期的并非总体性（Totalität），而是关系的普适性（Universalität），即是说，在所有生活情境中都会持续不断地关注到伙伴方；人们也可以说：所有交流的信息内容都会持续不断地加入这个“为他（她）”方面。在此意义上，不是交流过程的主题层面，而是其编码（Codierung）才是出发点，爱情由此得以被理解和实践。

如果所有信息都会被重复运用，一方面根据它们在普遍的、匿名构建的世界中意味着什么，一方面根据它们对于你，对于我们，对于我们的世界又意味着什么，在此情形下，一个爱情的特别“符码”就形成了。这个差异不可如是处理，即一个信息就始终是一个信息，要么属于这个世界，要么属于那个世界；因为显而易见，每个私人世界都会把自身的无限性投射入那个——所有人共有的——

---

① 魏斯塑造了这一概念（Dieter Wyss, Lieben als Lernprozeß, Göttingen 1975, S. 42 f., 46），然后提出要求，通过学习过程从中解脱。对今天的恋爱者表示怀疑的还有 Pascal Bruckner / Alain Finkielkraut, Le nouveau désordre amoureux, Paris 1977, S. 140 ff.

世界之整体视域。而是说，信息必须被重复，以便能够根据不同的现实需要，在两个世界中经受检验和发挥效力。这就类似于在文字书写中，因为特别运用而被重复，并不意味着否认作为根据的统一性。

一方面是世界关系变得越来越个体化，另一方面还要维持那个匿名建构的世界，在此条件下，成功交流的概率变得越来越低。如果考虑到参与交流者的体验和行动都涉及选择，如果对这些选择在体验和行动两个领域的分布加以检视，上述情形就更清楚了。[①] 一个个体（假如没读过费希特）不可能将其世界关系理解为自身的行动，不可能将其作为选择而体验到的所有一切，都作为行动归到其自身。个体记录下巨量选择，不管它们以多么独特的方式与预期相关联，又是以多么独特的方式针对各种差异而展开和受到评价，选择就是世界自身的选择。另一个人——那个被挤到世界认同者角色中的伙伴——则必须行动，因为这个人必须说出，为什么不赞同某些观点。由于

① 关于概念取径可比较 Niklas Luhmann, Erleben und Handeln, 以及 Schematismen der Interaktion, in ders., Soziologische Aufklärung Bd. 3, Opladen 1981, S. 67—80 bzw. 81—100.

问题的阈限和高度人格性交流的低概率性，对于选择（在体验和行动两个领域中）的分配就是非对称的：恋爱者要去证实诸多独特的选择，必须行动，因为这一方面临择偶问题；被爱者则只需要体验，期待和自身体验的相认同。一方必须主动干预，另一方（预先就和其自身的世界设计绑在一起了）只需要投射。其间，这一信息流动，这一从他者（被爱者）到自我（求爱者）的选择性的转移，也将体验转移到行动。爱情的特别之处（也可以说：悲剧性）就在于这种不对称性，在于必须以行动回应体验，以一方的甘愿就擒回应一方的已然被缚。①

---

① 为了让和其他媒介形势的比较变得容易，我们这里复制了一种平时也被运用的交叉表格，将体验和行动的双重归因可能性投射到他者和自我的位置，其间自我总是那个需要采纳或拒绝所交流的选择的人：

	自我在体验（Ego erlebt）	自我在行动（Ego handelt）
他者在体验（Alter erlebt）	他者体验→自我体验 真理 价值关系	他者体验→自我行动 爱情
他者在行动（Alter handelt）	他者行动→自我体验 财产/货币 艺术	他者行动→自我行动 权力/权利

另一方面，对于每次的恋爱者亦即 Ego［自我］来说，恋爱关系中只存在行动连接(Handlungsanschlüsse)，因为被爱者的体验规定好了化简方式(Reduktionen)。在爱情语义学中一再出现的无限性主题也有这种意义，即在另一方的体验世界中不存在对自身行动的限制——尤其是对于同样因情而踏入这个世界的人。体验和行动的非对称性也就包含了预先采取行动的机会：一方能够以另一方的体验为导向，即便另一方还没有采取相应行动，即便另一方还没有表达愿望，也没有将任何算到自己头上的归因(Zurechnung auf sich)采纳入自身。当爱情语义学要求一种对于骑士爱情礼仪的超越，或者当它讲到“无言的”契合时，说的就是这个意思；当恋人不需要任何协调程序，就可以针对第三方协调一致地行动时，体验到的就是这个意义。

仅凭这一论断，即爱情针对的是单个人格，针对的是“个体”(Individuum)，而被爱者被视为完整而不可分割，爱情这一媒介的特征仍未得到充分界定。在此情形下，另一个人仍然可以被理解为类似于物，即便将其标为“主体”(Subjekt)，也不过是否认了这一理解，并未以其他表象取而代之。只有通过系统论和交流理论的融合，才能超越这种研究状况，实质性地向外迈出一步。

我们称之为“体验”的东西，可以从两个方向上进一步加以解码，在两个方向上立即就产生了对于观察和对应行动的极端要求。我们现在会想到作为心理系统的 Alter［他者］。体验意味着，系统会在事实和事件的归因中将自身关联于系统的环境。对于观察者来说，要将被观察的系统之环境一并纳入其观察，是极为困难的；因为这一方面意味着，观察者必须把体验不是看作固定事实，而是另一个系统通过选择和它的环境建立关系的过程（而关系不能被观察，只能开发［erschließen］）；另外观察者自身（至少在涉及爱情时）就是这个环境的一部分，通常还是重要的一部分，因此观察者不仅触及了自身的系统边界，而且就好比位于这个世界之中，不得已和自身发生自我指涉。①

第二个考虑和信息概念相联系。通常情况下人们在观察其他系统时只能发现信号输入（Input）和输出（Output）。人们看到，另一个人在倾听，看到了什么，在读什么并对此做出反应。但

① 应区别于被观察的、被爱的人格之内的自我指涉，我们随后就会回到这些自我指涉上。

仅仅是这样,这另一个人的信息及其信息加工还没有被掌握。信息是对若干差异的选择性加工;这种加工就在于,体验者将事件投射到一个由其他可能性构成的视域之背景上,通过“是这个而非其他”、“是这个而非那个”的体验而确定自身的系统状态。因此,哪些其他可能性在哪一时刻在他人那里充当比较图式(Vergleichsschema),从外部是几乎不可能确知的,而且没有对这种选择视域(Selektionshorizont)的共同掌握,信息是无法被观察的。人们必须能够一道去完成,或至少能够充分地领会那个人的自我指涉性信息加工,才能够“理解”信号输入在那个人那里是如何作为信息起作用的,那个人又是如何将其信号输出(譬如所说出的话)重新连接于自身的信息加工的。

使这种概率极低之物变得可能,正是爱情作为交流媒介的功能。这在日常语言中被专称为“理解”(Verstehen),被表达为获得理解的愿望,或者作为对缺乏理解的抱怨被驱赶到一切技术可能性界限以外。如果追求的就是这种超出可观察者之外,就可以理解,为什么最终所有客观的、可一般化的爱情指标,譬如功绩、美貌、德行,都遭到摒弃,而促使概率极低者变得可能的原则越来越个性化了。媒介利用的是人格(Person)。人们必须尽可能清楚地认识人格,以便能够把握或预感到,每一次都是什么作为人格的环境,又是什么在人格之内作为比较图式在起作用。还有一点需加以领会,即主体概念在18世纪经历了去实体化;因为事实上重要的是,将另一方消融到他(她)和专为他(她)而起作用的环境的关系中,以及他(她)和其自身的关系中,不再基于品格特性,而是基于功能方式来理解他(她)。对于这种理解所需要的根据,最终人们既不能从人格的自然天性,也不能从人格的道德,而只能从人格自身获得。如果人们接受由偶然生出的事物,如果人们放弃一切计算和价值评判的外在根据,那就可以更进一步做出尝试,让自身去适应那些对于自己的意中人来说就是环境和信息,那些对其说来近乎压迫之物和代表自由之物,还要设法领会决定了意中人体验和行动的事物,每一次都是在哪些一道起作用的视域衬托下显现的。然而,理解性爱情在认知方面是如此费劲,以至于人们宁愿依附于感情,忍受感情的非稳定性。这条出路却堵塞了——如我们将要详细展示的——一个对于爱情和婚姻关系的制度性解决方案。

由此就同时会看到,爱情是以非常独特的方

式解决落到它头上的交流问题的。如果用一个悖论来表述,不妨说,爱情能够在广泛地放弃交流的情况下强化交流。爱情广泛地利用了间接交流,仰赖于预先采取行动和心照不宣的理解。清楚明白的交流、提问和回答,反而会让它受到不愉快的触动,因为这就表明,有些事并非不言自明。属于古典主义符码的,岂不就有“眼神语言”,以及那种认为相爱者可以相互间说个没完,却什么也没说的论断。[①] 换言之,根本不需要意中人的交流行动,不需要提问和请求,就足以让追求者亦步亦趋;意中人的体验就应该以最直接方式引发追求者的行动。

如果把爱情仅仅理解为相互满足需要的行动的交互性,或者乐于满足愿望,那大概是不合适的。爱情首先给体验之体验抹上颜色,由此改变了作为体验和行动之视域的世界。它内化了另一个人以主观方式系统化了的世界关联;它在事物和事件自身当中,让另一个人所体验或可能体验到的东西具有一种特别的说服力。其次,它才促

① “爱情是所有情感中最喜欢说话的,它一大半就是由喋喋不休所构成”,穆齐尔也注意到此:Der Mann ohne Eigenschaften (Gespräche über Liebe), Hamburg 1952, Neudruck 1968, S. 1130.

发行动，但选择这一行动不是为了具体效果，而是因为其象征和表达性，亦即表达爱情的意义，或者是为了展开那个世界的特别性，在此世界中，人们会感到和意中人（而不是和其他任何人）的合一：共同的品味和共同的历史一故事、共同的乖张偏离，谈论的主题，评论的事件。唤出行动的，不是某个要追求的利益，而是一个世界设计（Weltentwurf）的非不言自明性（Nichtselbstverständlichkeit）。这一世界设计完全基于某一人格之个体性，且只有这样才会存在。因为这里涉及的只是“给予”，爱情要说的就是：让另一个人有可能以如此方式给予某物，即他（她）就是如他（她）所是的那样。

在爱情媒介的语义学中，人们会发现，这个功能不是被表述的，而是被象征的。并没有谁规定，某人作为恋爱者一定要站在公共意见的对立面，才能证明有一个私人世界存在，爱情的描述借助于象征，这些象征表达的就是，如果人们恋爱，这一切就会发生。组织爱情媒介之主题结构的引导性象征，首先是“激情”（Passion），激情意味着，人们为了无法改变也无法解释的某事承受痛苦。另一些形象——有些具有很古老的传统——也具有相同的象征价值，譬如人们会说：爱情是一种疾病;folie à deux[两个人的疯狂][①];爱情负着锁链。还有林林总总的习语,如:爱情是神秘,是奇迹,既不能澄清也无可论证,等等。[②] 所有这些都表示,

---

① 自然这些不过是类比或隐喻。只有中世纪和 19 世纪下半叶,人们还拥有足够的天真以及对科学的信任,猜测它们真的是身体和心理上的病态情形。试比较批评这一立场的 Gaston Danville, L'Amour est-il un état pathologique? Revue Philosophique 18 (1893), S. 261－283; Gaston Danville, La Psychologie de l'amour, Paris 1894, S. 107 ff. 甚至今天都还有从事于证实或反驳浪漫主义爱情和心理不成熟之间相互关联的经验性研究。试比较 Dwight G. Dean, Romanticism and Emotional Maturity: A Preliminary Study, Marriage and Family Living 23 (1961), S. 44－45; Dwight G. Dean, Romanticism and Emotional Maturity: A Further Exploration, Social Forces 42 (1964), S. 298－303; William M. Kephart, The "Dysfunctional" Theory of Romantic Love: A Research Report, Journal of Comparative Family Studies 1 (1970), S. 26－36.

② 对于 18 世纪种种观念的总结可参见 Robert Mauzi, L'idée du bonheur dans la littérature et la pensée au XVIIIe siècle, Paris 1960, 4. Aufl. 1969, S. 466:"L'amour est un mystère, le plus irrationnel des mouvements de l'âme, devant lequel l'esprit demeure désarmé; il est une mystification, où l'imagination ne cesse d'escamoter et de métamorphoser la nature; il est une aliénation, qui sépare l'homme de lui-même et le voue à toutes les tortures; enfin l'amour ne suffit jamais à lui-même[爱情是一个奥秘,灵魂运动中最为非理性的一种,在它面前精神总是软弱无力;它是一种神秘化,在那里想象力从未停止掩盖和转化自然;它是一种异化,将男人和他自身分开,让他受到万般折磨;最终爱情从不满足于它自身]。"对同一　(转下页)

爱情脱离了正常的社会控制,但社会必须将之当成某种疾病来容忍,并郑重指派给它一种特殊使命。①

随着一种由象征而一般化的交流媒介分化而出,和同居生活之有机事实的关联也必须得到专门化。没有哪个交流系统能完全脱离人们的身体参与,一种媒介的语义学功能专门化也要求这种身体关联一并被象征化。我们可以把履行这一功能的象征称为共生象征或共生机制(symbiotische Mechanismen)——"机制"能描述根据预期而完成的有机过程,②故采用这一概念。对此有不同的,然而从总体来说并不多的可能性,如果交流媒介

(上接注②)主题从今天的视角来探讨的有 Francis E. Merril, Courtship and Marriage: A Study in Social Relationships, New York 1949, S. 23 ff.; Waller / Hill a. a. O., S. 113 ff.; Vilhelm Aubert, A Note on Love, in ders., The Hidden Society, Totowa N. J. 1965, S. 201—235.

① 试比较帕森斯那里对于病人角色及其制度化的阐释:Talcott Parsons, The Social System, Glencoe Ill. 1951, 尤其是 S. 428 ff.

② 要获得一个普遍性概览可参见 Niklas Luhmann, Symbiotische Mechanismen, in ders., Soziologische Aufklärung Bd. 3, Opladen 1981, S. 228—244. 如专门涉及性爱在此功能中的角色,也可比较 Talcott Parsons, Societies: Evolutionary and Comparative Perspectives, Engelwood Cliffs N. J. 1966, S. 31 f.

需要相互区分开的话，这些可能性就必须彼此脱离。知觉（Wahrnehmung）（包括对诸知觉的知觉）、性、满足（首先是基本的）需求和人身暴力是不同的，然而各自都是高度生动可塑的有机过程；它们交互影响，能够彼此干扰或促进，在多个伴侣在场的情况下，还能合在一起构成一个弥散性（diffus）交流基础。[①] 如果某一情境专为一种且仅此一种交流媒介而保留，则必须排除相互干扰。这就要集中于一种且仅此一种共生机制。对于权力复合体而言就是人身暴力，对于真理而言就是知觉，且联系于和理论相关的数据，对于货币而言就是（不断派生的）需求满足，而对于爱情则是性。交流在各自的媒介领域越是不受到相应的共生机制的限制，这一机制就越是成为分化和提升的条件。如此看来，这就并非偶然，最重要的社会交流媒介会各自选择一种和有机过程的专门关联（这一关联同时也是高度生动可塑、可加以影响的），但凡做不到这一点的场合，媒介和功能系统的联

---

① 对于难以用言语传达的交流也是如此。人们可以想到在爱情描述中一再涉及的眼神语言。

系就会出现困难。[1]

如果亲密性以性为基础,在此情形下,共生基础和象征性一般化的关系就带上了特别的特征,需要进一步加以描述。[2] 首先,以性来奠基足以证明,伴侣们重视"共在"(Zusammensein),重视直接性和近距离;他们偏爱那些有希望见到对方的场所。性关系还有一个特别之处,即它的实现不需要考虑局外人,不需要得到其他人的同意,相反它在自身中实现意义,它在自身中就能得到美化,而没有任何向外界表演的压力。给予和取得、犒赏和克制、肯定和修正都是可能的,只是难以确定,难以归因于利害甚或意图。交换、认可、教训和学习的动机和意图都在履行其功能,却几乎不能相互扯开,不能归于个人和诉诸言语。它们相互交融,无法区分。这就防止了——极端情形且不论——得失的锱铢计较,防止了将自身处境最优化,从而将关系发展为体现效能、阶层或利益等方

---

① 关于宗教系统和交流媒介"信仰",可参见 Niklas Luhmann, Funktion der Religion, Frankfurt 1977, 尤其是 S. 134 ff. 关于一种专用于教育的交流媒介的缺失,可参见 Niklas Luhmann / Karl Eberhard Schorr, Reflexionsprobleme im Erziehungssystem, Stuttgart 1979, S. 54 ff.

② 西美尔在《关于爱情》断片中对"性爱"的处理与此问题相连接,但并未达成一种清楚的概念性解决方案。

面落差的非对称性之物。即便是相对而言不大平衡的关系,也可借助性的联系这种模糊性而被体验为对双方均有利,或无可比较。这又进一步允许,将一个精神和灵魂利益的辽阔领域并入自身,而无需算计其交换价值。[①] 如此才可能——在一个平常时难以企及的程度上——假设,自身的体验就是伴侣的体验。

这尤其依赖于相互欲求的反身性。在身体互戏中人们经验到,人们通过自身欲求及其满足也欲求着对方的欲求,且由此经验到,对方也渴望自己被欲求。这排除了将“无私”作为自身行动的基础和形式;毋宁说,自身愿望的强烈程度会成为我能够给予什么的尺度。[②] 所有这一切,都让性突破了利己主义/利他主义的公式,同样也突破了按照感性/理性图式对人类关系的科层化。这在历史上尤其体现于,以性为基础的亲密关系在爱情符

---

① 对此也可参见关于忠诚和感恩的顺带说明:Georg Simmel, Soziologie: Untersuchungen über die Formen der Vergesellschaftung, 2. Aufl. München-Leipzig 1922, S. 438 ff. (444 ff.)

② 此问题可参见 Rupprecht Gerds, Tabu statt Liebe, in: Helmut Kentler u. a., Für eine Revision der Sexualpädagogik, 3. Aufl. München 1969, S. 89－113 (108f.).

码引导下分化而出——我们还将具体描述——冲破了老欧洲的道德和人类学中都有的这两项区分。

此外，在性的指涉空间中，刚刚简单勾勒过的无语言交流也能活动和丰富自身。绝不是说，所有心照不宣都可以追溯到性事！但身体接触的非语言交流为语言传达提供了一个重要的非逻辑性阐释视域；它提供了语言的破坏和补充的可能性，也可能为说出的言语提供一种具体化阐释——以呈现言语中包含的意见和意图。在爱情的种种交流方式中，人们可以表达不可说之物，而对已说出的话可以强化或削弱、大事化小、收回、一笔勾销，可以消除误会，通过变换交流层面纠正偏差。在这个语言表达之下的元交流层面，还会得到回应，但也会遭遇堵塞。

正如在各种象征化过程中常见的，此处也并未将否定排除在外，而是一并利用。譬如权力符码立足于排除所有的人身暴力——除非是为了法律的实现。对于爱情语义学来说，排除可能的性关系扮演了重要角色——从中世纪宫廷爱情的 amour lointain［遥远的爱慕］，到 17 世纪巨幅传奇小说中长篇的徒生事端和捉迷藏游戏，再到将真正的满足推迟为“还不行”以及把保持贞节作为逼婚策略，[1]最后是自18世纪启蒙运动以来日益被接受的肯定的性学说，[2]这一学说也还是依赖于那种感觉：明里被拒绝了，只在暗地里被渴求。尽管在媒介领域的语言实施中，否定的运用表现为“模棱两可”，但在专门的交流方式和交流成功得以分化而出和提升的语境下，它作为语言结构的因素有一个非常精确的意义。对本身有可能之物的禁止，是对通向实施(Vollzug)的入口进行语义调节的前提，正是基于这一调节，才产生了交流过程中自由的各种程度。[3]

---

① 旨在揭开面具的 Henry Fielding, An Apology for the Life of Mrs. Shamela Andrews, London 1741，新版 Folcroft Pa 1969.

② 吉东(Jean Guitton)(Essai sur l'amour humain, Paris 1948, S. 9)在涉及19世纪时提到 sexologie positive [正向性学]。对此问题的详尽探讨现有 Michel Foucault, Sexualität und Wahrheit Bd. 1, dt. Übersetz. Frankfurt 1977。来自美国的材料有 Sidney Ditzion, Marriage, Morals and Sex in America: A History of Ideas, 2. Aufl. New York 1969.

③ 一种此类型的“功能知识”并不是在社会学研究和理论塑造的框架内才首次产生。延迟享受可以造成爱情强度的提升，真正的爱情在于盼望爱情，乃是自17世纪以来通行的主题，知道了此知识并不会导致动机损失。爱情被界定为某种偏离了恋爱者自造的表象的东西。虽然恋爱的幻想特征会被识破，人们却认为爱情的力量是更强大的。恋爱者要一同爱他们的幻想，而和性的关联看来成了实现有效运作的秘密保障。

另外,在我们进入历史分析之前,交流媒介内部的自我指涉也值得注意。这里涉及的也是一种普遍要求,在所有交流媒介中都会得到贯彻。伴随结构和过程的分化,自我指涉也会双重化,以至于我们必须区分两个层面。在媒介的语义学结构层面,自我指涉显现为主题的系统化。每个界定爱情的个别视角,都需要在和其他视角的联系中加以理解。因为这一要求对每个视角,即是说对每个其他视角都适用,故每个主题都会在每个其他视角中,作为其他的其他(anderes des anderen)而重新出现。也就是说,通过自我指涉在语义学层面达到了一种编码的闭合。以此方式,共生机制的指引被纳入进来:人们在爱情场合不能不想到感性,正如性关系方向上的斩获反过来会抛出爱情的真伪问题。

交流成功越是概率性极低,社会关系越是不确定,自我指涉的系统化就越是意义重大。人们越是无法确定另一个人对于预期持何种态度,能够将自己的意见和由之导致的反应在系统中进行阐释(即是说,每一次都能够将其读作其他物、以后之物、所希望之物的指标),就越是不可或缺。这一相互关联可以在17世纪得到极为清楚的见证:承认女性进入爱情关系的自由,导致了 amour passion［激情型爱情］符码的系统化。如果用理论术语来表述，可以说，*双重偶在性*（doppelte Kontingenz）在一种特殊的利益方向上*分化而出*，由此产生了一个爱情特别符码的*自我指涉性系统化*。由双重偶在性生出的*不确定性*，就能在这个符码之内变成*主题*——譬如真爱和假爱两个选项。不确定性始终是语义学生效和获得应用的条件，同时也通过语义学获得了某种形式——有了这种形式，人们就能安心生活了。

如果针对一种专门交流媒介有一种特别语义学足够充分地分化出来，则经由该媒介组织起来的过程就能成为自我指涉性的。我们可以将这一交流过程层面上的自我指涉称为*反身性*（Reflexität）。如果这种特别现象获得了足够的闭合性，人们就可以设定，只有爱情才能促成爱情：爱情关涉于爱情，寻找爱情，它的生长取决于它在多大程度上能找到爱情，能作为爱情实现自身。

只有在过程的反身性（或者更确切地说，在过程的语义学编码中作为反身性）中，媒介的分化和普遍可接近性才告完成；只有以这种形式，纳入（Inklusion）和"机会均等"的问题才能得到解决。只要爱情首先还是取决于被爱者的罕见特性，取决于财富和青春、美貌和德行，则提升就会朝这些珍稀价值的方向展开，在它们当中寻求确认。这种在17世纪，而且直到18世纪都居统治地位的看法，要较起真来，必将导致无法解决的分配问题；因为如果特性的非同寻常成为先决条件，而真正美貌和贤德的女士先生其实少之又少，谁又能获得上车的机会呢？[①] 所有那些不存在于爱情自身中的爱情前提，都必然在事情发展中被日益中立化。相应形式应当是反身性，而功能应当是：向普遍可接近性敞开，媒介领域的自我调控是自治的，而不再由外部事先规定。[②] 在得到保障的反身性基础上，爱和被爱所要求的特性被庸常化了，依赖于历史和生平的偶然。

在其他媒介领域不难发现类似情形。在艺术中，丑陋的、日常的、从来就配不上艺术的对象也值得去表现了。法律不再只是加工和适应那些从自然而来的属法律之物，而是要把握由司法规则（程序）制造为法律的所有一切。政治权力通过将

---

① 评价的非理性和无法看透一定程度上（也只是一定程度上）削弱了这个问题，我们以下就会见到。

② 普遍性仍然有界限，会产生机会的不平均，这一点不可忽略，但在媒介分化而出之后，这一点首先是因为对于性的语义性支配存在界限：因为基础机制的相对独立性。显然，一些人在此方面要比其他人更轻松，这无关他们行为的语义学编码。

每种权力置于其他权力之下，变得对任何类型的主题都普遍敏感——只要这些主题被政治化——而且对于任何类型的人都开放——只要他们参加政治选举。现代社会的主潮，是推进这类经由反身性而实现的普适化和专门性的相互关联，亲密关系的媒介也不折不扣地追随这类趋势，尽管在个别情况下，极端分治化（Partikularisierung）成为目的。

其他任何一种交流媒介领域都不像在爱情语义学中，编码很早就得到了反身性，而这是书刊印刷的直接后果。在此关联中，早期对于小说本身的戏仿也发挥了一定作用。人们在17世纪就已知道：女士读过小说，知道了规则。这提升了她的注意力。她受到了警告——但也正因此面临危险。稍后，敏感的男人也沦为小说的牺牲品。[①] 人们也读到了属于勾引技巧的套话和姿态。人们可以预料，女士们识破了它们，但也知道，尽管如此它们仍然管用。符码因此不仅规定了行为，而且

---

① "J'avais lu quelques romans, et je me crus amoureux［我读了些小说，我相信我在恋爱了］，"查理・杜克罗笔下的主人公如是说，见 Charles Duclos, Les confessions du Comte de ..., 1741，引自 Lausanne 1970 版本，S. 38. 应当注意表述的圆熟，它只是略微地透露出一种常见的实际情形。

考虑到了它自身会在所规定的行为领域中再次出现。而在同一时期，无论权力符码还是货币符码都还不能承受一种如此的透明性(Transparenz)。只有在爱情中，书刊印刷可以造成在此意义上的分裂效果；正是在此处，人们可以幸运地相信，利害关系恰能保证爱情的正常运作，尽管看起来相互矛盾。

最终对于任何由象征而一般化的交流媒介，都应想到，它们构建相应的专门社会系统的能力并非是由自身能得到理解的。在社会文化性演化中，媒介发生作用的方式是选择，但并不一定造成稳定化。非常典型的情况是，媒介为了实现系统建构，首先必须抵抗社会类型的压力，抵抗占统治地位的态度和预期模式。这个问题在现代(Neuzeit)早期日益激化，因为在印刷术发明之后，交流媒介面临着越来越高、越来越低概率性的要求。在媒介符码中出现了明显带有“非社会性的”，至少是元道德的内涵意义(Konnotationen)的象征——譬如权力领域的国家理性、财产/货币领域的利润或爱情领域中半病态的激情。这同时就说明了一点，设若在如此基础上还非要建构社会系统，其手段不可能来自一般而言的社会，或来自道德性从众行为，也不可能来自阶层划分，而必须重新被发展出来。在某些媒介领域，这通过组织(Organisation)——一种专门为此发展的法人型(korporativ)系统建构的特别形式——的帮助得以发生。但爱情的交流领域排除了这一可能性。[①] 拿什么作为替代呢？

看起来，首先应该是一种清楚表述的问题意识；然后是向婚姻提出的要求。因此在接下来对爱情语义学的历史分析中，始终得同时注意到，爱情语义学的表象世界也履行着抵御强求的功能，出于此原因也经常显得姿态浮夸。在较古老的、凝聚于当地的社会系统中，社会生活的特征是复杂的关系网络，这阻滞了个人游离于外，一种“私人生活”或退缩到二人关系都不再可能。在一个对于所有成员都一目了然的框架内，人们需要和他人分享其生活。二人的亲密性几无可能，无论

---

① 其他在趋势上通向较低概率性交流的交流领域，也会有类似问题。关于宗教可参见 Niklas Luhmann, Funktion der Religion, Frankfurt 1977；关于艺术可参见同一作者的 Ist Kunst codierbar? in ders., Soziologische Aufklärung Bd. 3, Opladen 1981, S. 245－266.

如何不受鼓励，倒是被处处防范。[1] 要分离出亲密性的系统条件，就必须抵抗占统治地位的意见和情感态势（Gefühlslage），才有可能成功；[2]而且不是所有年龄段的人群都对这种可能性具有同等兴趣，这让事情变得更加棘手。[3] 从自身条件来说，脱离了社会网络的二人关系也显得罕见而成问题。如社会测量学研究所显示，基于相互间投射（Projektionen）的相互选择（Sich-Wählen）很少出

---

① 关于家庭中的情形可比较譬如 Howard Gadlin, Private Lives and Public Order: A Critical View of the History of Intimate Relations in the United States, in: George Levinger / Harold L. Raush (Hrsg.), Close Relationships: Perspectives on the Meaning of Intimacy, Amherst 1977, S. 33—72; David H. Flaherty, Privacy in Colonial New England, Charlottesville Va. 1972, 尤其是 S. 70 ff.

② 对此，特别是要参见 Guy E. Swanson, The Routinization of Love: Structure and Process in Primary Relations, in: Samuel Z. Klausner, The Quest for Self-Control: Classical Philosophies and Scientific Research, New York 1965, S. 160—209. 另可比较 William J. Goode, The Theoretical Importance of Love, American Sociological Review 24 (1959), S. 38—47; Philip E. Slater, On Social Regression, American Sociological Review 28 (1963), S. 339—364.

③ 在此视角下，这一事实不无意义，即叔侄关系属于早期的、通过仪式化而标记为令人忧虑的但同时又受保护的例子。试比较 S. N. Eisenstadt, Ritualized Personal Relations, Man 96 (1956), S. 90—95.

现，所建立的关系也往往是短命的。[①]

由这些条件就能够理解，为什么（基于性的）亲密性的编码最初开始于所有既成秩序之外，而这种可能性的代价是语义学中的“妥协”——尤其是承认了非理性、疯狂、不稳定性。只有这样一个规划（Programm）被习惯所接纳后，人们才认真地开始将社会反身性置入其中，开始追求一个以此方式而得以稳定的系统建构——并获得了迄今仍有争议的成功。建立在爱情之上的婚姻就是其成果，而离婚可能性的拓展则是修正条款。婚姻是否能够维持，由此就交给了婚姻自身。

① 可比较 Jean Maisonneuve, Psycho-sociologie des affinités, Paris 1966, S. 322 ff.，尤其是 S. 343.

第三章

交流可能性的演化

我们还需要一章作为接下来的历史研究的理论导入。还必须能理解,文化财富的演化性变迁到底是如何转化为交流的。要澄清这一点,仅仅分析词语和概念的历史是不够的。向功能分化[①]的过渡和相应交流媒介的分化的社会结构性命题也还是过于抽象。除此之外,还需要事先进行一个更详细的对交流过程本身的分析,这一过程旨在为亲密关系提供理据,造成亲密关系持续的再生产。

在此,我们先行提出两个作为导引的命题:

(1) 亲密交流的前提是,当事人必须足够地个体化,以至于他们的行为可以以特殊方式变得"可读"——借助于一种差异,亦即直接的自身利

---

① 关于这一语境可参见 Niklas Luhmann, Gesellschaftsstruktur und Semantik, 2 Bde. Frankfurt 1980—81.

益及自身习惯与考虑到另一方或和另一方的关系时的行事之间的差异。

(2) 比之于其他许多关系,在亲密关系中行动和观察的差异扮演更重要的角色。Ego[自我]作为行动者为Alter[他者]所观察——根据在(1)中表述的差异。这可以是有意用作交流的行动,也可以是其他行动,自然也可以是交流行动的并非以交流为目的的方面。根据经验性研究可知,行动和观察的这种分离会助长归因(Zurechnung)上的分歧,最终造成归因冲突(Attributionskonflikt):行动者会认为其行动由情境特征所引起,观察者则更倾向于将其归因于行动者的个性特征。[①] 相应地,当事人开始从各自不同的出发点回溯原因(Rückrechnung),由此被引入冲突。

这两个命题都是从归因理论的预设出发。它们避免了这样一种理论取径,即用移情(Empathie)或同情(Sympathie)来解释爱情,由此导致一种(用

---

① 这个本身就广为人知的分歧,不仅存在于一种专门用于观察的行为,也存在于伴侣关系,双方在其中交替地行动和观察。可参见譬如克利那里表格4.2(范畴7)中的结果:Harold H. Kelley, Personal Relationships: Their Structures and Processes, New York 1979, S. 101.

描述来加以丰富的)重言论述(Tautologie)。[1] 基本问题是:行为被归咎于哪些"本来的"原因;其次是:由此被引导的对行为的观察如何能够被利用,以便按照亲密关系符码的规定测试伴侣的态度;然后是:对于这样一种观察连同引导它的归因的预期又如何能够被利用,以便提前调整行为本身以适应对方。

如果将命题中提及的这些条件总合起来,会让亲密性的再生产变得十分困难,人们甚至常常说,概率极低。婚姻在天上缔结,在汽车中自会分道扬镳。因为坐在方向盘前的那位是以情境为导向的,会认为自己是在尽其所能地驾驶;而坐在一旁观察他(她)的这位同车人,会感到受他(她)的行驶方式所摆布,将此方式归咎于驾驶者的品格特性。同车人只能以评论和批评的方式行动;但要想得到驾驶者的同意,却希望渺茫。在出租车里(极端情形不论)大概是没有什么必要,就此进行一番交流。可在亲密关系中,的的确确就是这种情境成了对问题的测试:对方如此行动是以我的(而非对方的)世界为根据吗?在产生怀疑时,

---

① 参见维斯培那里的概览:Lauren G. Wispé, Sympathy and Empathy, in: International Encyclopedia of the Social Sciences Bd. 15, New York 1968, S. 441—447.

有谁能够忍得住不去尝试通过交流进行澄清呢(而在其他场合大可偃旗息鼓,以沉默告诉自己和对方:不必冒险测试)?

在对一般化形式的寻找中,这个例子可作为我们的引导线索。它首先告诉我们,一开始就必须假定,存在着相当高程度的共同的而且被知晓是共同的情境知识,换言之,相当高程度的文化上的预先模塑,它们既无关于个体性也无关于爱情,却适合用来将行为的细微差异——按照归因的能力——描绘出轮廓来。(他"抄近路",尽管他知道我不喜欢这样;她"在高速公路上执拗地要朝左边开",尽管她知道我在遵守规则上是多么教条。)在此意义上,以前的人们把善于交际和彬彬有礼乃至于行为方式上的一丝不苟都视为必要前提或至少是一个机会,如果要进一步发展关系,就可以借此去事先观察和评估对方——除此以外,如果要针对形式显示自由,让自由变得有所归属,也可以由此而获得可能性条件。"大世界"的社交庆典正好提供了这样一个机会。[①]

---

① 关于"大世界"的这个功能的注释可参见 Stendhal, De l'amour (1922), Paris 1959, S. 33f. 另可参见 Christian Garve, Ueber Gesellschaft und Einsamkeit, Bd. I, Breslau 1797, S. 308 ff.

维特的洛蒂不跳舞,她在切黑面包。[1] 对于敏感的心灵这已足够;当然是那样一种敏感性,为了让爱情和痛苦变得可以经验,它会要求据有整个世界。但这越出了所有可能的交流的游戏空间。勾引、抵抗和委身的对话——迄今为止人们都以为,免不了与之相周旋——被冲破了,从维特一直到路辛德,真正的爱情经验返回到了恋爱主体,该主体不再能充分地进行交流,尤其无法获得充分的交流成功。如果今天的人们再次重视交流,到这时就应该知道,这意味着什么,人们在从事什么,如何自我限制,两人间桥梁又搭建得多么狭窄和危险。

根据我们一开始提出的种种论点,亲密交流的问题得以精确化。无论根据什么样的主题或观察,重要的是意义盈余(Sinnüberschüssen)的再生产,人们从意义盈余可以汲取构建爱情之所需。"在他人世界中显现和相应地行动之能力"(In-der-Welt-des-anderen-Vorkommen-und-daraufhin-handeln-Können)必须持续不断地重新激活。这就要求,行动者让自身变得可以被观察——他(她)是一个超越自身习惯和兴趣者。这样的愿望却又

① Die Leiden des jungen Werthers, Brief vom 16. Junius.

不能像一声招呼、一件赠品、一个告别的吻那样变成习惯；它必须被重复，却不能带上被重复的标记；但因为这近乎无法办到，至少要理解为在意图中必须这样。另一方有意或无意给出的信号可能提示了一种可能性：向己方发出了一个爱情信号，尽心竭力地观察另一方的这种信号，就属于古典主义爱情语义学最重要的规定。[①] 它所根据的洞见就是，只有对于另一方的连续关注和经久不息的行动意愿，才真正能够象征爱情。

显示爱情的态度必须表现于行动，因为仅仅一厢情愿，或单单为对方着迷，都是不够的；必须能够从行动中读出这种态度，倒不一定要在行动结果中保存。归因理论家在此要求归因于一种稳定的、在时间和事情的方面(但不是社会的方面！)被一般化了的倾向。[②] 行动的一刻必须同时允诺行动的持

---

① Soins［关心］是17世纪在这方面的terminus technicus［技术术语］。另外也相应地发展了一种艺术，恰恰要躲避那些提供这类机会的机会。试比较 François Hedelin, Abbé d'Aubignac, Les Conseils d'Ariste à Celimène sur les moyens de conserver sa reputation, Paris 1666.

② 比较 Kelley a.a.O. (1979), S. 93 ff.

久。[①] 这一情形由此而发生,即行动者投入其同一性(Identität),换言之,行动者投入其行动意义的方式让观察者以为能感知到,行动者和其行动是“同一”的。行动和个体作为自身而在(Selbstsein)的相互关联才是一般化问题的关键,它超越了所有诚实和不诚实的微妙差异,也毫不顾及常常出现的犹豫难决。正因为如此,才只能将事情性和时间性的一般化——而非对每人都有效的社会性一般化——纳入考虑。

这听上去已相当复杂,可在一个重要方面还是不够。人们不能将自身的同一性作为永久保障亦即静态地使用,而必须动态地使用;不是要“它就永远像那样”(so-wie-sie-immer-ist),而是要“依爱情而成长”(an-der-Liebe-wachsend)。以自身同一性为标榜,一开始展现的的确恰恰是对于环境和他人影响的独立性。但这种意义指引必须被一种“变化中的同一”(Identität-in-Transformation)概念所消灭或取代。这就意味着,你恰恰必须向你所爱的人(而对方知道其自己,视自身为稳固不

① 由此,17 世纪下半叶的文学推导出了幻想,18 世纪上半叶的文学推导出了不诚实,以此为爱情的主要成分。今天则似乎是归因冲突的管理取代了这一系统位置。我们还会回到这一点来。

变)证明,你通过他(她),通过对他(她)的爱,展开了自身的自我。也就是说,同一性必须同时作为稳定性概念和提升概念来使用。

最终,这样一种同一性必须被带入情境之中,这些情境的特征即上文概述过的行动视角和观察者视角的差异。在亲密关系的特别要求之下,这种差异只增不减,因为 Alter[他者]作为观察者会根据爱情的特别信号去探测 Ego[自我]的行动,而 Ego[自我]又必然受制于情境要求。作为补救措施,人们会频繁地交换 Ego[自我]和 Alter[他者]的位置,会让交互作用密集化。也正因如此,阻滞这种交换发生的那些结构或情境就成了问题——或许是僵化的角色分化(女人烧饭,男人等着用餐),或许是技术性要求(汽车驾驶)。恋人间交互作用必须凭借对其有利的特别性而被分化出来。除了身体接触之外,交谈是特别适宜的形式。在交谈中,密集化(Verdichtung)得到如此之加强,以至于伴侣双方能够在两个层面上同时观察和行动:在两个参与个体的层面和在由他们构建的社会系统层面。[①]

---

① Kelley a.a.O.(1979),S. 81,84 f.称此为(偏离了通常的语言使用)double contingency[双重偶在性]。

就像在实现概率极低的要求下经常发生的那样，偶尔的（即便并非频繁的）交流瘫痪也是可能的。尤其是频繁出现的观察和行动的归因视角的分歧，会导致这种情况。此外，涉及爱情和恋爱者的行为时，会有多半可能招致失望的预期产生。操纵归因事件的个体性，也可能要求对方承认自己偏执的世界观和自我理解，从而变成强求。谁陷入爱河，就得忍受这种强求，甚至有意挑衅以惹出这种强求，想在回应中获得幸福。但是多久呢？对于两个个体意料之中的冲突，又有何种解决方案呢？

人们早就看到，不断增长的人格的个体化程度会危及婚姻，一般而言会将亲密关系置于难以实现的要求下。出现这一情形尤其是因为，偏偏人格导向的交流媒介要求将所有冲突归因于人格，也就是说，不是作为单纯的行为或角色冲突来处理。[①] 即便是在（而且尤其是在）冲突场合的行为中，爱情也会被测试——当然是在不太有利的条件下。随着社会关系的人格化，爱情本身作为高踞于行为和角色预期之上的冲突调节层次也同

① 对此可比较 Harriet B. Braiker / Harold H. Kelley, Conflict in the Development of Close Relationships, in: Robert L. Burgess / Ted L. Huston (Hrsg.), Social Exchange in Developing Relationships, New York 1979, S. 135-168.

时失灵了，因为它自身就受到冲突的打击。[1]

基于这样的考虑和经验人们会问，建立亲密联系的爱情之语义学是否允诺得过多，是否允诺了概率性过低之物。一个典型的回答，是将时间界限纳入游戏：爱情的终止无可避免，必须由相互间行为适应的更温和形式取而代之。这大概是一个既古老且正确的观点，却并未回答这个问题：为什么人们明知如此，还要徒生事端，去卖力承担——哪怕只是一段时间——如此艰难的一项任务。

其动机情境（Motivlage）无法从人类学角度（尤其是粗率地用性需求的满足）加以解释。动机产生离不开语义学，后者规定了动机的可能性、可理解性、可实现性。从其自身来说，这些动机是由象征而一般化的交流媒介演化的产物，本身就是社会文化演化的人为产品。只有当人们可以依赖于文化习俗、文学范本、说服力强大的语言模式和情境形象，一句话，依赖于一种流传下来的语义

---

① 如果人们只（就像社会学中一段时间以来司空见惯的）指出冲突的积极功能，这个问题就会被低估。可比较譬如 John Scanzoni, Sexual Bargaining: Power Politics in the American Marriage, Englewood Cliffs N. J. 1972, S. 61 ff.（也应注意到以经济和政治的隐喻为导向的做法，以及这一类“社会学”描述中所有对亲密性的深度分析的缺失。）

学，爱情冒险和相应的复杂而困难的日常生活安排才得以可能。这种语义学必须准备好“相应的复杂性”。另外，要想在推陈出新中再生产一种这样的语义学，相应的兴趣是必不可少的前提——那就是印刷术发明以来出现的一种普遍兴趣：读者的兴趣。由此我们面临了一个自我指涉性生成(Genese)的问题，此问题涉及形式的发展，而这些形式又以自身为其可能性条件的前提。回答这类提问的，正是社会文化演化理论。

我们的研究的提问方式因此同时贯穿了理论视角和历史视角。它在由象征而一般化的交流媒介概念中，结合了社会理论、演化理论、交流理论和归因理论的出发点，又将这一理论取径和对观念演化的考察相连接，而观念演化发生在一种历史语义学语境中，此语义学依赖社会结构发展提供的种种可能性，在交流实践中对人们和不同观念财富打交道的经验做出回应。

第四章

爱情语义学的演化

在由象征而一般化的交流媒介之普遍理论的语境中，一种专用于爱情的媒介需要满足哪些特殊要求就能展示出来。对这一媒介的需求是明显的，如果人们可以设定这一前提，即高度人格性的、亲密的社会关系和非人格性的、受外界驱动的社会关系间的差异已被意识到且习以为常的话。这种差异经验使需求稳定化，让对于合适交流形式的寻找本身被再生产。但只有当爱情作为交流媒介被引入，与之匹配的交流的特别形式被分化而出，它作为经验才成为可能。这种促成媒介的制度化的差异经验，只有借助于媒介才成为可能。只有“任自身进入”(Sicheinlassen)自我指涉，媒介才能够分化出社会系统并被实现为这些社会系统的符码。这就导向了一个疑问，即当人格性和非人格性社会关系的差异之经验——它首先需要被生产出来——尚未成为可能时，这样一种媒介又如何能够产生？换言之，自我指涉的共时性如何才能以历史的形式历时化，分解为发展的前后相继？说得更确切点，自我指涉性的构型（Formationen）如何可能作为新事物产生，因为本来按照其结构要求，它只有在其稳定性条件已经存在时，才可能征募这些稳定性条件。

通过援引一种人类学角度的爱情需求来回答此问题，显然是行不通的。且不说，难以设想有那样一个无关于交流形式的冲动和感情的储藏库存在，我们的问题在于交流形式本身。作为社会系统中形式分化的环境前提之一，一种人类学基本装备（譬如说性）尽管是不言而喻的先决条件，但在社会系统及其演化的层面上，指出这一事实却无所助益。相反，我们在意义处理层面——我们称之为“被维护的语义学”（gepflegte Semantik）——的分化中寻求演化理论解释的密钥。在此层面上，可以获得具备暂时可信性的演化性衔接（Überleitungen），并将它们保留一段时间——即便还不能在它们的最终功能的语境中加以利用。

这种提问方式及其演化理论背景让我们知道，各历史时代无论在总体现实还是在语义学加工方式上都没有明显的区分界标。若非是这样，就可能和所有指向意义的信息加工的自我指涉原则发生抵触。换言之,历史过程大概是无法根据新现象的出现加以区分的。因为变化本身就过于强烈地依赖于稳定结构,依赖于历经检验而不灭的思想财富。然而,还是存在明显的区别,这些区别如果能得到实现,会重新衡量过去,让未来以另一种方式向我们敞开。也就是说,代表一个时代的特征的,倒不一定是"新"的——在首次出现的意义上;要实现时代性的意义赋予,完全不需要凭借著名形象(Figuren),反之,这些形象直到现在才进入历史规定的中心。恰恰对于早期现代的深层结构变迁来说,以悠久传统中可供征引的思想财富为装备,才是其典型特征;只是意义要素(Sinnmomente)的可评价性、连接能力、选择性都提高了。

如果在此引导性表象下人们要寻找的并非时代阈限,而是意义赋予的核心要素,就可以在爱情语义学范围内认出明显的重点推移,它们和亲密关系日益增加的分化平行地展开。对于爱情诗而尤其是中世纪宫廷爱情来说,不平庸地登场,似乎是一度的主要诉求。因此和感性的关联被边缘化,因此有了理想化、崇高化、精致形式,以及正是有此背景衬托才能呈现的放纵行为。那个经常被讨论的问题,即宫廷抒情诗人能否指望美梦成真,成了一个微乎其微的次要问题。重要的是:在中世纪阶层结构日益增长的贵族化过程中,如何才能和平庸的、卑下的、直接的感性需求满足保持距离。所有一切当中,和阶层分化的关联——很难谈得上和个体性的关联——是规定性的,要做到这一点,只需要将爱情移入理想,移入概率极低者,移入只有通过特殊功绩(而非通过婚姻!)才能实现之物。

在此背景衬托下,现代才具有的新特征就得以呈现——虽然主题上多有延续。我们在 17 世纪后半叶和 1800 年左右看到了这类时代重点,相应地在 amour passion [激情型爱情]和浪漫主义爱情之间做出区分。为了能最粗略最图示化地描述中心化和变化的这种关联,我们将区分四个意义领域:(1)符码的形式;(2)爱情的理据;(3)变化所要回应(通过将其纳入自身)的问题;(4)可以附加于符码的人类学。

符码的形式给出原则,在此原则下符码的统一性得以表述——尽管在符码的秩序领域中有种种差异。哪些交流可能性被允许进入,符码的形式起了决定作用,它也因此决定了这些可能性的转化,如此一来,它也就决定了赋予一个时代以意义中心之物。如果没有分化出一种用于亲密关系编码的语义学，就没有这样的形式，这个专门领域中的演化因此也不存在。符码的形式在17世纪下半叶发生了从理想化到悖论化的转变。在1800年前后向浪漫主义爱情的过渡中，它又再次转变为一种自治的反身（Reflexion）或自我指涉的形式。由此，符码的统一体首先是一个理想，继而是一个悖论，最终则是一个功能，也就是将自治带入反身的功能。这个变迁完成之后，它最终变成符码的功能——使日常生活中以问题为导向成为可能。

相应地变化的，是人们能够用来论证爱情的观点。只要是关系到一个理想，就有必要了解对象的特性。[1] 在悖论编码的领域，爱情通过想象为自身辩护。如果最终亲密关系的自治得以贯彻并被带入反身性，则人们恋爱这一（无法解释的）事实就足够作为论据了。作为自我指涉性的交流联系，爱情自己为自己辩护。譬如情人的美貌现在已不再是必需的事实，也不是必需的想象，美貌不再是一个理由，对于相爱者来说毋宁说是爱情造

① 详见 Ruth Kelso, Doctrine for the Lady of the Renaissance, Urbana Ill. 1956, Neudruck 1978, S. 136 ff.

成的后果。如此一来,共同去认识和解决亲密关系中的问题,最终成了事情关键所在。

与媒介的语义学、媒介的统一体概念和由此而成为可能的论证空间所经历的这一系列转化相关联的,是新问题渐被纳入这个符码。在亲密关系的特殊领域被分化而出的过程中,这些问题必须被指派给这个符码,经由它才得到处理。在历史分析中引人注目的是,并非譬如说由问题导致了语义学的重新组织,相反,是符码的演化性变迁在先,然后才有将问题置入以及解消相应的不一致的可能。[①]

中世纪就已在 fin amor [宫廷爱情]语境中引入了一个系统化和集中化的过程。[②] 家庭内的再生产和家庭外的风流爱情的旧差异并未取消,但是被一种针对一个且唯一一个女性的伟大爱情之理念所覆盖,要获得她的青睐,必须凭借效劳,而不是战斗,尤其不能强迫。性爱只能从一个特定女性(而不是随便哪位都成)那里获得,由此得到

---

① 人们当然可以老是说:问题正是修正符码的潜在推动力。但还会有进一步的帮助吗?

② 这种阐释沿袭了 Maurice Valenca, In Praise of Love: An Introduction to the Love-Poetry of the Renaissance, New York 1958.

了引导。这逼使骑士屈膝。同时，在此关联方向中也避免不了和最高理想相关联的性爱意味；因此，至少存在一个高度风格化了的领域，其中理性和感性的差异不像通常那样泾渭分明，人们无法清楚地区分，什么将人和天使相连接，什么又将人引向禽兽。

这最初的爱情与性的集中化在17世纪被超越。理想变成了空话。通过爱情语义学的悖论化，“高等的”和“感性的”爱情的对照最终被消解，性开始被植入，成为爱情之必需。爱情关系作为特别之物被隔离出来，让人意识到，符码“只是一个符码”，爱情乃是由文学预先模塑的甚至是规定好的情感，它不再听命于社会权力如家庭和宗教，而是在其自由之中更多地受缚于自身的语义学及性爱享乐的隐秘目标。在17世纪的文学和受文学影响的讨论中，对这些问题的意识有非常清楚的呈现。这一意识体现为怀疑，体现为揭露，体现为放荡不羁。[①] 但要等到符码改造完成，它才能连

① 这种关联的深层结构本身也逃脱不了变化，尤其是在17世纪的最后20年中。动机怀疑最初是通过宗教手段（尤其是经由冉森派）被激进化，被设置为普遍，然后就像是被弃置不顾。揭露技术随之而转换。不再是对有罪和自私的揭露，而是要揭露人的平庸和动机的乏味。（转下页）

接于宏大的、具有保存价值的形式。一直到浪漫派才将性和爱情的关联神圣化，一直到19世纪这一思想才告完成：爱情不是别的，它只是性冲动的理想化和系统化。①

所有这些，最终都会回头来作用于此问题，即人们如何参与爱情。媒介符码产生一种与其相适应的人类学。只要爱情还是一种理想，就终究是理性代表了人。激情和快感处于理性控制之下，无论如何会被理解为和理性的差异。符码的悖论化则为这样一种人类学开辟了道路，它提升激情

(上接注①)轻浮(Frivolität)一度能从这一洞见——一切都可以被揭穿，只有轻浮行为才是诚实的——中获得其特有的可靠性，现如今也失去了作为勇敢行为的品格，成为逃避平庸的最后场所。人们通过伪装平庸，从而逃脱平庸。如果人们公开地承认行为之文化编码的“实证主义”(同时将宗教也纳入文化之内)，在这样一刻，所有一切都会证明是没有必要的。

这里也需要注意，并非对于罪孽的揭露，而是对人们动机的庸凡的揭露，才在一个关键点上触及社会系统的阶层化建设。如果市民阶级力求将贵族风范化简为平庸这一共有能指，贵族要自救，也只能遁入轻浮了。

① 但维叶那里是这样说的：“Une systematisation exclusive et consciente de son instinct sexual [一种对其性冲动的排他的、自觉的系统化]”，见 Gaston Danville, La Psychologie et l'amour, Paris 1894, S. 63. 类似的有 Th. Ribot, La Psychologie es sentiments, Paris 1896, S. 244 ff. 在这一演化过程中，决定性的转折是“l'apparition du choix individuel [个体选择的出现]”(S. 251)。

和快感的价值，视二者间差异为关键。18 世纪继承了这种语义学，将其发展为这一观点，即强调情感的独立性，区别于 goût［品味］、esprit［才智］、délicatesse［温柔］的真实情感成为——通向鱼水之欢的——最起码前提，因为如今成败的关键就在于此。在此人们又会遭遇真实性不可交流的问题。① 可一旦浪漫派将符码的统一性移入爱情自身的自我指涉，这一问题就不再成其为问题。这就要求另一种人类学——这种人类学不对爱情作任何规定，反之依赖和爱情的关联而存活。可以说，独立变量和非独立变量间的关系发生了颠倒。爱情就像是凭空产生，借助于抄袭来的模式、抄袭来的情感、抄袭来的存在而产生，然后在它们的破产中恰恰让这一点得以彰显。这时的差异是在爱情和（恋人和小说作家之间的）关于爱情的话语之间，小说作家总是预先知道，到底什么才是事情关键。②

---

① "Delicacy, we perceive, is like 'eggs', 'fresh eggs', and 'strictly fresh eggs'［温柔，在我们看来，就像'蛋'、'新鲜的蛋'和'绝对新鲜的蛋'］"——这一经验被如此总结。参见 Robert P. Utter / Gwendolyn Needham, Pamela's Daughters, New York 1936, Neudruck 1972, S. 47.

② 由司汤达从《论爱情》(De L'amour)(1822)发展到后来的巨幅长篇小说，可以看出这个版本只能逐渐地被加工出来。

最后,纳入的要求(Inklusionserfordernisse)也会产生影响。符码的那些浮夸行径引入和推动了一种分化过程,但它们并非为社会的所有成员而设计。如同一切高雅形式,它们始终是为上层,首先是为贵族保留的。另一方面,从阶层向功能的系统分化过渡的总体社会演化,必然导致一种更强的、尽可能彻底的纳入:将所有民众群体纳入所有功能领域。[①] 换言之,即便在这里,演化仍然相关于自相矛盾的要求,人们可以设想,这些要求将自身铭刻入了语义学之中:一方面必须让特别者,让概率极低者得以成立,另一方面,恰恰这一成就,最终必须是每个人都能达到的。一方面,社会需要阶层化来引入低概率性之物,实现以功能系统分化为目标的改造,另一方面,正是这种改造会破坏阶层化的需求和可能性。语义学(我们这里就是爱情语义学)的任务看来就是:"扬弃"这些矛盾,标识出不同要求,在争论中将它们公开化,将它们相互联系,将它们调和。

可以理解,在这些新形式被诉诸文字后,纳入的需求才变得引入瞩目。这些需求关联于再平等

① 比较 Niklas Luhmann, Gesellschaftsstruktur und Semantik a.a.O. Bd. 1, S. 31 f.

化和再正常化的趋势,但它们和文化革新的关系可以是选择性的。继 amour passion [激情型爱情]的悖论编码之后,出现了一种对于道德化情感的坚持,这类情感至少波及和影响到能阅读的市民阶层。爱情重新和友谊挂钩,但是,仍然保留了在宫廷爱情周到审慎的"风雅"(Galanterie)语境中发展出来的心理学陶冶。那些作为观察、勾引、脱身的艺术而发展出来的东西,并没有随着对风雅的批评而消亡,现在仍有用武之地,为了能"任自身进入"亲密伴侣之个体性。在这种种努力的综合被表述为*浪漫主义爱情*,而浪漫主义爱情又被视为婚姻前提之后,就出现了新的纳入努力。符码被表述为"意识形态"(德斯蒂·德·特拉西[Destutt de Tracy]),被表述为调控想象的符号系统,而想象本身又对社会的再生产过程进行调控。这就让每个人都有可能间或地陶醉于爱情表象,过上一种 homme-copie [抄袭来的人][1]的生活——至于通常只有少数蒙选者体验到爱情激情

---

① 这个表述见 Stendhal, De l'amour (Fragments divers No. 105),引文版本为 Henri Martineau, Paris 1959, S. 276. 这个想法要回溯到 Edward Young, Conjectures on Original Composition,引文据 The Complete Works, London 1854, Bd. 2, S. 547—586.

的高潮和低谷,是否真是如此或以怎样的方式,那都不用考虑了。终极版本也就是,每个人都能过上抄袭来的人生,这正是人们能拥有和享用激情的前提。

在目前阶段,这样一个粗略勾勒就够了,可充当以下各章细节描述的预告。具体细节中,许多东西会比理论性概览显得错综复杂。粗线条的描述能够最清晰地展示,语义学转换是多么吻合于人们预期中的和亲密关系日益分化而出相平行之物:社会通行道德对于亲密关系中何为正确、得宜行为的干涉的放松,以及对于由此而产生的问题——自治、意义赋予、成为人格的可能性[①]——的反应。历史总是不吝产生信息冗余、盈余、传统和变异,因此历史自身就会提供一幅远为复杂的图像。然而,由演化引发的社会及其语义学的转换却不会失却其基本脉络,在以下更多关注到历

① 就像在其他功能领域一样,只是表面看来在寻找、追求自治,为了自治而斗争。当语义学试图抵制理性、宗教、家庭、利益的干预,保卫爱情时,它就是这样想的。然而,从社会结构的视角来看,自治的产生只是由社会的差异化类型转换造成的某种必然后果,对此后果,语义学随后必须通过意义规定的尝试去加以领会。关于教育的功能系统中的平行问题,可参见 Niklas Luhmann / Karl Eberhard Schorr, Reflexionsprobleme im Erziehungssystem, Stuttgart 1979, S. 46 ff.

史细节的考察中,我们将从整体上证实这一转换脉络的存在——时常也会进行限制和拓宽、修正和补充说明。

第五章

爱情的自由：从理想到悖论

催生一种 amour passion [激情型爱情]之专用符码的那些重要因素出现在 17 世纪，尤其是在法国，且在这一世纪后半叶被有意识地编码。① 当然之前也有大量先兆：古代的和阿拉伯的爱情诗、中世纪的宫廷抒情诗、意大利文艺复兴时期的大量爱情文学。这类文学只要是追寻一种严肃的、有保存价值的爱情语义学——有别于日常知识、艳遇和感官刺激——就会利用理想化的简单手段。它们的符码确定了种种理想。爱情在对象的完美性中找到自身的理据，是对象招致了爱情（按照古人的学

---

① 按照关键词排列的文摘汇编 Jean Corbinellu (Hrsg.), Sentiments d'amour, tirez des meilleurs poetes modernes, 2 Bde. Paris 1671 提供了一个很好的初步概览；另可以参见一个有些学究气的约尔内的"爱情问与答"汇编：Charles Jaulney, Questions d'amour ou conversations galantes. Dediées aux Belles, Paris 1671. 恰恰是这些二手的整理加工证实了对于编码的兴趣。

说，任何努力都是由其专属的对象所决定）。[①] 由是而言，爱情就是完美性理念，由其对象的完美性导出，简直是被其逼迫而就范，在此意义上才叫“激情”。

完美性当然不意味着：单向度的可提升性。爱情彻底地被经验为充满矛盾的，[②]而且——尤其是在文艺复兴的商籁体中——被描述为 amare amaro［苦涩的爱］。[③] 后来被改造为游戏式悖论

---

① 相应地开始的有关爱情的论述，从其对象之中取得爱情激情的主动性根据，和其对象的表象保持一致。譬如可参见 Flamino Nobili, Trattato dell' Amore Humano (1567), mit Randnotizen von Torquato Tasso neu gedruckt Rom 1895. 中世纪在这方面并未遵循通常受到推崇的奥维德(Ovid)，而是强调恋爱的理想性和道德性，关于此也可比较 Egidio Gorra, La teorica dell'amore e un antico poema francese inedito, in ders., Fran Drammi e Poemi, Mailand 1900, S. 199－300 (223 ff.).

② 关于中世纪晚期的风格化可参见譬如 William George Dodd, Courtly Love in Chaucer and Gower, 1913, Neudruck Gloucester Mass. 1959，尤其是 S. 78 f.

③ 如果要对芜杂的零散资料来源获得一个总览，可比较 Luigi Tonelli, L'amore nella poesia a nel pensiero del Rinascimento, Florenz 1933; John Charles Nelson, Renaissance Theory of Love: The Context of Giordano Bruno's Eroici Furori, New York 1958. 如果要获得一个示例，可参见彼得拉克的 Sonett CLXXVIII 中的 Amor mi sprona in un tempo et affrena 等句，引自 Le rime di Francesco Petrarca (ed. Giuseppe Salvo Cozzo), Florenz 1904, S. 181 f. 对此问题，如果再读 Jean de La Fontaine 的哀歌(Œuvre Bd. 8, Paris 1892, S. 355－376)，也几乎不会有什么新的收获。

的思想财富，在其中已见到了端倪。理念在于所竭力达成的统一体，问题则在于恋爱者的差异，差异也作为身体差异被经验，被痛苦地忍受。不同作者对于感性爱情的态度各有不同，将肉体一并纳入的共同基础则始终是那一目标——在爱情的更高级形式中获得天福。性爱为精神之爱所覆盖。[①] 由是，爱情所念念难舍的，始终是通过超凡目标获得提升。对于中世纪的伟大爱情语义学来说，所关注的正是爱上帝和爱妇人的差异，而在两种情形下都允诺了神秘的两体合一。[②] 因此在高尚爱情呈现其客体的方式中，纳入了宗教内容——客体的作用不仅仅是关联于被设为自治的自身欲求，从而构成满足和不满足的区别。但是，高尚爱情的前提是对于对象有足够认识(Kenntnis)。[③] 因

---

① 不管怎样，人们也已经发现了对于17世纪来说非常典型的完美性阶梯的颠倒，完美性的顶峰不再是神圣，而在于爱情的感官实现：在于最后恩典的证明。对此可参见 Gorra a.a.O., S. 219 ff.; Nelson a.a. O., S. 52.

② 德隆克(Peter Dronke)在其中——而非在通常的宫廷爱情的惯用主题中——看到了中世纪对于爱情语义学贡献出的真正新质。比较 Medieval Latin and the Rise of European Love-Lyric, 2 Bde. 2 Aufl. Oxford 1968.

③ 在拉法耶特夫人(Madame de La Fayette)的小说《克勒芙王妃》(Princesse de Clèves)中，可以发现一个能代表此视角的细节。爱情开始于一次让所有观众倾倒的跳舞，尽管双方彼此不认识，舞姿却达到了完美和谐。

此，它和科层制并肩而行，[①]共同走向一种道德秩序的表象，也就是那种规定了什么值得尊敬、什么招致鄙夷的秩序；也就是说，在明确表述的语义学层面上，它不会冒什么风险（即便人们时时得想到，对于爱情的兴趣还会有其他来源）。爱情的理论和恋爱者自身的表象相一致，无论如何，它声称有这种一致。

所有这些在 17 世纪都还起到范本的作用。至少自中世纪的宫廷抒情诗出现以来，除了 amicitia [友情]和 caritas [博爱]的传统外，还一向存在一种表象，即求爱中重要的不仅是赢得情人的承认，追求者的自我尊重和自我控制的提升也必不可少。这里寓含了爱情语义学的一切社会反身性的出发点。此外，这种爱情语义学一直到 17 世纪都依赖于"效劳"概念，效劳中汇聚了义务和热情，这个概念在高贵行为上得到普遍应用，用于描述对自私的自我中心要求的克服，在此意义上是一个道德性理念。

---

① 对此可比较引起了广泛讨论的亚里士多德《尼各马可伦理学》1158b。倾慕（Zuneigung）的形式是根据社会地位来分配的，哪怕（而且恰恰就因为这一点）友谊以及爱情设定和制造了相互间平等。也就是说，一方的倾慕要比另一方的更有价值。由此也就排除了，爱情本身就足以赢得爱情。

然而，在17世纪至少有一个决定性视角发生了变化：由受膜拜女性之可望不可即转移到了女性自身的决定。在中世纪，等级差异是女性的保障。① 人们都相信在意大利——无路如何17世纪的法国文学是这样表现的——存在有效的外部控制。② 哪怕是赢得情人的注意，和她邂逅，向她传递眼神，都是困难的。③ 但是在法国，女性被给予了更自由的社会地位和自主决定的可能。

---

① 关于amour lointain［遥远的爱慕］这一方面可比较Erich Köhler, Esprit und arkadische Freiheit, Frankfurt 1966, S. 86 ff.，而尤其是莫勒差异化的社会学分析：Herbert Moller, The Social Causation of the Courtly Love Complex, Comparative Studies in Society and History 1 (1959), S. 137－163.

② 法国人完全看到了这种制度的负面影响：一旦控制被取消或绕过，就不用再考虑女性的内在抵抗了。而恰恰这一点在法国很重要。这样的比较有一个经常被引用的例子，那就是Saint-Evremond, Sur les Comedies, 引自Œuvres en Prose Bd. III, Paris 1966, S. 42－60. 那里有一个西班牙女士对法国人的风雅发表评论："Que d'esprit mal emploié ... A quoi bon tous ces beaux discours, quand ils sont ensemble. ［才智被运用得多糟啊……所有这些漂亮的话语，如果放在一起的话，又有什么用呢？］"进一步可比较Pierre Daniel Huet, Traité de l'origine des romans, Paris 1670 (Nachdruck Stuttgart 1966), S. 91 f.

③ 对此问题可参见die Instruktionen, die Francesco Sansovino, Ragionamento d'amore, 1545, 所引版本为Giuseppe Zonta (Hrsg.), Trattati d'amore del cinquecento, Bari 1912, S. 151－184 (170 ff.).

由此产生了 précieuses［端庄淑女］和 coquettes［卖弄风情的女人］的区别：前者一再拒绝，后者有求必应。相应地，端庄淑女成了更抢手的目标。① 无论如何，自由决定权是得到认可的："La liberté est de l'essence de l'amour［自由是爱情的精髓］。"②如果真是这样，求爱者也可以坚持他自身欲求的自我规定，他不需要任何辩解，他的欲求本身就够了。内在的完美性从人们所爱的人身上抽离，完美性崇拜被时代发展的脚步所抛弃，没人还相信 cavaliere servente［护花使者］的形象。正是欲求本身让其客体戴上了美丽的光环，这个光环总是能讨得欢心。借助于幻象制造，爱情选择的自由得以实现，而这又旋即被看破。唯有从这种情形出发，才会产生对于符码的需求，这个符码不仅提供了让自身情感神圣化的种种形式，也可用于规范两个伴侣间的交流。"双重偶在性"意味着，双方都有决定是否"让自身进入"爱情关系的自由，这种"双重偶在性"的

---

① 约尔内那里的爱情提问之一（Jaulnay a.a.O.，S. 42）就指向这一区别："de seduire une prude precieuse ou de fixer une coquette［是勾引一位端庄的正经女士还是紧盯一位卖弄风情的女人］。"

② Jaulnay a.a.O.，S. 68.

分化而出,激励了一种专门语义学的发展。如果社会关系变得不可靠,人们仍然可以依赖于这种语义学。[①]

此处所指的爱情选择自由涉及的是已婚人士和婚外关系,这一点必须牢记于心。未婚女儿家还是得到了有效保护,不会随便被勾引,而引诱她们也算不得英雄的gloire[光荣]。进入了婚姻,才开始有了自由。[②] 这就是说,对于爱情语义学的演化而言,首先是爱情的一个重要证据——结婚意愿——消失了。此处所涉及的人们不再能相互许婚,不再能结婚,也正因此必须绞尽脑汁,开动想象找出能证明其爱情或制造出爱情的形式,不管是真情还是假意。

与此相应,本是古老而彬彬有礼的爱情伦理在17世纪中期变得异常复杂。种种不同冲动你推我搡,结果是导致了对一种amour passion[激

---

① 这是由象征而一般化、以自我指涉方式系统化的交流媒介之发展的一个普遍方面,我们在前面(S. 35 f.)已明确指出了。

② 在一个对已婚妇女关于这种自由的使用和对于追求者的魅力(与之正相关联)的指导中,得到了非常清楚的表述:François Hedelin, Abbé d'Aubignac, Les conseils d'Ariste à Célimène sur les moyens de conserver sa rèputation, Paris 1666.

情型爱情]的语义符码的新理解。[1] 在那关键性的数十年中，[2]人们认为对激情化爱情的某种控制虽说仍有可能，却已经是成问题的了。只有作为(道德性)自我控制，且任自身进入恋爱之自律性时，这种控制才是可能的。由此这种自律性开始成为讨论焦点。尤其是在端庄淑女型生活观之内产生了一种暧昧情境：一方面手段高明，另一方面显得可笑，二者难分难解。[3] 越来越多心理学的锐利洞察渗入过分夸张的、最高级的、“对合”(involutiv)[4]构建的语言形式中，只有凭借这种锐利目光才能

---

① 在处理浪漫主义爱情的前史时，我们会回到同样的观点。此处，革新也源出于那样一种情境，其中语义学由不同刺激的汇聚所“多重决定”(überdeterminiert)。

② Louise K. Horowitz, Love and Language: A Study of the Classical French Moralist Writers, Columbus Ohio 1977 更加专注于 1660 到 1680 年之间。事实上这抓住了事情要害，除了边际有些模糊。关于同时期的对于小说的兴趣的转型也可比较 Max Freiherr von Waldberg, Der empfindsame Roman in Frankreich, Bd. I, Strassburg 1906, S. 1 ff.

③ 对此，尤其是对于 1650 到 1660 年间的“端庄淑女”运动，可参见 Daniel Mornet, Histoire de la Littérature Française classique 1660－1700: Ses caractères véritables, ses aspects inconnus, Paris 1940, S. 25 ff. 关于这一情形(其背景是在不断变换的宫廷风俗观念)的一个很好描述是 Edouard de Barthélemy, Les Amis de la Marquise de Sablé, Paris 1865, Introduction S. 1－72.

④ 比较 Interaktion in Oberschichten, in Gesellschaftsstruktur und Semantik a.a.O. Bd. 1, S. 72－161 (87f., 96 ff.).

把握和衡量一个人做决定的自由。与此同时，沙龙交流和书籍印刷的共同作用瓦解了以规则为导向的明晰性。那些在轻松而风雅的交流中发现的、令人信服的金律（Maximen），就在印刷文字中成为规范（Vorschriften），而人们又必须和这类规范再次拉开距离，以免显得恪守陈规。修辞学因为新冲动而再次繁荣，同时又因为书籍印刷而已然过时。结果就是：一种难以忍受的夸诞语词的学究气——以及嘲讽。在此情境下，迄今为止人们用来表达一切被维护的语义学的形式——最高级的完美（Perfektion）——就瓦解了。

对于自由的要求在这种形式中就已经无法应付了，可更重要的是，对于自由的承认也无法实现。如果要保证男女情人按自己的心愿，按自己的情感决定如何行事的自由，通过理想实施的调节就会失效。作为替代，提升可能性转移到想象中。[1] 在想

---

① 关于这一推移，有一个相当晚的出自 18 世纪末的表述是："Il semble que l'amour ne cherche pas les perfections réelles; on dirait qu'il les craint. Il n'aime que celles qu'il crée, qu'il suppose [看起来，爱情并不追求真实的完美；有人说爱情害怕这种完美。爱情只爱它所创造的，它所假设的]。"(Chamfort, Maximes et pensées, 引自 Œuvres completes, Bd. I, Paris 1824, Nachdruck Genf 1968, S. 337—449 [416])

象中，人们得以拥有另一方伴侣的自由，将它和自身愿望相融合，在元层面上跨越了双重偶在性，这一元层面将自己的自我为双方投射的事物归结于自己和情人的自我。然而想象从何而来，想象如何为自己创造空间，而尤其是：如何为自己创造时间？答案就在于——我们接下来还会更详细地展示——想象集中于最终的以心相许，以及这一最后恩典的推延。爱情语义学的时间化接替了理想形象。

另外，将另一方的自由纳入社会关系之反身，必然会破坏以伴侣品格特性为导向的做法，而代之以一种爱情导向，在一方的爱情中——正因为爱情是自由选择的——被爱的另一方能够重新发现自身。然而，只有爱情能够产生爱情尽管是一个如此古老的理念：较之理想的悖论化，放弃探究伴侣的品格却困难得太多，很难对实际行为提出这一要求，无论如何在我们眼下分析的年代还未将其纳入符码。[①]一般人们在这个问题中发现的，要

---

① 譬如可参见德阿尔奎那里对于侦察策略的详细处理：d'Alquié, La Science et l'école des amans: Ou Nouvelle découverte des Moyens infallibles de Triomfer en Amour, 2. Aufl. Amsterdam 1679, S. 49 ff. 另一方面与此相应的识见是：要赢得爱情，光爱是不够的；人们也必须运用策略、赠送礼物等等。可比较 René Bary, L'esprit de cour ou les conversations galantes, Paris 1662, S. 233ff.

么是公然的矛盾，要么是折衷的考虑。在拉封丹加工的阿穆尔和普叙赫的传奇故事中，要求爱情比某些不太严重的德行缺陷（普叙赫的好奇心）甚或容貌缺陷（她的皮肤暂时变黑）更经久，如此爱情方能独立于时间和偶然。① 勒布朗热②强调，人们只能通过爱情赢得爱情，爱情的价码只是爱情；但是他马上补充说：光有爱情还不够，必须加上相爱者性格的完美，而这种完美的五个原因之一正是作为 passion dominante［支配性激情］③的爱情自身。恋爱还未自治，还不能信赖其自身，而必须同时遵从贵族的一般社会评判（勒布朗热那里尤其如此：争取 gloire［光荣］）。只有 19 世纪才能放心大胆地说出：La beauté détronée par l'amour［爱情夺去美貌的皇冠］。④

---

① "Courage, Messieurs les amants!［鼓起勇气来，恋爱中的先生们!］"，这个故事的一个听众评论道，这个人是热拉斯特(Gelaste)(也许是莫里哀的化名?)。试比较 Les amours de Psyché et de Cupidon, Paris 1669，所引用的版本为 Œuvres de Jean de La Fontaine Bd. 8, Paris 1892, S. 224 ff.

② Morale galante ou L'art de bien aimer, Paris 1669 Bd. 1, S. 101 ff.

③ A.a.O., S. 119.

④ 这是司汤达《论爱情》(1822)第 17 章的标题，所引版本为 Henri Martineau, Paris 1959, S. 41.

由此开启的朝想象域转向，可以从一个个别范例上得到清楚呈现。中世纪人对源自古代的表象，即恋爱激情是一种病，还是完全从医学角度来理解的，人们发展出一套症状学，也提供了治疗方案（例如性交）。性被视为正常身体行为，反之激情是疾病。① 这个表象在 17 世纪已沦为隐喻，不过是修辞性套话，人们不会因此去看医生。而如果人们像追求处方药那样寻求女人欢心的话，也不大符合公认的爱情选择自由。修辞形象还继续存在——不过只是双方都已识破的隐喻。

换言之，自由观念已深入人心，然而径由自由推论出个体性，恐怕是个错误。② 从端庄淑女和卖弄风情者两种类型的对立就可以看出，自由之所以有吸引力，首先它定位了努力和抵抗；也就是说，它作为自由只有一个维度。这让一种语义学新发展的开始变得容易，简化了分化而出的过程。

---

① 还可比较 Jaques Ferrand，Traité de l'essence et guérison de l'amour，Toulouse 1610；也可参见 Aldo D. Scaglione，Nature and Love in the Late Middle Ages，Berkeley 1963，S. 60 ff.

② 很多人都注意到，17 世纪小说完全不在恋爱者的个体性性格刻画上用力。可比较譬如 Egon Cohn，Gesellschaftsideale und Gesellschaftsroman des 17. Jahrhunderts，Berlin 1921，S. 107 ff.

相应地，我们可以指出造成观念发展的那些相对而言非人格性的源头，在其中的人格——除了他们的性别——都像是可以互换的：首先是牧羊人小说，尤其是关于阿斯特里的巨幅传奇小说，[①]然后是作为修辞范本炮制和摹仿的爱情书信，[②]以及

---

① Honoré d'Urfé 创作的牧羊人小说 L'Astrée 发表于 1607 到 1627 年，是 17 世纪法国文学一部重要作品，被称为"小说的小说"，部分是因为其五千多页的巨大篇幅，部分是因为它在整个欧洲受到的热烈欢迎。——译者注

比较 Jaques Ehrmann, Un paradis désespéré: L'amour et l'illusion dans "l'Astrée", Paris 1963. 关于这一时代小说中人物性格刻画的苍白也可比较 Sévo Kévorkian, Le thee de l'amour dans l'œuvre Romanesque de Gomberville, Paris 1972, S. 23 ff.

② 比较 Mornet a.a.O. S. 318 ff.; Bernard Bray, L'art de la letter amoureuse: Des manuels aux romans (1550－1700), Den Haag-Paris 1967. 这些指导写信的模范小册子特别引人注目之处在于，高雅的表述和恭维语的堆砌十分突出——各种样式的书信，包括爱情书信，都是如此。恋爱者任由其他模式来激励自身去写信，作为一个自荐者，一个表达谢意者或有着其他什么动机的人。譬如可比较 Jean Puget de la Serre, Le Secrétaire de la cour ou la maniere d'écrire selon de temps, Neuauflage Lyon 1646; Boursault, Lettres de Respect, d'Obligation et d'Amour, Paris 1669(其中有值得注意的致 Babet 的信及其回信)。应当注意的还有 Raymond Lebègue, La sensibilité dans les letters d'amour au XVIIe siècle, Cahiers de l'Association internationale des édudes françaises 11 (1959), S. 77－85, 其论点是，随着 17 世纪最后三分之一阶段中女性的情书也开始被发表，情感表达的真实性以及公众对此问题的知觉都在增加。

涉及爱情主题的沙龙交谈，尤其是 questions d'amour [爱情提问]的社交游戏及其在文学上的表达。[①] cour d'amour [爱情法庭]和 école d'amour [爱情学堂]被用作隐喻，爱情事件中行为的可判别性和可传授性借此而得到表达。[②] 小说常常更像是风雅行为的演示而非可信的叙事。[③]

---

① 比较 C. Rouben, Un jeu de Société au Grand Siècle: Les "questions" et les maxims d'amour, XVIIe Siècle 97 (1972), S. 85—104. 也可参见 René Bray, La préciosité et les précieux, Paris 1960, S. 148 ff. 另外关于英国的进一步发展可参见 Wilhelm P. J. Gauger, Geschlechter, Liebe und Ehe in der Auffassung von Londoner Zeitschriften um 1700, Diss. Berlin 1965, S. 49 ff.：问题在这里向一家杂志提出，由编辑部作出回答——考虑到读者大众普遍（人们是这样假设的）对此感兴趣。由此，问和答的形式已经从阶层分化的语境中摆脱出来。

② 常常这已被置入了小说中。譬如可参见 Du Peret, La cour d'amour ou les bergers galans, 2 Bde. Paris 1667 (insb. Bd. I, S. 31 ff.); Anonym, L'escole d'amour ou les heros docteurs, 2. Aufl. Grenoble 1666, insb. die Lehrtexte S. 90 ff. 关于中世纪传统也可比较 Pio Rajna, Le corti d'amore, Mailand 1890; Paul Remy, Les "cours d'amour": legend et réalité, Revue de l'Université de Bruxelles 7 (1954—55), S. 179—197; Theodor Straub, Die Gründung des Pariser Minnehofes von 1400, Zeitschrift für romanische Philologie 77 (1961), S. 1—14; Jacques Lafitte-Houssat, Troubadours et cours d'amour, 4. Aufl. Paris 1971.

③ 对此非常典型的有 Jean Regnault de Segrais, Les Nouvelles Françoises ou les Divertissements de la Princesse Aurelie, Paris 1657 (zit. nach dem Nachdruck Genf 1981).

人们假设,正确的态度和行为方式都是可编码的,而书籍印刷似乎巩固了这一前提预设。爱情秘诀写得就好像存在勾引的更灵验手段,而同时又预设了说行或说不行的自由。人们必须承认为个体性的一切,都裹上了夸张的修辞外衣,因而重又被标准化了。

所有这些形式中产生了一个发现过程,它指向恋爱艺术的自律性,也因此恰恰是对类型化之物而非个体性之物感兴趣。[①] 小说将拥有地位和声名的人物引入——对于它们来说这就足够表现性格了。相应地,小说的情节服从于由普遍有效的标准做出的判断,例如小说会讨论,在克勒芙王妃的处境下那段著名告白是否正确。[②] 个体性只是作为普遍性的应用案例而在场。也正是这个缘故,人们可以摹仿辞藻和恭维话,完全不用担心受话人会觉得这很愚蠢或有何不妥。只有这种情形下个体性才会在交谈中出现,即讨论某些主题时不得不考虑到在场者,尤其是涉及爱情主题时必

---

① 此处要做出的重要保留乃产生于事实行为本身;以下我们会回到这一点来。

② 对这个讨论的深入观察可参见 Paolo Russo, La polemica sulla "Princesse de Clèves", Belfagor 16 (1961), S. 555—602, 17 (1962), S. 271—289, 385—404.

须照顾到现场的女士们。[1] 忽略在场人士会遭到唾弃，但这恰恰说明了，没有人能以过分个体性的方式登场或以此方式受到对待，因为这就损害了其他人的权利。

一种爱情语义学的分化而出，其天然基础在于恋人间的交互作用与外界相隔离。与此相关联，才发展出了符码。尽管如此，交互作用事件与外界的隔离仍具有独特的暧昧性。就像在中世纪一样，人们推荐恋爱者要保持秘密；可他们又发现自己总是被观察，被旁边人谈论，总有些人乐此不疲，热衷于嚼耳朵。[2] 对于社会中的有效分化来说，让爱情保密这一种形式显然既属可想而知又

---

① 要对此问题得到一个准确的印象，可参见 René, L'esprit de cour a.a.O.; René, Journal de Conversation, Paris 1673. 另外可比较出自现场观察者笔下的报告：Michel de Pure, La pretieuse ou le mystère des ruelles 4 Bde., Paris 1656—58，所引的版本为 Emil Magne, Paris 1938—39；或者是以一种框架叙事写出的 François Hedelin, Abbé d'Aubignac, Histoire galante et enjouée, Paris 1673. 也可参见 Georges Mongrédien, Madeleine de Scudéry et son salon, Paris 1946.

② 关于这一视角的力量可比较拉毕坦伯爵为情人遭误会的情况写的格言："Vous me montrez en vain que vous êtes innocente./ Si le public n'en voit autant, /Je ne puis pas être content [您白白地向我呈现您的无辜。/如果公众看不到这一点，/我怎么能满意]。"（引自 Maximes d'amour, in: Bussy Rabutin, Histoire amoueuse des Gaules, Paris 1856, Neudruck Nendeln/Liechtenstein 1972, Bd. 1, S. 347—398, 392）

是不合宜的。问题不能在交互作用层面，而只能在爱情符码的语义学层面上得到解决。

这里涉及的，首先是那些为某一特定阶层成员的行为而普遍规定的道德表象和行为准则。尽管背景是一种关联于特殊阶层的交际（Geselligkeit）以及一种由此而生的保障，它还是造成和承载了爱情关系的分化而出，以及符码的分化而出所需的参考事件（Bezugsgeschehen）。在小说《阿斯特里》中它表现为悠闲（Muße）。在这之后，贵族称号，而尤其财富也仍然是爱情几乎不可或缺的前提条件。① 这些前提的缺失至多可以由德

---

① 试比较 Recueil de pièces galantes en prose et en vers de Madame la Comtesse de la Suze et de Monsieur Pellisson, 4 Bde., Neudruck Paris 1684, Bd. I S. 267："L'Amour triomphe avec plus d'éclat dans un Coeur qui a esté formé d'un sang noble, et la noblesse donne mille avantages aux Amants [在一颗由贵族血液所塑造的心灵中，爱情的荣光最为耀眼，贵族气质赋予恋爱者千万种优点]。"关于财富的不可靠性也可参见 François de Caillieres, La Logique des amans ou l'amour logician, Paris 1668, S. 6 ff., 22 ff. 反之，财富运用于提升爱情已经属于符码之分裂情形。一方面这是一清二楚的事情："point d'argent point de Dorimene, que point d'argent point de Suisse [没有钱就没有道丽麦娜，没有钱就没有瑞士兵]"，在 René Bary a.a.O. (1673)那里可以读到这个。另一方面，"Il faut être dupe ou Allemand pour gagner les femmes par la dépense [通过花钱来赢得女人，要么是愚人，要么是德国人]"(L.C.D.M. =Chevalier de Mailly, Les Disgrâces des Amants, Paris 1690, S. 64)。

行——极为费力地——加以补偿，但个人品格的个体性独一就很难说能发挥这样的功效。就此来说，爱情的行为模式牢系于阶层性社会分化的铰链之中。与此同时，在语义学表述层面上却产生了超越这些条件的标志，譬如悖论、有意制造的幻象、包含相互对立的价值评判可能性的公式，简言之，可以促成向另一种社会构造转化的战略性暧昧。[①] 这听起来大概出人意料：悖论证明自身——我们马上就会展示——是一种具有强大系统化力量的技术；系统化是一种形式，借此形式，即便是实现概率极低的行为要求也可以获得稳定性。

在我们深入细节之前，还需要插入一个对悖论性编码过程的简短观察。一般说来，由象征而一般化的交流媒介之编码的功能在于，确保那些低概率性的强求能获得足够的接受概率。归根到

---

① 这方面的证明首先可参见 Max Freiherr von Waldberg, Die galante Lyrik: Beiträge zu ihrer Geschichte und Charakteristik, Strassburg 1885, S. 44 ff.; Henry T. Finck, Romantische Liebe und persönliche Schönheit: Entwicklung, ursächliche Zusammenhänge, geschichtliche und nationale Eigenschaften, dt. Übers., 2. Aufl., Breslau 1894, Bd. I, S. 339 ff.; Vilhelm Aubert, A Note on Love, in ders., The Hidden Society, Totowa N.J. 1965, S. 201 ff.

底,移至语义学层面,被表述为事情自身(在宗教、认识、爱情的本质中)所包含的悖论的,总是这样一种社会结构性悖论。导致交流媒介分化而出的基本悖论的提升和发现,导致了表述出来的诸多悖论,它们一方面掩盖了那个基本悖论,另一方面又针对特定交流领域将其操作化(operationalisieren)。

悖论绝非意味着:行动的无力。悖论也不意味着:选择和决定的必然性。比方说,恋爱者不会被迫面对 forced choice [强迫选择]模式或不相容的替代方案。悖论毋宁说关联于人们在亲密关系中对于伴侣的预期的层面;爱情象征着:不管怎样,全部预期的实现总还是可能的。所有的正常预期都经由悖论化(而不再经由理想化)过滤而出;就好像准备好了舞台,让爱情得以登场。

在一个重视合理性、以逻辑为健康的文化中,人们会从病理学视角来理解悖论性的促动——帕斯卡是个伟大例外。[1] 有一种如今广为

① 比较 Hugo Friedrich, Pascals Paradox, Zeitschrift für romanische Philologie 56 (1936), S. 322—370.

流传的观点，认为它会导致精神分裂症[①]或至少是强迫性的病态行为重复[②]。另外也有一种特许状含在其中：所有行为都由此得到辩解。悖论性交流一方面会导致个性的摧毁；另一方面则可能破坏社会系统。精神病学指出了前一种后果，后一种后果则为譬如说关于浪漫主义爱情概念的讨论所关注。由概率极低者向概率极高者的转化所招致的此类风险，并不让社会学家感到意外。问题只是，是否能更精确地交代那些导致病态的条件。

如果向所有由象征而一般化的交流媒介提出这个问题，人们首先会认识到，在许多情况下都可以将它们和交流过程本身成功地隔离开来。[③] 哥德尔式不可确定性对于研究实际上没有意义。

---

① 比较 Gregory Bateson / Don D. Jackson / Jay Haley / John Weakland, Toward a Theory of Schizophrenia, Behavioral Science 1 (1956), S. 251—264.

② 比较 Gregory Bateson, The Cybernetics of "Self": Toward a Theory of Alcoholism, Psychiatry 34 (1971), S. 1—18, neu gedruckt in ders., Steps to an Ecology of Mind, New York 1971.

③ 这一点在如"The Double Bind: Schizophrenia and Gödel [双重联系：精神分裂和哥德尔]"的表述中被忽略了。这一表述是 Anthony Wilden 书中一章的标题(System and Structure: Essays in Communication and Exchange, London 1972, S. 110)。

主/奴的悖论，成功或不成功的政治交流的实践，亦是如此。[①] 经济学方面，人们清楚地认出亚当·斯密那里发生的转折：普遍性道德悖论“利他的自私”并非为了道德理论，而恰恰是为了经济学理论而以如此方式被解开，即悖论不再干扰行为，确切地说，不受干扰地追求自身目标（而秩序效果会自动出现），被当作从无序中创造秩序而接受喝彩。

问题处理的这种形式：将交互作用层面和悖论隔离开来，由此也将正在进行中的交流和悖论隔离开来，同时完全承认系统的悖论性构成，这种解决方案却不能移用到爱情场合；因为爱情调节的是亲密交流，而亲密交流在交互作用层面之外不会形成系统。因此，那种悖论性宏观系统和有序的交互作用之区分——这种区分助长了一种幻觉，即现代性社会是一种特殊的合理性社会（马克斯·韦伯）——在此处就行不通了。在亲密关系中，必须得忍受乃至坦率地运用这种悖论性构成。逃遁到虚幻合理性在此处是行不通的。

这一现象的原因是可以澄清的，只要去问，亲

---

① 由二人态势向三人态势过渡，且因此而使循环式自我指涉成为可能，在我看来是具有决定意义的进展。详细情况可比较 Niklas Luhman, Politische Theorie im Wohlfahrtsstaat, München 1981.

密交流有哪些专门的结构问题通过悖论化得到了解决。基于对自由决定的依赖，这些问题才以不同方式产生出来。但这排除了如此来理解规则，即认为行为是由规则直接规定的。相反，如果将符码悖论化，以符码为导向的行为就可描述为既是受缚于意义的、被指派的，同时又是自由的。另外悖论的形式还有助于将因果性归因的问题解开(auflösen)——倒不是解决(lösen)。如此一来，就不会有义务和责任的清楚归因存在(就像在描写家庭和家务料理的当代文学中那样)。亲密性也不会被理解为交换关系。对于所有发生的事情，都可以在另一方和自身身上找到原因，而任何一种引导去归因于自我或他者的做法，本身就已经违反了符码。下一章中，在涉及消极和积极的区分的扬弃时，我们还将回到这一点。

可是悖论又如何变成了语义学上可承载的现实呢？暗示性的解决方案提议并非没有。古典文学——如我们马上看到的——提出了雅致的非理性之理性，浪漫派提出反讽概念和不诚实的提升性价值(Steigerungswert)的思想。然而这些都是过于苛求(无论何种情形下都只适用于特殊阶层)的形式。最终得以贯彻的，似乎毋宁是某种悖论的庸常化。爱情语义学能向任何人提供所要求的词语和情感。它释放出灵活可变的行为,行为的连贯性并非源于其所遵循的符码,而是因为——如果真有原因的话——考虑到伴侣和交互作用系统的历史一故事。这一解决模式大概就够用了,如果今天人们通常猜测的是对的:恰恰是在现代生活条件下,人们对个人性关系和亲密交流有一种自发的需要,就算低概率性也不是什么无法克服的严重壁垒了。但这种猜测真的对吗?

第六章

激情：过度的修辞和不稳定性的经验

以悖论的形式谈论爱情并非17世纪的发明，而是古代和中世纪的传统。这一传统产生了一种爱情决疑论(Liebeskasuistik)，因为悖论的解开只能根据具体情况，只能由恋爱者的行动本身去实现。[①] 正是基于此，爱情才如此接近于叙事形式。它是极佳的小说素材。尽管是在形象、公式和隐喻的层面上，此处和他处一样，也很难发现真正"新"的事物。[②] 但如果人们从整体上去观察符码，一种趋势的转折就清楚可见了：中世纪的人们牢牢抱住一种跨越所有语义学矛盾的神秘 unio [合一]，而17世纪开始将悖论置于其自身，为了悖论

---

① 诺尔廷豪夫也注意到了悖论和决疑论的这一相互关联：Ilse Nolting-Hauff, Die Stellung der Liebeskasuistik im höfischen Roman, Heidelberg 1959, S. 15.

② 德隆克向中世纪提出了同样的问题：Peter Dronke, Medieval Latin and the Rise of the European Love-Lyric, Oxford 1965, Bd. 1, S. XVII, 2, 50 f., 57 u. ö.

自身的缘故使用悖论，且正是在悖论中看到了爱情符码的统一性。悖论成为符码的最终公式，由此导致的后果就是：不稳定性的合法化和心理的精致化。解开悖论的“决疑论”方式从典范性转移至个体性，而这复又意味着，悖论必须以另一种方式构建。在17世纪，主要是时间问题取代了宫廷礼仪要求的距离和克服一切的激情这一对悖论关系。

如果比较一下拉封丹小说《普叙赫和丘比特的爱情》(Les amours de Psché et Cupidon)[①]和其古典底本(阿普列尤斯)，就能看出，悖论已成为新的中心：故事开头的神谕从通常的意义加密(Sinnverschlüsselung)被改造为产生爱情悖论的主题。傲慢(Hybris)的中心主题被重塑为一个(正当的)愿望，即要求实现最后的还悬而未决的愿望。愿望实现的(暂时的)被拒绝并非是由于神祇的神圣性(Numinosität)，而是一次纯粹心血来潮——因而也是爱情事件本身的动机。至少在某些段落，一旦素材允许，故事就会按一种典型的爱情过程心理学来重写，神谕的悖论(一个“怪物”带

① Paris 1669，所引版本见 Œuvre de Jean de La Fontaine Bd. 8, Paris 1892, S. 1—234.

来至高幸福；穿着丧服踏上爱情之路）成为促进爱情的自然法则。

爱情主题恰恰极适合于显示悖论的地位转移，因为它适合于将不稳定者宣扬为稳定。小说《阿斯特里》（它仍然以神秘统一为理想）中的赫拉，或者唐璜，都体现了与之相应的行为模式——所处的根基比后来的道德化解释所见到的更深。不稳定性现在变成了必然性。按照现在的想法，即便人们不能永远爱同一个对象，也必须得相信，人们永远会爱。[1] 在个别情形下，恋爱者甚至应当不顾实际，在虚构的永久性指引下行动："Il doit agir comme si son amour ne pouvoit jamais finir [他应该如此行动，就像他的爱情永远不会结束]。"[2]对于永久性的问题，人们会以 questions /

① Bussy Rabutin, Histoire amoureuse de France（无出版地和时间）, S. 242. 也可比较 a.a.O., 1972, S. 389. 就算是端庄淑女的对立方，也同样是如此："L'amour n'est pas seulement une simple passion comme partout ailleurs, mais une passion de nécessité et de bienséance: il faut que tous les hommes soient amoureux [爱情不仅是一种随处都有的简单激情，还是一种不得不然和彬彬有礼的激情：所有男人都应该是情郎]"，在玛德莱娜·德·斯居德雷（Madeleine de Scudéry）的小说 Cyrus 中是这样写的，引自 de Planhol a.a.O. S. 68. 然而在方法上是有区别的：浪荡子试图通过变换达到持久，端庄淑女则是通过拒绝最后的恩典。

② Recueil La Suze — Pellisson a.a.O. Bd.I, S. 242.

maximes d'amour［爱情提问/金律］的风格回答："Il n'y en a que dans l'idée et dans les promesses des Amans［它只存在于理念中，在恋人的许诺中］。"[①]一个对自身地位尚有把握的阶层，才能做出如此表述；但如果悖论和幻象能被当真，并作为符码表达出来，就在语义学层面上为不稳定者创造了一种稳定性，这种稳定性能超越其初始条件。

amour passion［激情型爱情］的主题结构包含了丰富材料，借此人们可以充分展示这种转型效果。它同时也显示了，这一重塑如何将爱情媒介的符码融合为统一体。以下我们将拣选出那些最重要的要素，以证实这一历史性和内容性的相互关联。

恋爱和一个相应符码的内部秩序如果要分化而出，获得特别对待，所涉及的也许是最重要的问题皆取决于激情概念。从根本上，这个概念提供了在恋爱事务中摆脱社会和道德责任的契机。"激情"最初意味着一种灵魂状态，在此状态下人们只能被动忍受而无法发挥主动。这本身却不意味着，不需要为激情导致的行动提供辩护理由。如果一个猎手射杀了一头牛，激情并不能为其开

---

① Jaulnay a.a.O., S. 83.

脱。然而，当激情作为某种制度（Institution）获得承认，作为塑造社会系统的条件而被预期，情况就颠倒了——如果在进入更紧密的爱情关系之前，所预期甚至所要求的，正是堕入一种无法抵御的激情的话。于是就要启用激情的语义学，以涵盖制度化的自由，换言之，在遮蔽的同时也保护制度化的自由。激情变成行动的自由，这种自由既不需要为其自身也不需要为其效果作辩护。积极性被装饰成被动性，自由被打扮成了强迫。[①] 人们在修辞上巧妙利用被动性的语义学，以便向女人索取满足：说到底是她的美貌导致了爱情，男人如果得不到救助，就会无辜受难。

这却并非“激情”的原初意义。这一概念在中世纪理论和神学中居于中心地位。通过它得以演示，如何处理人之中肉身和非肉身之物的一般差异。Passio［激情］被理解为人之肉身的敏感性自我启动（Selbstaktiverung）。如果像奥古斯丁那样由灵肉的严格分离出发，则只有灵魂被视为更高等质性的载体；肉身留给了其欲望。相反，如果像托马斯·阿奎那一样承认灵肉为同一实体，激

---

① 在此视角下，譬如拉布坦（Bussy Rabutin a.a.O.（1972），S. 390 f.）会反对“闪电般受触动”的惯用主题，因为如果人没有爱的意愿，是不会去恋爱的。

情——肉身的自我启动——则恰恰成为德行[①]的“主体”，至少也是自我克服、高尚和卑俗之影响的竞技场。这样一来，由古代欧洲思想的核心差异 res corporales / res incorporales［有体物/无体物］为人类学生出的全部问题重负，就必须由这个概念来承载；而它的命运主要依赖于，此处是更多地强调差异还是统一。

如果与此概念密切相关的这一语境撤去，就可以在相当于脱离语境的条件下自由地支配“激情”了。这一概念的意义承载就可以获得新的重心，就可以适应新的需要。得以保留下来的意义包括戏剧性，以及与自身作斗争。曾被精确描述过的肉身自我启动的被动性，也还是概念的构成部分。因此在17世纪，作为激情的爱情观一开始还是和旧的“被动”激情概念相关联。它涉及对某种印象的痛苦承受。而追求本身仍然以旧的方式被理解为“被动”，被欲求客体的质性给人留下深刻印象，从而激发出 faculté appetitive［欲求能力］。人们一如既往地说，德行（virtus，vertu）令

① 对此问题可比较 Marie-Dominique Chenu，Les passions vertueuses：L'anthropologie de saint Thomas，Revue philosophique Louvain 72（1974），S. 11－18.

激情“有资格”充任其承载者。“La passion est la reception de la vertu de l'agent；comme quand de beaux yeux donnent de l'amour [激情是施动者对于德行的接纳；正如美眸引起爱情]。”[①]但因为这种情况双方都会发生，双方的积极行动和被动激情得以重合。“Bien souvent l'agent pâtit en agissant，et le patient agit sur son agent [经常是施动者在行动中沦陷，而受动者对施动者发生作用]。”[②]“L'Amant et L'Amante sont agents et patients à la fois [恋爱男女都既是施动者，同时又是受动者]。”[③]爱情的 puissance passive [被动权力] 和 puissance active [主动权力] 被区分开来，视为同一事情的两种形式。[④] 人们看到，社会性交互作用的条件将积极行动和被动激情融合为思想史上的新统一体，也就是说，它将激情积极化为热情行

---

① de Caillieres a.a.O.，S. 84. 关于还完全处于这一思路的阿斯特里小说中的爱情概念，也可比较 Ehrmann a.a.O. 但是也要参见笛卡儿《灵魂的激情》(Les passions de l'âme)第 27 类中展示的一种新规定的开端，它早在 1649 年就富有影响了。这里灵魂本身已经变成了收纳激情的真正场所，精神变成了产生、维持、提升激情的因素。

② de Caillieres a.a.O.，S. 85.

③ A.a.O.，S. 86.

④ 比较 Charles Vion d'Alibray，L'amour divisé：Discours academique，Paris 1653，S. 12 f.

动的主题。[①]

在17世纪后半叶，激情的这种积极化导致了该概念向正面意义转化。激情和 honnêteté［正派］的对立——譬如在谢瓦里·德·梅勒（Chevalier de Méré）那里还被设定为前提——可能被放弃，而激情的价值从人类学和阶层划分角度得以提升。另外，从被动的激情概念向（同时为）主动的激情概念的过渡，也是任何可能的个体化的预备阶段，因为只有行动——而非体验——才能归之于个体。通过进入恋爱的反身性社会条件，激情的积极化得以强制实现，而恋爱者角色的积极化又导致其为人格标志所充满，我们把这些视为推动爱情语义学重建——行为预期从理想性变为悖论性——的决定性因素。无论如何，此处能够特别清楚地看出，社会结构性条件是如何引发语义学转化和促进分化的。

现在爱情可以被描述为某种超级激情，所有其他激情都成为其仆从；或者干脆描述为种种激情的本质。[②]爱情变成积极性原则，而这种原则如

---

① 关于"激情"在普遍意义上的重塑可比较 Eugen Lerch, "Passion" und "Gefühl", Archivum Romanticum 22 (1938), S. 320—349.

② 这方面大有奥古斯丁式的范本存在。可比较譬如 Abbé de Gerard, Le caractere de l'honeste-homme morale, Paris 1682, S. 21 ff. (45).

被称为激情，也仅仅意味着，人们无需为其积极状态加以解释，无需提出理由，无需作辩护。在爱情场合可以清楚地看到，这种激情是如何强迫背道而驰的手段为之服务的：被爱者的在场或缺席、希望和绝望、勇敢和畏缩、愤怒、尊敬——所有这些都有利于爱情自身的强化。[①] 爱情的统一成为表现生命实践之悖论的框架表象（Rahmenvorstellung）。

因为强调激情，一开始人们会说，爱情在合理性控制的领域之外演出。人们也许会认为，深思熟虑的行为和风雅情术因此失去了展开可能。情况恰恰相反。正因为激情的非理性，才使得相关两人不可能同时堕入爱河。爱神不可能同时射出两支箭矢。爱情的发生可能是一个偶然，但通常不大可能是双重偶然；于是人们必须设法补救——也是因为要在追求和勾引中固定住自身的情感。自身激情面前的无助和他人激情面前的精明进入一种相互提升关系——越是热情似火，就

① 对这个论点的详细阐述可参见 Le Boulanger a.a.O. Bd.I, S. 29 ff. 这部论著是献给王储的，特别强调控制这样一种近乎无法抑制的激情所需要的英雄般力量。于是一个武士阶层也可以在爱情事宜上延续与之相称的英雄主义，而战果的形式就是风雅行为和愉悦。

越需要慎重和行为设计的缜密,这在双方都是如此,倘若两人对于对方的激情都还没有把握,因此将情况体验为非对称性的话。也就是说,不能轻信双方的语义指称(Designationen)不相容的第一印象:向一种具有双重偶在性的社会关系的投射,会让相反者的组合成为可能,甚至是必需。爱情作为交流媒介,其系统指涉不在心理系统,而是在社会系统之中。

ars amandi [爱情艺术]的传统由此得到了延续。如果人们看透了诸多描写、论述和关于勾引艺术的建议,自然就不能过于浮面地进行解读。尽管它们被当成秘术,然而也被公开出版,在沙龙中被讨论。人们必须由此得出结论,当涉及女士时,它们同时也被赋予了警示功能。① 然而,警示本身也是有危险的,丈夫们会得到建议,恰恰不要去警告妻子防范勾引者,②因为这会唤醒注意力和兴趣,就像所有的自我抵抗一样,这反倒让被警示

① 在中世纪就已经是如此。要想得到这方面的一个证明,可参见 John F. Benton, Clio and Venus: An Historical View of Medieval Love, in: F. X. Newman (Hrsg.), The Meaning of Courtly Love, Albany N. Y. 1968, S. 19—42 (31).

② 在维叶丢夫人的一篇小说中就有这种情况,参见 Madame de Villedieu, Annales Galantes, Paris 1670, Nachdruck Genf 1979, Bd. 2, 尤其是 S. 26 ff.

者陷于情网。无论怎样的应用方式：单凭风雅情术人们是不可能感到安稳的。

一旦变成了教训和文学，勾引就成为双方的游戏。它可能不过是一种被看穿的游戏，人们参与其中，只是因为愿意参与。人们将自身置于符码及其规则之下，任自己被勾引或至少是片刻地玩火，其间的乐趣恰恰在于：游戏可能失控，而这对双方都是如此。

双方的主动性和被动性融合为一个激情的新概念，这并不意味着两性关系中的非对称性被取消了。但非对称性必须在积极行动和被动激情相统一的基础上被重构，通过两个反向而行的非对称关系，这种情形才得以发生。一方面，爱情的特征被界定为战斗：作为对女性的围困和占领。① 另

---

① 约尔内那里是这样说的："Il est impossible d'aimer sans de violence［离开了暴力就不可能爱］"，见 Jaulnay a.a.O., S. 19. 人们这样表述："L'Amour aussi bien que la guerre demande beaucaup de soins［爱情和战争一样需要非常操心］"，见 Receuil La Suze — Pellisson Bd. I, S. 237. 关于"围攻"的隐喻也可比较 Bd. III, S. 177 ff. 关于战斗的隐喻的传播还可比较 d'Alquié a.a.O.（1679）（全篇）；Louis Ferrier de la Martinière, Précepts galans, Paris 1678, S. 86 u. ö.; de la Martinière, Ovide amoureux ou l'ecôle des amans, Den Haag 1698, S. 24 f. u.ö.; Ortigue de Vaumoriere, L'Art de plaire dans la conversation, 1688, 4. Aufl. Paris 1701, S. 395. 这当中，男人将女人的抵抗 （转下页）

一方面，无条件地自我屈从于恋人的意志，正是爱情呈现自身和“讨人喜欢”的形式。[①] 绝对的屈从

(上接注①)视为提升其努力的条件，同样，女人欣赏男人在努力时的顽强和耐力，而双方都知道双方知道这一点。这一知道之知道，给予双方继续行动所必需的信心，以及相互以平等对手看待的可能性。“L'amour est un espece de guerre où il faut pousser ses conquête le plus avant et avec le moins de relâche que l'on peut. Un Amant qui remerciroit sa Maîtresse proîtroit comme satisfait d'elle, et cette espéce de repos ne plait jamais tant que les empressements et les inquietudes [爱情是一种战争的类型，需要将征讨尽可能推远，尽可能减少松懈。一个对他的情人致谢的求爱者看来对她心满意足，而这种类型的休憩从来不如热忱和躁动更让人喜悦]。”(de Vaumoriere a.a.O.)

① “Aussi-tost qu'on a donné son cœur a une belle on ne doit songer qu'a luy plaire, on ne doit avoir d'autre volonté que la sienne; et de quelque humeur qu'on soit, il faut se faire violence pour se regler sur ses sentimens. Il faut studier toutes ses pensées, regarder toutes ses actions pour y applauder et s'oublier soy-mesme pour ne se souvenir que d'elle et pour render homage à sa beauté [一旦某人将他的心给了一位美人，他就只能一心想着讨她欢心，除了她的意志没有别的意志；不管他原来是怎样的脾性，他得强迫自己服从她的感情。必须要研究她的所有想法，观察她的所有举动，以便为之雀跃欢呼，要全忘了自己，以便只能想得起她，向她的美貌表示敬意]。”(Receuil La Suze — Pellisson a.a.O. Bd. I, S. 222 f.)这件事情上，卑躬屈膝本身都还不够，游戏必须要有 douceur [温和]的参与，重要的是形式，是那个“如何”(a.a.O., S. 249)。屈从应当不光是一种求爱的把戏，一旦爱情得到回应就会停止；只要爱情在持续，就应该持续地屈从(a.a.O., S. 255)。

意味着完全放弃个人特性。在这方面，中世纪[1]和意大利文艺复兴时期柏拉图主义[2]的神秘传统就是榜样，仍然在发生影响。小说《阿斯特里》也是被这种自我放弃、毁灭和在他人中重生的原则所统摄。[3]

这种要求非常明显地呼应了过去"被动的"激情概念。据此，爱情是在*身份丧失*——而非今天的人们所认为的在*身份赢得*——中臻于顶峰。放弃自我的恋爱者虽然也会觉得，要求爱情的回报，甚至把它看成对方的义务而去强行索取，都是正当的，然而这样做是为了"维持"自己的生命，为了诺比利(Nobili)所说的 cibo per conservar se [维持

---

① 有争议的是它们和宫廷爱情的关系，这种爱情看来也是由自身中生产出了无条件屈从的教条。可比较 Moshe Lazar, Amour courtois et Fin'Amors dans la literature du XII siècle, Paris 1964, passim, 尤其是 S. 68 f.

② 比较 Heinz Pflaum, Die Idee der Liebe: Leone Ebreo, Tübingen 1926.关于向宫廷社交性爱情交谈的过渡尤其要参见 S. 36 ff. 另可参见 Friedrich Irmen, Liebe und Freundschaft in der französischen Literatur des 17. Jahrhunderts, Diss. Heidelberg 1937, 尤其是 S. 35 ff.

③ 可比较 René de Planhol, Les Utopistes de l'amour, Paris 1921, S. 51 ff.; Antoine Adam, La théorie mystique de l'amour dans l'Astrée, Revue d'histoire de la philosophie 1936, S. 193—206; Kévorkian a.a.O., S. 163 ff.

自身的食物]。[1] 在这条道路上人们也会遇到 vicendevole amore [互爱]原则——当然背景是一种大限将至的情绪,并无任何要生成真正的人的图谋。法国古典主义文学——尤其是借助于《阿斯特里》——依然让人隐约地联想起这一思想世界,然而赋予了它远为世俗的特征。在这个世纪的后半叶,爱情仍然被定义为自我陌生化。[2]

也就是说,爱情结合了看似相对立的事物:占领和自我屈从。这是有可能的,但有个附加条件,即人们不让自身屈从于女人的抵抗[3]:那可能是违背爱情的神圣精神的罪孽。无条件性在这里也象征了分化而出的过程。作为过度——而不仅仅是

---

① A.a.O., fol. 29 R.

② 在 Le Boulanger a. a. O. Bd. 1, S. 97 那里是这样的:"Amour à le bien definer, est une generale alienation de la personne qui ayme: c'est un transport sans contract et sans esperance de retour, par lequel on se donne tout entire et sans aucune reserve, à la personne aymée [要对爱情下一个好的定义,可以说,爱情是恋爱者的整个异化:是一次没有合同也没有返回希望的运输,由此人们将自身的全部毫无保留地给予那个被爱者]。"

③ 雷尼耶的书中有出自小说《阿斯特里》的一句相应引文("il est vrai, sauf dans le cas où elle commanderait de n'être pas aimée [那是真的,除了在她命令不要爱她的场合]"): Gustave Reynier, La femme au XVIIe siècle: ses ennemis et ses défenseurs, Paris 1929, S. 17.

作为"纯粹"爱情——爱情不容任何利益顾虑。[①]爱情的时间进程也遵循它自身的法则，而利益处在与爱情相异的视角之下，既可能建立也可能拆散联系。[②]

占领和自我屈从的可结合性，决定于该符码的主题结构中另一个重要因素：存在于恋人看法中的，只有意中人的正面特性。[③] 这使得那种逼迫和忍受的提升得以可能。在与此相应的隐喻——盲目和看见——中再生产了这一条件：一方面爱

---

① 另一方面这也恰恰意味着："Incompatiblilité de l'union des cœurs avec la division des interests [心的联合和利益的分裂的不相容]"(Jaulnay a.a.O., S. 60)，由此可以推论，爱情无法改变也无法克服利益的差异。通过过度而实现的分化，导致爱情无论在面对其他一切或面对其自身时都是一样软弱无力。

② Laurent Bordelon, Remarque ou Réflexions critiques, morales et historiques, Paris 1690, S. 162 f.

③ 可参见《阿斯特里》中将完美相貌作为客观特性(即便是在幻想国度中)的陈套假设，以及譬如在 Jaulnay a.a.O., S. 8, 23 ff.该世纪下半叶中的爱情符码有意识地纳入幻想的情形。尤其可参见向自爱的回溯 a.a.O., S. 23："La preoccupation dans une personne qui a bien de l'esprit est une finesse de l'amour proper qui ne nous fait voir l'objet aimé que par l'endroit où il nous peut plaire, *afin d'authoriser son choix* [沉迷于一个富有才智的人格，是真正的爱情的精妙之处，爱情不让我们看到所爱恋的对象，除非是通过她能让我们愉悦之处，*以便让爱情选择获得授权*]"(斜体强调[中译文为楷体]系作者所加)。

情让人盲目，另一方面又让人目光如炬。爱情统治着眼睛，利用眼神语言，连负面的东西都能被它察觉，只是未留下任何印象。[①]

类似悖论不胜枚举，都强化了这一印象，即正是要通过矛盾逼迫出某种通常情况下不可能的东西。譬如人们称爱情为监狱，可犯人不想从中逃离，或称之为疾病，可它比健康还讨人喜欢，[②]或称之为伤害，但是需要由被伤害者支付罚款[③]。显然，这类说法旨在界定一种正常状态之对立面，即一种异乎寻常的处境，它能让异乎寻常的行为显得可以理解和可以接受："Les Amants aiment mieux leurs maux que tout les biens［恋爱者爱他们的缺点甚于爱所有的优点］"[④]，或者"L'Amante la plus miserable ne voudroit pas ne point aimer［最可怜的恋爱女子也不愿意不爱］"[⑤]；或者"La plus grande douceur est un secret martyre［最甜蜜

① 比较 Anonym (Bussy Rabutin), Amours des dames illustres de nostre siècle, 3. Aufl. Köln 1682, S. 5; Receuil La Suze — Pellisson a.a.O. Bd. III, S. 154 ff.

② Receuil La Suze — Pellisson a.a.O. Bd. I, S. 140 中就是这样。

③ Bussy Rabutin a.a.O. (1972), S. 369.

④ Jaulnay a.a.O., S. 35.

⑤ Madame de Villedieu, Nouveau Recueil de quelques pieces galantes, Paris 1669, S. 120.

的事情莫过于秘密的受苦]”[①]；或者“Les plaisirs d'Amour sont des maux qui se font désirer [让人欲求的痛苦就是爱情的愉悦]”[②]，从中也可以清楚地看出，爱情的评价模式已分化而出：甚至爱情的负面价值也以某种方式归属于它，而不可能为其他领域的价值所取代。[③] 通过融入悖论结构，受难在爱情中的语义位置发生了改变（同样发生改变的，还有受难在宗教上的可阐释性）。人们之所以受难，不是因为爱情是感性的，激发了尘世的欲望；人们受难，只是因为爱情还未实现，或者实现得不像它所允诺的那样。一种相对独立自治的生活和经验领域的自律性和时间结构，取代了人的世界关联的科层制。这种包含了受难在内的以自身为根据，在先前是一种专门用来形容上帝的属

---

① Benech de Cantenac, Poesies nouvelles et autres œuvres galantes, Paris 1661, S. 69.

② Le Boulanger a.a.O. Bd. 2, S. 78.

③ 相应地，爱情中欢乐和痛苦、希望和担忧的密切关联属于文学的标准主题。欢乐和痛苦正因为相互对立才如此强烈地相互依赖，以至于不可能通过其他财富从外部来打破这种循环性自我指涉。

这种语义结构的一个后果是，整个符码也可能因为其内容包含了痛苦和荒唐的行为强求而遭到拒斥——如同在 de Mailly a.a.O. (1690)那里描述的，或者在 1700 年左右重新开始的对友谊的热情。

性特征。

另外,当悖论自身成为主题时,也会进行明确论证。在德俄比那(d' Aubinac)神父的一部小说中,[①]其中一位女士是如此天真,竟然怀疑起"que le martyre, la tyrannie, les feux, les fers soient des choses fort plaisantes[受难、暴虐、火焰、锁链是特别惹人爱的东西]",要求对悖论加以解释。回答则是以下的区分:爱情不是欲求,然而按照其本性必然产生被人爱的欲求,而这个欲求一日不得到满足,就会产生恋爱者的一切欢乐与苦痛。虽然没有明说,但这就已经暗示了,社会性才是悖论之源;公开层面上,悖论被归因于心灵,也就是volonté pafaite d'être aymé[被爱的完美意愿]。结论就是,人们不应该怀疑悖论的真理,"il ne faut donc pas s'opiniâtrer dans la contradiction d'une verité si publique[就不要硬是把如此明白的真理看成自相矛盾]"。

另外,随着符码的质性变化,情场行为的可传授性也发生了转变:它一方面受到鼓吹,同时又被

---

① François Hedelin, Abbé d'Aubignac, Histoire galante et enjouée, Paris 1673, S. 126 ff.

否认。在《恋爱学堂》(l'escole d'amour)[1]这一教科书中，爱情被重写为[2]"un ie ne sçay quoy, qui venoit de ie ne sçay où, et qui s'en allit ie ne sçay comment［一种莫名其妙之物，不知来自哪里，也不知要去何方］"[3]，再加上"Et par ces termes qui ne nous apprennent rien, ils nous apprennent tout ce qui s'en peut sçavoir［通过这些什么也没教我们的言词，却教会了我们关于爱情能知道的一切］"，所谓教学公式不过是空洞公式！唯有如此人们才能被引导进入一种符码，该符码的统一性只能表达为悖论。

爱情的自相矛盾通过两种类型——盼望的爱情和失望的爱情——得到展示。对于失望的爱情来说，除了拉丁文材料外，吉尔拉格(Guillerague)

---

① Anonym, a.a.O. (1660), S. 92. 也可比较在一个古典主义时代结束时的批评和拒绝性语境中出现的同一个公式：Laurent Bordelon, Remarques ou Reflexions critiques, morales et historiques, Paris 1690, S. 297.

② 然而，在这里重写的必要性还是以理念的理想性为论据的！

③ 这是一个明显带有反讽意味的公式，在这里却被天真地运用。稍后我们会看到，人们认为，爱情常常是一种愚蠢行为，牵涉到"... une femme, un beau visage / Qui bien souvent n'a rien en soy / D'aymable que ie ne sçay quoy［……一个女人，一副靓貌 / 本身不值一提 / 我不知道有什么可爱的］"，在恋爱学堂中这显然是被拒斥的。

的《葡萄牙情书》(Lettres portugaises)[1]是具有代表性的。圆满实现了的爱情被认为是没有矛盾的;它扬弃了所有矛盾;它是保证语义学矛盾之统一性的关联点。但它不会持久存在。正是不幸爱情,正是这些葡萄牙情书,才能清楚地显示,人们是多么严格地遵循符码的规范在受苦。最强烈的自我表露也可以追溯到那些——专为此而创造的——形式。爱情始终需要真情实感,而勾引始终是勾引者的事情——两者说到底都是同一符码的效果。[2]

---

① Neuausgabe von F. Deloffre und J. Rougeot, Paris 1962, 也可比较 La Solitaire, in: de Villedieu a.a.O., S. 108—126.

② Horowitz a.a.O., S. 131 f.对此评论说:"Guillergues' careful choice of metaphor, his overly lyric tones, bordering on the banal, testify not only to Mariane's niveté, but also to a sense of her control by a potent code. Mariane is surely determined to love, determined by love, but it is as if determinism is here viewed as a seduction by powerful myths [吉尔拉格对隐喻的精心选择,他过分诗意的语调几近于凡俗,不仅证实了玛利亚娜的天真,也证实了一种她受制于潜在符码的感觉。玛利亚娜显然献身于爱情,以爱情为宿命,但宿命论在这里似乎被视为一种强有力神话的引诱]。"斯皮泽反驳其真实性并认为这些书信具有风格自觉(符码自觉)的论证,参见 Leo Spitzer, Les "Lettres Portugaises", Romanische Forschungen 65 (1954), S. 94—135. 相反,更早些的文学史书写对书信的真实性表示赞赏。譬如可比较 Max Freiherr von Waldberg, Der empfindsame Roman in Frankreich, Bd. 1, Strassburg 1906, S. 45 ff.

符码构成的形式由理想化过渡到悖论化，会对意识的态度(Einstellung)产生影响。理想作为被意欲的形式(gewollte Form)仍然保留，[①]作为理想它可以防止纯粹的漫无节制。但与此同时，悖论化已然造成了一种新的可能，以与规范、技巧和非自发的态度拉开距离。人们要和理想保持距离，所采取的形式只能是拙劣实现(理想)；悖论性形式则要求自我距离化，在远离中保存自我。[②] 爱情的种种神秘化被当成风雅来对待。相应地，在对符码进行加工，在展现符码所要求的伟大姿态的同时，人们也总能找到翻译的回路：要么成为反讽，要么沦为纯然修辞。《淑女词典》(Dictionnaire des Précieuses)中叹息的类型学已是出了名的范例。[③] 但同样流行的是将“纯然修辞”纳入自我描述，即一种故意要让人看穿的操作手法，将形式作

---

① Friedrich Irmen a.a.O.的分析聚焦于这一视角。

② 或者，还必须加一句，通过诋毁女人来保持自我——这是一种16世纪querelles des femmes[关于女人的论争]以后被一再使用的替代方案。

③ Antoine Baudeau de Somaize, Le Dictionnaire des Précieuses 1660/61，所引版本为Paris 1856，Neudruck Hildesheim 1972，S. 131 ff. 此处应该注明的是，反讽和嘲弄尤其针对假正经的端庄淑女，因为她们借自身的坚若磐石试图维持理想性的要素，而在同时代的精神视域中毋宁说是悖论化大行其道。

为形式、夸张作为夸张来玩弄。而这又被设法整合入符码的复杂主题库中。①

通过悖论化,尤其是通过将辛劳、操心和痛苦纳入爱情之中,进而产生了一种爱情和利益,也就是爱情和经济(在将家政也纳入其中的最宽泛意义上)的分化。不同于利益场合,人们在爱情中不用冲销账目或核算成本;因为亏空也能成为享受,恰恰有助于让爱情变得自觉和保持清醒。于是,虽然有可能利用爱情来谋求利益,但是不可能将利益转化为爱情:"C'est que l'amour sert de beaucoup à l'interest, mais l'interest ne sert iamais de rien à l'amour [爱情对利益大有帮助,而利益之于

① 譬如,刊登在 Cantenac a.a.O., S. 224 ff.上的一封信是这样说的:"Je souspire quelquefois, mais mes souspirs ne me coûtent iamais des larmes, mes chaisne sont comme des chaisnes de parade, et non pas comme celles qui present aux criminels [我时而叹息,然而我的叹息从不会让我掉眼泪,我的锁链倒像是游行时用来炫耀的,不像那些压在犯人身上的锁链]。"(225)而这就回答了那个问题:"我以什么方式爱您(de quel façon ie vous aime)。"或者在一封勒贝依的信中有这样的异议插入:"Voila bien du style de Roman tout d'une haleine, direz-vous. Hé bien voicy du langage commun pour vous contenter [那完全是小说的风格,一气呵成,您会说。而这里用的是让您满意的普通语言]",参见 Le Pays, Amitiez, Amours, et Amourettes, erweiterte Auflage Paris 1672, S. 120.

爱情却毫无裨益]。”①

林林总总的悖论语式(占领性的自我屈从、渴望受苦、睁眼瞎、受偏爱的疾病、受偏爱的牢狱、甜蜜的殉道)皆汇入符码的中心命题：无节制、过度(Exzeß)。② 节制有度的行为无论在一般情形下获得多少赞誉，在恋爱中却是要命的缺点。过度才是情场行为的尺度。像在所有的交流媒介中那样，符码在此也必须在自身中为自身规定了例外；只有将负面的自我指涉融入其中，它才能制度化。与此相应，和理智与谨慎或多或少地保持距离，也属于爱情的语义学，属于表现爱情的要求：如果某人表现得能够驾驭其激情，只能说表现拙劣。③ 过

---

① Michel de Pure, La Prétieuse ou le mystère des ruelles, Bd. III, Paris 1657, 所引版本为 Emile Magne, Paris 1939, S. 78.

② “Qu'en amour assez, c'est trop peu; quand on ayme pas trop, on ayme pas assez [爱情刚够用时，那就太少；人们不是爱得过多，就是爱得不够],”拉布坦伯爵的一条格言如是说，见 Bussy Rabutin a. a. O. (o. J.), S. 239 (= a. a. O. 1972, S. 385)；或参见 Jaulnay a.a.O., S. 79：“Il est de nature de l'amour qu'il soit dans l'excez et si on n'aime pas infiniment, on n'aime pas bien [爱情的本性乃是它要在过度中存在，人们如果没有无限地爱，就没有很好地爱]。”

③ René Bary, L'Esprit de cour a.a.O., S. 246.也可参见拉托谢神父笔下对一个情敌的批评：Abbé de La Torche, La toilette galante de l'amour, Paris 1670, S. 77 ff.：他那种宁静、平衡的泰然态度，表明他不适合爱情的要求，理应得不到心上人的爱情。

度成为信条,一方面象征着分化的实现,即是说,超越了家庭为行为划定的界限。[①] 进一步说,过度将爱情和社交谈话的规定相区分。区分被有意识地表述出来,然而这并不排除,此表述自身就曾是沙龙的任务。归根到底,正是激情之过度让社会性形式和特征更突出地显现出来,借一本人种学书籍的标题来说就是:Excess and Restraint — Social Control Among Paris Mountain People [过度和限制——巴黎山区人的社会控制]。[②]

在语义学中,极端性价值评判的功能是让正常性规范失去效力。只有过度才能让女性的委身显得正当。[③] 此外,这一原理也适用于制度化的角色预期以及权利和义务的交互啮合,适用于在当

---

① 葡萄牙修女的第五封信可以很好地证明这一点,在她的爱情结束后,她寻求退回到"ma famille qui m'est fort chère depuis que je ne vous aime pas [我的家庭,自从我不再爱您,家庭对我来说变得非常重要]"。这一提示来自 Spitzer a.a.O., S. 106.

② 根据 Ronald M. Berndt, Excess and Restraint: Social Control Among New Guinea Mountain People, Chicago 1962.

③ "Quand vous aimez passablement, / On vous accuse de folie; / Quand vous aimez infinement, / Iris, on en parle autrement: / Le seul excès vous justifie [您凑凑合合地爱时,/人们说您疯狂;/您爱得没有止境时,/依瑞斯,人们的说法却变了:/过度本身就是您的好理由]."(Bussy Rabutin a.a.O. (1972), S. 384 f.)

时还流行的意义上所说的 ius［法］。公正表象由此也退场了，这类表象在中世纪爱情语义学中具有如此重要的意义，所导致的结果是基于辛劳、功绩的具有法庭判决效力的承认以及相匹配的奖赏。偏离权利和义务的准则(Kodex)同时意味着，让爱情和以法律形式规定的婚姻相区分。一旦爱情开始，凡是能够被要求的，都要被人们超越，而一种爱情法权足以阻碍爱情的发生。① 和制度性婚姻的差异使得发现和表述一种事实成为可能，这种事实自此以后归属于恋爱的自律性，然而作为自律性直到很晚以后才能被新的婚姻观所接纳："Je ne sçay rien qui ressemble moins à l'amour que le devoir［我不知道还有什么比义务更乖离爱情的了］。"②

---

① 以不同方式表现这一主题的许多版本之一，见 Le Boulanger a.a.O. Bd. 2, S. 79："Le droit d'estre aimé sert souvent d'obstacle pour l'estre, et l'Amour n'est plus Amour, sitost qu'il es devoir［被爱的权利常常成了爱情的障碍，只要爱情成了义务，就不再是爱情了］。"

② Lettres nouvelles de M. Boursault, Paris 1698, S. 428 f.(引自 v. Waldberg a.a.O., S. 106)另外，这里显示出不列颠岛上发展的相对"落后"(这却为后来爱情和婚姻的重新组合准备了更好的出发点)。这里人们只是试图通过爱情来缓和婚姻的义务法典，一开始却几乎没有从中获得重新表述爱情语义学的灵感。对于英国的发展出发点可比较 James T. Johnson, A Society Ordained by God: （转下页）

“过度”当然不是说，在行为中始终得采取极端立场。因此男人的无条件“屈从”同时是在呼吁女人的慷慨大方，如果受膜拜者不肯迎合，就会被扣上残忍的帽子。无节制之语义学召唤出了新的自由形式，它们必须得到实现，必须通过爱情的历史－故事——而不再是通过社会本身——再次被明确化。

人们一旦将过度设定为爱情的尺度，一系列结论就有了合理根据。首先是，爱情要求总体化。它让和情人多少相关的一切——哪怕鸡毛蒜皮之事——都变得重要①；它会评判进入其专有视域的一切事情。被爱者的全部体验和行动都要求按照爱情/冷漠或诚实的/不诚实的爱情的公式，持续不断地加以观察和检验。由此而表述出一种新的

（上接注②）English Puritan Marriage Doctrine in the First Half of the Seventeenth Century, Nashville 1970，尤其是 S. 104 ff. 而婚姻义务和自由爱情之间的尖锐差异在法国得到了强调，产生了强烈得多的刺激作用。

① “A l'esgard des Amants, il n'y a point de bagatelles en Amour [对于恋爱中人来说，爱情中根本没有什么鸡毛蒜皮的琐事]。”(Jaulnay a. a. O., S. 45 f.)“Enfin, pour vous le faire court, Rien n'est bagatelle en amour [最终，一句话，爱情中无小事]。”(Bussy Rabutin a. a. O., 1972, S. 378)类似的还有 B.D.R. (de Rèze), Les Œuvres cavalières ou pieces galantes et cureuzes, Köln 1671, S. 19(这也是一部爱情问答汇编)。

普遍主义，取代了旧的差异：本质的和非本质的特性。

相应地，爱情被描述为闭合的循环，其中所有要素相互强化，无路可逃。[①] 爱情因此容不得丝毫懈怠。在此意义上，符码无需强迫就能施行专制。[②] 之所以和情人相处时的 manquements [缺失]不可原谅，乃因为触犯的是神经中枢：过度之信条和总体性之要求。[③]

---

① 从负面来理解的例子，可以参见塞西文集（Receuil de Sercy 1658）中的一篇："Ces malheurs font un cercle duquel toutes les parties se tiennent l'une l'autre, et n'ont point du tout d'issue [这些不幸的事构成一个圈子，其中所有的部分都彼此相依，却完全没有出路]。"（Discours de l'Ennemy d'Amour, et des Femmes, in: Receuil de pieces en prose, le plus agreables de ce temps, composes par divers Autheurs, Paris 1658, S. 332—355 (338 f.)

② 就是遵循这一理路，Amour [爱情]在和 Amitié [友情]的二人对话中反驳说它是暴君的指责，见 Receuil La Suze — Pellisson a.a.O. Bd. III, S. 127 ff.另可比较 de Caillieres a.a.O., S. 125 f.

③ 约尔内强调："Il n'y a point de raison qui authorise les manquemens en amour, c'est une signe infaillible ou qu'on a jamais aimé, ou qu'on commence à cesser d'aimer [没有什么理由可以允许爱情中的缺失，要么从来不曾爱，要么开始不爱了，都有不会弄错的信号]。"见 Jaulnay a.a.O., S. 93. 由此推导出这个论点，即谁不能原谅对方，就爱得更强烈（a.a.O., S. 96）。也可比较 S. 110 ff.关于对错误的原谅的论述，对方已经承认犯了错误。这并非矛盾，毋宁说是一个对于爱情符码的专门化的提示。不可　（转下页）

在过度之中，爱和恨可彼此转化，或轻易地交融。比较老套的唯心主义传统会将爱和恨作为明显对立来处理，将恨理解为对于不公正的反应或受伤害的情感，因为和恨相应的并非自身的完美。① 而如今爱和恨的关系也悖论化了：所涉及的不过是一种根本上统一的激情，只是表达方式相异：

> Quand le dépit vient d'un Amour extreme, On dit qu'on hait, et l'on sent que l'on aime［如果怨恨来自于一种极端的爱，则当某人说恨时，却让人觉得这人在爱］。②

（上接注③）原谅的错误，是允许往回推及爱情的错误；爱情不能原谅它自身的缺失，但可以原谅其他的一切。因此拉布坦说道（Bussy Rabutin a.a.O. [1972]S. 377）："Je excuse volontiers et bien plutôt j'oublie / Un crime dont on fait l'aveu / Qu'une bagatelle qu'on nie［我会心甘情愿地原谅，会忘记/一桩人们承认了的罪行/倒不会忘记人们否认的一件琐事］。"

① 可比较譬如 Mario Equicola, Libro di natura d'amore, Neuauflage o.O. 1526, fol. 145 ff.; Nobili a.a.O., fol. 31 R. 另可参见 Vion d'Alibrary a.a.O. 1653, S. 8 f.或者 de Chalesme, L'homme de qualite ou les moyens de vivre en home de bien et en home du monde, Paris 1671，其中将爱和恨作为充满危险的倾向简单地并置一处。

② Livre de Chançons，由 Corbinelli a.a.O. Bd. I, S. 121 印出。另外，这一观点也由著名的《葡萄牙书信》得到了类似文件记录般的证实。

与此相平行，在类似方向上展开了情绪学(Affektenlehre)[1]中的“科学”讨论。相应地，恨归属于爱情符码：谁要是付出了爱得不到回报，理应对心仪女子产生恨；问题只是，他能不能做到恨。[2]爱和恨于是陷入密切的相互依赖，共同绘制出一种有别于友谊的关系。[3]

另外，由于要遵从过度的信条，所有调控形式都变得成问题。因此，符码的统一性被建立在一个超越所有行为程序的层面上。人们不能根据规则来判断自身行为的正确性；谁要是依从规则，就表明他不依从情人。[4] 那些强调恋爱的自我指涉

---

① 对此可参见 Werner Schneiders, Naturrecht und Liebesethik: Zur Geschichte der praktischen Philosophie im Hinblick auf Christian Thomasius, Hildesheim 1971, S. 194 ff.

② 魁诺(Quinault)就是这样回答由布雷基伯爵夫人提出的爱情问题的，参见 Comtesse de B. (Brégy), Œuvres galantes, Paris 1666, S. 103 f.

③ 拉罗什富科(La Rochefoucauld)的第 72 条格言中是这样说的：“Si on juge de l'amour par la plupart de ses effets, il ressemble plus à la haine qu'a l'amitié [如果人们在评判爱情时是按照其大部分效果，爱情倒更像恨而非友情]。”(引自 Œuvres complètes, éd. De la Pléiade, Paris 1964, S. 412)

④ “C'est en vain qu'on establiroit de dessein certaines regles en amour, il ne prend loy que de soy-même. Les regles là seroient mesmes d'une dangereuse suite, parce que le cœur qui ne peut souffrir de contrainte nous forcerait (转下页)

性的表述必须在此背景上来理解,后来浪漫派文学才建立起来的东西,看起来已事先有了端倪。然而所要拒绝的仅仅是对处方和规则的依赖。[①] 勾引艺术仍旧大行其道,那是一种立足于经验,然而还是可传授的过度之技术。[②] 符码尽管一心要摒弃对规则的依赖,终归还是一种可以翻译为种种操作的引导过程。尽管规则导向的作用业已式微,一种考虑到效果的目的/手段导向却始终是可能的,因为不可否认,心仪女子还是努力追求的目标。除了达到这一目标,任何对其他后果(副作用、机会成本)的顾虑都遭到唾弃。连这也是专门

(上接注④)à les romper [按照计划在爱情中建立确定规则是白费力气,爱情除了它自身,不接受任何法规。规则本身就会招致危险后果,因为无法容忍限制的心灵会强迫我们打破规则]。"(Jaulnay a.a.O., S. 67)

① 拉布坦那里回溯至一种基本药方,参见 Bussy Rabutin a.a.O. (1972), S. 348:"Aimez! et vous serez aimé [去爱! 而您就会被爱]。"或者关联于学习:"L'amour sçaura bien vous former; Aimez, et vous sçaurez aimer [爱情能将您很好地塑造;去爱,而您就会爱了]。"(a.a.O., S. 352;也可参见 S. 376)这一论证在勾引的语境中被使用以及如何被使用,可以参见 Le Pays a.a.O., S. 110 f. 从斯塔尔夫人开始,浪漫主义也会将这种说法理解为一种典型的男性立场,将女性置于一种不舒服的强制行动中。试比较 De l'influence des passions sur le Bonheur des individus et des nations, 1796, 引自 Œuvres completes Bd. III, Paris 1820, S. 135.

② 前面引述过的 Ferrier de la Martinière 的论文就聚焦于此。

的总体化之一方面：目的居于绝对统治地位。[①]

最终，与过度信条相应，所有爱情论据都会失效。就爱情说出某些确实的理由，恐怕有违恋爱的风格。不可言说本身就是论据。[②] 爱情的 épreuves [证据]代替了其他理由。证据所涉及的不是爱情的根据，而是其事实性。这类设想大量存在，甚至出现了卡里耶(Callières)将爱情证据置于逻辑规则之下的尝试。[③] 悖谬显而易见：向女人要求最明确有效的爱情证据，并不表示男人这方面具有可靠的爱情证据。[④] 将这一问题导入言语

---

① “L'amour ne permettant pas que l'on face (sic!) de reflexions sur ce qui nous en peut encore arriver [爱情只容许人们面对的反思，是关于那些尚能让我们企及之物的]。”(Jaulnay a.a.O., S. 33)。

② 可比较上文关于可教授性问题的论述。

③ A.a.O. (1668)。关于证据及其最终无法取消的不确定性的问题也可比较 Jaulnay a.a.O., S. 48 ff., 104 ff. 较为乐观的版本是此处这样：谁要是真的恋爱，也不可避免地会给出爱情的证据。爱情无法藏匿自身。就像火焰，它通过火光，至少也通过烟气，让自己被注意到。(后一个比喻见 Receuil La Suze — Pellisson a.a.O. Bd. I, S. 229.)对于同一问题的今日版本(爱情决疑论还未完全消逝，就提示了此问题)，可比较 Judith Nilstein Katz, How Do You Love Me? Let Me Count the Ways (The Phenomenology of Being Loved), Sociological Inquiry 46 (1975), S. 11—22.

④ 男人的 soins [关心]和 empressemens [殷勤]虽然总是作为爱情信号献出——但是人们会区分 marques [标志]和 épreuve [证据]。它们并不是最终有效的证据。(转下页)

(《阿斯特里》中就已发生),人们或言说,或赌咒,或书写,都助长了被表述的符码的发展。反过来,表达形式的符码化又助长了对于情感真实性的怀疑。情感看起来像是一台永久的加速器,围绕它形成种种表述,而问题本身并不会得到解决。爱情的真假,行为诚实或不诚实——此问题一方面通过符码和行为的差异,另一方面通过目标达成的延迟获得了中心意义。① 这一点上,至少是在开始时,人们会回溯到阶层划分:区分真假激情的能力,是专为 honestes gens [正人君子]保留的。②

过度有界限吗?由于摒弃了负面形式,缺失

(上接注④)关于这个证据,questions d'amour [爱情提问]之一说道:"Si les dernières faveurs ont la nourriture; ou le poison du veritable amour. [最终的恩惠是营养,抑或真正爱情的毒药?]。"(de Rèze, Œuvres cavaliers a.a.O., S. 16)

① 参见一部表现该主题的小说:Mademe de Villedieu, Les désordres de l'amour, 1675, 所引版本为 Micheline Cuénin, Genf 1970.

② 一篇匿名文章就表达了这个意思,参见 La iustification de l'amour, in: Receuil de pieces en prose les plus agreables de ce temps (Receuil de Sercy) Bd. 3, Paris 1660, S. 289—334 (307). 这个文本最近被归于拉罗什富科——J.D. Hubert, Paris 1971 版本就用了这个作者名。恰恰在此处所引的要点中,和《格言集》(Maximes)的差异却显而易见。作者名的归属可能悬而未决,我们还是维持原先的匿名作者,引用原先的版本。对此也可参见 Louise K. Horowitz, Love and Language: A Study of the Classical French Moralist Writers, Columbus Ohio 1977, S. 33 ff.

了自我设限，因此也就没有了对于紧逼、欲求、强求的限制。于是乎，就没有了这样的表象，即在符合个性之个体性的事物中，在人们对某一特定个人（区别其他所有人）的强求或预期中，也存有一个界限。在所有这些事情性和社会性方面都没有界限的爱情，却依然在另一方面遭到了限制，也就是在时间中。爱情的终结无可避免，它消逝得比美颜更快，也就是比自然更快。爱情的终结并不属于普遍性宇宙衰亡的秩序，而是由其自身所决定。爱情持续时间很短，它的终结抵消了其他任何界限的缺失。爱情的本性自身，也即过度，就是其终结的理由；反过来，“En amour, il n'y a guères d'autre raison de ne s'aimer plus que de s'être trop aimés [在爱情中，如果不再相爱，大概没有其他原因，只是因为太相爱了]”。[1] 差不多可以说，实现就是终结；差不多可以说，人们得害怕实现，得尽力拖延或避免实现。作为无条件性它容不得任何重复。“Si la possession est sans trouble, les desires ne sont plus qu'une habitude tiede [如果轻而

---

① Jean de La Bruyère, Les caractères ou les mœurs de ce siècle, 所引版本为 Œuvres complètes, Paris 1951, S. 137.

易举就能拥有，欲求就只不过是一种温吞的习惯]。"[1]正因为如此，抗拒、迂回、阻碍都必须受重视，因为正是有了这些爱情才会持久。词语充当了这种持久性的媒介。词语的区分能力比身体更强，词语让差异成为信息，成为交流继续进行的理由。在此意义上，交流符码自己生产出对于其生成必不可少的言语化（Verbalisierung）。[2] 但爱情只存在于"尚未"（noch nicht）。幸福的片刻性和痛苦的永久性相互决定，两者是同一的。[3] 大概没有什么比在爱情中考虑婚姻更离谱了。爱情终结于冷漠，终结于 cooling out [冷静下来]的策略性问题，[4]或

---

① Jaulnay a.a.O.，S. 31. 也可比较 de Caillieres a.a.O.，S. 90；Receuil La Suze — Pellisson a.a.O. Bd. I，S. 241；Bussy Rabutin a.a.O. (1972)，S. 361 f.

② 这里人们也会想到，人们会在多大范围内让据说是实际经历的爱情关系的文字见证回流入文学——一个例子是与巴贝（Babet）的通信，参见第五章的注释。

③ Bussy Rabutin a.a.O. (o.J.)，S.238.

④ 比较 Erving Goffman，On Cooling the Mark Out，Psychiatry 15 (1952)，S. 451—463 和 Jaulnay a.a.O.，S. 80 ff.，尤其是 S. 109，包括：温柔的处理方式、甩掉对方的尝试（作为对已逝爱情的最后致敬）、一种 honeste procedé purement politique ["纯粹政治性的诚实手段"]。首先还阐明了，是否有必要退回书信，还保持秘密等等。另外还可参看 Jaulnay a.a.O.，S. 121 f.谈到的困难问题，即是否应该以及怎样说出：人们不再爱了。推荐的方子是渐渐放缓追求和让对方识破。

者按照玛德莱娜·德·斯居德雷(Madeleine de Scudéry)的设想，终结于 par générosité [慈悲心肠]所致的勉强维持。[1] 乔治·蒙格雷蒂安(Georges Mongrédien)[2]表述了原则："se donner avec passion et se reprendre avec prudence [献身时激情洋溢，恢复清醒时谨小慎微]。"

夹在开端和终点之间的爱情也可以视为过程。在时间中延展，用一段历史－故事(Geschichte)来填充时间，这在较早期的文学中就已是重要特征；然而，用什么来填充时间，让事件得以实现，在 17 世纪发生了改变，改变的方向是日益增强的分化。中世纪骑士通过历经危险，通过英雄行为，

---

① 参见以下在 de Planhol a.a.O., S. 69 引用的出自小说《克勒莉》(Clélie)的段落："Je veux qu'on aime par générosité lorsqu'on ne peut plus aimer par inclination, et je veux même, si l'on ne peut plus aimer du tout, qu'on se contraigne pourtant à agir comme si l'on aimait encore: puisque c'est en cette seule occasion qu'il est permis de tromper innocemment, et qu'il est même beaur de le faire [我希望人们不再由倾慕而爱时，也可由慷慨大度而爱，而我甚至希望，如果人们根本不再爱了，人们还是克制自己，表现得就像还在相爱一样：因为这是唯一的场合，善意的欺骗获得允许，这甚至是一件美事]。"需注意到这种赋予法则的口气！

② Libertins et amoureuses: Document inédits, Paris 1929, S. VI.

通过骑士理想的实现来证明自身。[①] 而在17世纪，考验的证据转移到了恋人这一角色本身中，社会要求在此处仅是作为框架条件，在诸如honnêteté［正派］、bienséance［礼貌］等概念以及言语形式的风雅中显现。由此，爱情过程转换成了自我驱动。它必须在其自身中持续不断地让自身重获得动能。[②]

爱情过程的内在动力学（Eigendynamik）首先被表述为，它受到变换形式和追逐新奇之plaisir［快感］的自我强迫所驱动。[③] 但是，由情场事件的经验，很快又导致了一种更强的策略性动机出现。不同于快感和爱情所要求的，行动和事件不仅在

---

① "Par le mérite qui organise, pour ainsi dire, l'attente［通过美德，它组织——可以这样说——期待］"，这个表述见Myrrha Lot-Borodine, De l'amour profane à l'amour sacré: Etude de psychologie sentimentale au Moyen Age, Paris 1961, S. 73.

② "Recommencez vos soins jusqu'aux bagatelles［不断重复您的关心，直到变成无聊琐事］"，这是拉布坦推荐来实现此目标的方子（a.a.O., 1972, S. 386），另外还有，不断重复说爱对方："Le passé chez l'amant ne se compte pour rien; il veut qu'à toute heure on lui dise ce qu'il sçait déjà fort bien［在恋爱者那里过去是不算数的；他巴不得整天有人对他说那些他早已熟知的事情］。"（a.a.O., S. 396）

③ 试比较被错误地归于帕斯卡的Discours sur les passions de l'amour, in: L'Œuvre de Pascal (éd. de la Pléiade), Paris 1950, S. 313－323 (319, 321).

其自身中被享用，还要根据它们对于日后情形的意义来做评价。女人必须斟酌，她是否该接受乃至回复信件，是否接受拜访，是否表明愿望，是否出借专用马车，因为对方可能由此推断出某种态度，从而得寸进尺。① 反之，勾引策略恰恰基于这类信号的可资利用。对于细微差异的敏感，提升了对于事件之时间视域的指引的密集化。事件得以在时间上自我指涉，因为人们必须考虑到，今后在更强烈地催人投入的强求下能够返回到它们，以及如何能够返回到它们。而所有这些都贯穿了社会反身性：倘若女士给出了最初的垂青信号，她当然可以抗拒更强烈的进逼，却不再可能将更公然的追求当成全然意外，当成不知羞耻来处理。勾引者能够指望对方必然考虑到，是她鼓励了他的进一步行动。此处重要的并非实际意图，而是作为其信号被制造出来的，在这一层面上无法被

---

① 比较 François Hedelin，Abbé d'Aubignac，Les conseils d'Ariste à Célimène sur les moyens de conserver sa reputation，Paris 1666. 或者较晚些的、已经心理学化的版本："J'étais un peu trop moi-même，et je m'en apercus trop tard：l'espoir s'était glissé dans l'âme du comte [我有点过于专注自我了，我太晚才觉察到：希望已经悄悄地潜入了伯爵的灵魂中]"（Contes Moraus von Marmontel，"Heureusement"，所引版本为 Œuvres completes Bd. II，Paris 1819，Nachdruck Genf 1968，S. 83—95 [85]）。

否认的东西。[①]

爱情过程因此就有了自己的时间性自我指涉。恋爱者起跑了——历史-故事却事先由符码为他们编排妥当。爱情过程由此获得了自己的时间,和终点一样,起点也有其特别的、对爱情而言并不典型的特征。此时的人们尚可理性选择。人们了解符码规则,这就好比说,人们在堕入爱河之前就已在爱了,但一开始尚能控制自身。要开始一段艳遇的决定常常被描述为一个意志行为,通过该意志行为,人们满足了一种必需的社会游戏的要求。[②] 在

---

① 对这种时间和社会因素交织的意识在最初阶段被赋予了爱情药方的形式,后来却主要表现在小说中。譬如可比较 Crébillon fils, Lettres de la Marquise de M. au Comte de R.,所引版本为 Paris 1970. 在这里,那种(出自符码和其文学)的时间意识也是以双重意义被内置于爱情过程:爱情不能持久的意识,导致了一种对于实现的推迟,由此导致了对爱情来说必需的情感提升。由此,时间反身性作为德行的功能性对应物发生作用,而德行的修辞学则同时既被利用又被撤回。如侯爵夫人——特别是在她最初的信中——让表白被看透的形式是,她告知对方,她不得不担心,这样的表白一旦做出,可能被人利用,而正因此(!)她被迫不做表白;她因此(!)总是只能告知,她并不爱对方。

② 对此问题可参见 Christian Garaud, Qu-est-ce que la Rabutinage?, XVIIe siècle 93 (1971), S. 29—53 (35 ff. "embarquer"); C. Rouben, Histoire et Géographie galantes au Grand Siècle: L'Histoire Amoureuse des Gaules et la Carte du Pays de Braquerie de Bussy-Rabutin, XVIIe siècle 93 (1971), S. 55—73 (65).

这一时刻——在丧失对自身的控制之前——做出正确选择的重要性，被一再强调。[①] 就连爱神最初也必须 incognito［隐形地］操作。[②]

最初阶段的特征更多是 complaisance［献殷勤］而非爱情，人们常常是相信在恋爱，其实并没有恋爱；或者和爱情游戏一番，可遇到第一批障碍就燃起了熊熊烈焰。在根本上，"障碍"有助于激情进入意识和激情的提升。[③] 意中人的第一个温存表示具有特别的意味：它无法强求，而一旦它出现，人们就能站稳脚跟，继续攀爬。[④] 爱情过程一旦启动，就陷入了它的特殊符码的控制，只有当符码衰竭下来，正常的、理智的行为方式才会再次出现。

分别为每一次情事启开一段独有的时间，是一个提升过程的前提条件，该过程借助一再出现

---

① 例如可参见 Receuil La Suze — Pellisson a.a.O. Bd. I，S. 218 f.

② Receuil a.a.O. Bd. III，S. 129 f. 另外这是一个特别适合于小说表现的主题。参见 Abbé d'Aubignac a.a.O.（1673），S. 96 ff.或者 Claude Crébillon，Les égarements du cœur et de l'esprit，所引版本 Paris 1961，S. 50 ff.（"L'amour dans un cœur certueux se masque longtemps"）.

③ Jaulnay a.a.O.，S. 4 f.；de Villedieu，Nouveau Receuil a.a.O.（1669），S. 133.

④ Jaulnay a.a.O.，S. 53 ff.

的概念——希望(以及相应的种种担忧)——被表达出来。[1] 提升效果可与经济中历来通过贷款达到的效果相比较;它基于间接性、迂回性、deferred gratification[延缓满足],以及专有功能的保障——以便过程的连续性仍然得到维持。一开始,意中人可以通过赠予希望为游戏投资,却将自身的赠予推迟。情郎却愈加欲罢不能,珍视捕猎甚于猎获。时间延展服务于强化、言语化、崇高化;它构成潜在的/共享的利益,尤其它还是——如果在语义学语境下来看——端庄淑女(如玛德莱娜·德·斯居德雷)和浪荡公子(如布西一拉布坦[Bussy-Rabutin])相互交融的形式:在游戏作为游戏的价值评判上达成一致。[2]

希望同时意味着,远期汇票的兑现将比人们预期的要昂贵。人们之前没有想到的额外费用也

---

① “L'esperance entretient l'amour, affoiblit les douleurs et redouble les plaisirs[希望维持爱情,减弱悲伤,增进快感]”,这话见于 Receuil La Suze — Pellisson a.a.O., S. 237.它同时证明了和知觉图式的片面性相互关联。希望和不耐心、希望和不安、希望和畏惧的相互关联也一再被强调。此外,希望自身有时也被时间化:它在一段关系开始时更多是畏惧,在过程展开中才获得了必要的增强(Jaulnay a.a.O., S. 29)。

② 譬如可比较 B.C.Rouben, Busssy Rabutin épistolier, Paris 1974, S. 88 ff.

得计算在内，而眼下实现的激情不足以作抵偿。恋人的反身性预期结构只会加强这种不相称，相同的过度阐释倾向（这种倾向承负着关系的构建），以及拿希望和现实作比较，都加速了瓦解。[①] 关系无法承受其自身的时间性（Zeitlichkeit），从而瓦解。

正因为爱情要利用时间，爱情摧毁了自身。它也瓦解了曾经激发爱情想象的个人特性，而代之以熟悉程度。美女第二次露面时就显得不那么美了，而丑女却变得更容易忍受。[②] 换言之，符码

---

① 维尔迪约夫人的第二篇小说提供了一个很好的示例，参见：Madame de Villedieu，Les désordres de l'amour，a. a. O.，S. 67 ff.，Maxime V(S. 85 f)总结道："Le Bonheur des amans est tout dans l'esperance; / Ce qui de loin les éblouit, / Perd de prés son éclat et sa fausse appearance; / et tel mettoit un plus haut prix / A la félicité si long-tems desirée, / Qui la trouve à son gré plus digne de mépris, / Quand avec son éspoir il l'a bien comparée [恋人的幸福皆在于希望；/远望去光彩夺目者，/到近处光芒尽失，伪装不在；/以致将最高奖赏/给了如此长久渴望的至福，/却由衷发现它无比可鄙，/如果拿它和希望仔细比较的话]。"

② 在这里，心理学观察的侵入也引人注目。Pierre de Villiers，Reflexions sur les defaults d'autruy，Amsterdam 1695，S. 132 中如此表述："La beauté et la laideur reviennent presque au même; et l'une et l'autre diminuë à force de les voir, et on aurait de la peine à dire pourquoi une belle femme paroist moins belle, et une laide moins laide, la seconde fois qu'on la voit [美和丑差不多是 （转下页）

从自然向想象力的转换让爱情沦陷于时间的侵蚀，甚至比美颜的自然衰退还要迅疾！主观化和时间化携手同行。

这种和主观化、社会反身性结合起来对时间性进行加工的形式，如果拿来同时间性和社会性的其他结合模式相比较，就格外引人注目。时间性被整合入交谈理论（Konversationstheorie）中，仅仅是作为持续转换的需要。相反在友谊概念中，恒定和宁静成为这种关系臻于圆满的标志。时间问题在17世纪成为主题，还主要是作为变化和持久的差异——而不是作为将自身构建和再行拆解的过程。只有在爱情语义学中，人们超越了这种问题理解，以一种特别的、具有自身历史的过程的形式，给时间性和社会反身性的结合注入动能——一个重要标志是，人们在努力实现一种功能领域的分化而出和自治化。

这一时间性和短暂性（且不说爱情的转瞬即逝）主题的爆破力从一个事实就能看出，即在爱情媒介的由象征而一般化的符码中，该主题牢牢占据一席之地，被当成可靠知识，当成众所周知的事

(上接注②)同一回事；它们彼此的程度都会降低，就因为被看到了，人们很难说清楚为什么在第二次见面时，一个美妇人会变得不那么美，一个丑女则变得不那么丑]。”

实来处理。在17世纪文学中尚需要演示：事情就是如此这般；到了18世纪的小说戏剧，同一主题已表现为人物的知识，变成爱情动机结构的固定成分。[①] 永恒之不可能让恋爱——尤其是对于女人——变得困难。她们必定会不幸——无论她们是不计后果投入爱情，还是因此而悬崖勒马。[②] 文学反映出文学的效果，就像小说会在小说中再次出现。这就造成了将道德主题推向纯粹修辞学的前台，而让时间主题占据统治地位的可能。那种作为“德行”供人支配的东西，本质上是一种对永恒、宁静——如果不是说解脱——的兴趣。[③]

---

① 要了解此问题，以及18世纪的更多证据，可比较 Georges Poulet, Etudes sur le temps humain Bd. II, Paris 1952; Clifton Cherpack, An Essay on Crébillon fils, Durham N. C. 1962, S. 28 ff.; Laurent Versini, Laclos et la tradition: Essai sur les sources et la technique des Liaisons Dangereuses, Paris 1968, S. 436 ff.

② 对此，可以比较小克里毕庸的两部书信体小说：Claude Crébillon (fils): Lettres de la Marquise de M. au Comte de R.和 Lettres de la Duchesse de ... au Duc de ..., in: Œuvres complètes, London 1777 Bd. 1 bzw. Bd. 10 und 11（引自 Nachdruck Genf 1968）。两位女士在她们自我描述的醒目层面上，为了她们的“德行”而和自身做斗争。对两人来说问题其实都不是德行本身，而是爱情不能持久这一认识。她们的决定各不相同。她们两人都没有得到幸福。

③ 另外，就是这里也很难说出，在此问题上有什么对于17或18世纪来说是真正新的。很可能就是这种联系于时间、反思语义学影响的语境。显然不是简单地警告， （转下页）

这种文学和文学、时间性和道德在关系上的复杂纠结，以及这种纠结在亲密关系之社会反身性中的反映，显然已不再是公共常识。在此，编码遇到了社会交流中的成功条件的限制。马里沃(Marianne Marivaux)会成为当时人和后世心目中的成功作家，而克里毕庸(Crébillon)就不行。[①]

这个主题必须得到进一步的专门探讨。不管怎么样，爱情过程的时间结构有利于分化出专为它塑造的符码来。时间结构首先会迫使爱情和婚姻相分离[②](这是早先已讨论过的主题)。爱情和

(上接注③)完全不论道德问题，通奸也不值得提倡，因为伴侣是不可靠的。对此问题，譬如皮桑(Christine de Pizan)的《三美德书》(1405)就提供了证据，参见 Charity C. Willard, A Fifteenth-Century View of Women's Role in Medieval Society: Christine de Pizan's Livre des Trois Vertus, in: Rosemarie Thee Morewedge (Hrsg.), The Role of Woman in the Middle Ages, London 1975, S. 90—120(尤其是 111 ff.)。

① 并不乏证据表示知音尚存，然而文学史书写始终未作出必要的重新评价。

② 应该注意到，阿斯特里同时反对两者，既反对爱情和婚姻的互换性也反对它们的差异化，而且是有意识地和同时代人的通行看法唱反调。但是这种观念的弱点迫使它转移到了牧羊人的国度。人们尤其难以想象，应该在自身个性的自我放弃，在婚姻中绝对屈从的意义上去实践激情。加工幻想公式的工作被指派给了小说，即便作者强调，永久和屈从的发誓应当不仅是被说说，还要体现 (转下页)

婚姻的对照被搞得如此尖锐，[1]以至于人们绝不会猜错，正是激情和社会规定的、和家庭相结合的婚姻的差异，让爱情关系的分化而出被意识到，其作用胜过其他一切事物。[2] 譬如人们会在书中读到，爱神在脾气上来时会将恋爱者引向婚姻，让他们陷入万劫不复。[3] 进入婚姻是和心上人分手的一种体面方式，布西－拉布坦这样认为。[4] 抛开所有好处不论，千真万确的是，“il suffit d'être marié pour ne plus aimer [要是不想再爱下去，那就结婚好了]。”[5]或者说，谁要想跟他的心上人结婚，就是要恨她。[6] 在柯丹（Cotin）题为《举世无双的爱》

（上接注②）诚实的意愿。在17世纪下半叶，小说批判恰恰就是针对此问题而发。比较 Abbé de Villars, De la délicatesse, Paris 1671, S. 8 ff. 读者对通向婚姻的爱情不感兴趣，因为这是不可能的事情；读者希望看到自身的弱点得到认可，倒是对 amour dereglé [不守规矩的爱情]有兴趣。

① 可参见：de Cantenac a.a.O., S. 7 ff.

② 人们当然也可以问自己：谁是这种文学的受众？当然是已婚者！对于婚姻的拒绝背后隐藏着——如此看来——赋予婚姻以引导性指示的必要性。在没有爱情的情况下，婚姻是基于家庭利益缔结的，继而又和爱情相对峙。尤其可比较 François Hedelin, Abbé d'Aubignac, Conseils a.a.O.

③ 参见 de Cantenac a.a.O., S. 11.

④ A.a.O. (1972), S. 382.

⑤ Anonym, L'amour marié ou la bizarrerie de l'amour en estat de marriage, Köln 1681, S. 2.

⑥ Bussy Rabutin a.a.O. (1972), S. 381 f.

(Amour sans exemple)的诗中，人们可以找到这一句："Iris，je pourrois vous aimer，quand mesme vous series ma femme［依瑞丝，即便你是我妻子，我都会爱你］。"[①]勒贝依(Le Pays)[②]在一封信中将死亡和结婚说成是两大不幸，尽管有熊熊欲火和父母的压力，他还是脱逃了，保住了一条命。这些论证倒不是针对婚姻制度(虽然在女权运动中也有这种论证)，而是在鼓吹爱情的分化而出，而差异的中枢就是时间问题：爱情的持久性。

---

① Cotin，Œuvres galantes en Prose et en Vers Bd. 2，Paris 1665，S. 519.

② Amitiez，Amours，et Amourettes a.a.O.，S. 333 ff.

第七章

从风雅到友谊

爱情与时间的关联促成了一种叙事性的主题处理，即讲述“爱情历史一故事”，并由此造成一种功能特定的对于神话的替代。[①] 向后和向前的连接都能保持敞开——或者意味着和其他艳遇相接，或者意味着人们如果不踏入情场，又能做些什么。同样地，理性和判断的关闭，象征着爱情之特殊处理的分化而出。对于理性判断，人们肯定会预料到，它们对于所有人都会通向同样结果；恰恰是 inclination［倾慕］的非理性防范了这一点，从而让爱情机会得以更好地分配。[②]

---

① 由历史性替代的视角来看，值得注意的是，为何拉马蒂利耶（Ferrier de la Martiniere）会强调，不是缪斯，而是 expérience［经验］和 usage［使用］在引导他写作（a.a.O.，1678，S. 10，a.a.O.，1698，S. 3 f.）。这就使为了意向性使用来预备符码变得合法。

② 这个有趣的（人们简直可以说，“市民阶级的”）论据来自 Jaques du Bosq，L'honneste Femme， （转下页）

除了亲密关系被隔离出来以及亲密关系在时间和社会方面特有的分配问题，分化也需要关联性概念(Verbindungsbegriffe)，而在仍处于阶层划分状态下的社会中，所需要的首先是和上流阶层中交际互动的最普遍有效形式建立关联。在一段过渡时期内，“风雅”(Galanterie)概念[①]就发挥了这个作用。凭借风雅的形式，追求也可以在第三方在场的情况下进行，某种程度上是没有约束力的，不用当真。风雅行为能够同亲密性和社会交际两边进行连接。[②] 它能在不同社会等级之间架起桥梁。风雅只想讨得欢心，不想给自己和他人

(上接注②)Neuauflage Rouen 1639, S. 322:“众人可以有同样的判断，但要他们有同样的倾慕，就不容易了(Plusieurs peuvent avoir le mesme jugement, mais il est malaisé qu'ils ayent la mesme inclination)。”

① 关于概念史可以参见 Else Thureau, “Galant”: Ein Beitrag zur französischen Wort- und Kulturgeschichte, Frankfurt 1936;另外可参见 Christoph Strosetzki, Konversation: Ein Kapitel gesellschaftlicher und literarischer Pragmatik im Frankreich des 18. Jahrhunderts, Frankfurt 1978, S. 100 ff.; Roger Duchêne, Réalité vécue et art épistolaire: Madame de Sévigné et la lettre d'amour, Paris 1970, S. 35 ff.

② 对这种两面性的丰富提示见 Max Freiherr von Waldberg, Die galante Lyrik: Beiträge zu ihrer Geschichte und Charakteristik, Strassburg 1885. 帕森斯在这里估计会讲到“互渗入”。

找麻烦；[1]这在社会中是可能的，同时似乎还是爱情不可或缺的成分，[2]只有添上这一味配料，爱情才具有促进文明、教化和社会化的作用。风雅在其语言形式和所暗示之物中保存了一种小说般的、理想主义的语义学——适合于任何用途。不管是对于欺骗和勾引行为，还是对于真诚求爱，它都可以成为实现社会关联的风格。后果之一是很难将行为解码，认清真爱；另一后果是产生了对于识破面具的兴趣，这种兴趣既传授同时又揭露恋爱艺术。

在这种受制于社会的形式的命令下，端庄淑女和浪荡公子——尽管两者之间有天渊之别——一样对于 amour passion［激情型爱情］符码的诞生卓有贡献。[3] 逃避婚姻是两类人共有的

---

① 约尔内就是这样定义的：Jaulnay a.a.O., S. 98.

② 约尔内（Jaulnay a.a.O., S. 2）一开始就明确表示：爱情不仅是"desir d'estre aimé de ce qu'on l'aime［被所爱的人所爱的欲求］"，也就是说不仅是为了爱而爱，就像让·保尔后来会说的，而是"quelque chose de plus, parce que l'on cherche à plaire devant que d'esperer d'estre aimé, et le desir d'y reussir precede celuy d'estre heureux［另外某种东西，因为人们在希望被爱之前会试图取悦于人，成功达到此目的的欲求要先于要幸福的欲求］"。类似的可参见René Bary, L'esprit de cour a.a.O., S. 233.

③ Rouben a.a.O. (1971) S. 67 ff.也显示了，相反的道德视角可以在将行为准则一般化的意图中会面。

企图。[①] 在此基础上，恰恰是两者在来源和意图上的千差万别，有助于在 amour passion［激情型爱情］的悖论中获得一种新综合——即便考虑到，在悖论形式中，带有较多约定俗成特征的纯粹风雅会被克服。因此，浪荡公子为了让自己不至于遭到误会，也会努力寻求具有保存价值的语义学；对他们来说，重要的仅仅是一种专为爱情而设的道德的更强自治。只是提供些含沙射影的机锋的文学，[②]对于我们的主题而言毫无贡献。

人们会进而猜测，过去的爱情语义学的理想化(作为一个规范性符码唯一可设想的形式)仍然负载着 amour passion［激情型爱情］的种种革新[③]——

---

① 关于端庄淑女的婚姻问题可比较 Gustave Reynier, La Femme au XVIIe siècle, Paris 1933, S. 87 ff.；另外某些提示可以在索美日《端庄淑女词典》的简短特征描述中见到：Dictionnaire des Précieuses von Antoine Baudeau Somaize, 2. Aufl. 1660/61，所引版本 Paris 1856, Nachdruck Hildesheim 1972；或者尤拉里(Eulalie)(即 de La Suze 伯爵夫人)关于婚姻的专横统治的怨诉以及与之相连接的对话，参见 Michel de Pure, La Prétieuse ou le Mystère des Ruelles Bd. II (1656)，所引版本为 Emile Magne, Paris 1938, S. 276 ff.

② 譬如可参见 Du Four de La Crespelière, Les foux amoureux, Paris 1669; de La Crespelière, Les recreations poëtiques, amoureuses et galantes, Paris 1669.

③ 对此富有启发性的是 Octave Nadal, Le sentiment de l'amour dans l'œuvre de Pierre Corneille, Paris 1948.

革新旨在克服那种理想化。在塞西(Sercy)文集中发表有一篇题为《爱情的辩解》(La iustification de l'amour)的文章,[1]就能很好地展示这一点。爱情被其描述为 amour raisonnable [明智的爱],它是必要的、理性的和善的。读起来一切顺理成章,道德上无可挑剔,穿插着小小的狡猾预警:爱情必须保密,以便它不会伤害到荣誉,因为但凡世上了不起的事物究其本性而言都是秘密的。[2] 再有,因为原罪之后罪孽已无可避免,最好还是在爱情中犯下必需的罪孽,作为"douce offense, la plus naturelle et la plus agreable [温柔的冒犯,最自然也最宜人]"。[3]

由于这类附加条款的存在,理想化语义学形式的运用已略显得错位,然而它作为说服手段似乎还不可或缺。许多新的要素都依赖于传统前提存活。但是,随着 amour passion [激情型爱情]的语义学达到内在闭合,开始承负其自身,和理想挂钩的必要性也在减退,而修辞性长篇大论、抄袭来的情感、周期性的叹气和下跪马上就开始显得可

① Receuil de pieces en prose a.a.O. (1660).

② A.a.O., S. 306 f., 321 f. 也可比较 Kelso a.a.O., S. 171 f., 178 f.

③ A.a.O., S. 309.

笑。新语义学在心理方面经过陶冶的要素激发了这一要求:回到自然!

导致理想化尚需标举和分化尚不完整的发生学条件,随着语义学的发展本身而过时。由于对爱情的个人风格化的要求日益增加,由于市民阶层开始仿效贵族的生活模式,和社会生活之最普遍有效形式的联系环节——风雅——迅速落伍。在实现了其引导过渡之功能后,风雅就遭到了拒绝和嘲笑,重新整合爱情和社会的功能落到了一个新角色——情感的道德性论据——头上。

在其他方面,尤其往往是在涉及分化问题时,可以观察到,在沙龙内和法国古典主义文学中,把握和表述一种交流媒介“爱情”之符码的努力昙花一现,高峰期转瞬即逝。人们几乎想说:爱情和国王一道老去。1660 年左右爱情还是一副鲜活、无拘无束、幻想丰富、大胆到放肆的模样,在 1690 年将近时已再次落入道德罗网。曾经的悖论、轻佻乃至放肆,如今已扭曲为玩世不恭,难怪会招致拒绝。[1] 另一方面,产生了关于女性的新文学,它对

---

① 有一个例子,是来自这方面具有典型意义的 Chevalier de Mailly 的“反对爱情的警句格言”(Sentences ou Maximes contre l'amour),见 L.C.D.M. Les Disgrâces des Amants, Paris 1690, S. 61—73 (68):“Les femmes (转下页)

激情化爱情不置一词。① 小说也朝着这个方向发展。考虑到甚嚣尘上的 desordres de l'amour [爱情迷乱],小说以克勒芙王妃为典范,将断念和放弃作为道德成就——乃至于享受!——推荐给读者。②

再次转向一种宗教－道德性判断之所以成立,是因为亲密－人格性关系的问题还完全没有呈现。这可以从布达鲁厄(Bourdaloue)的一个文本中看出来,该文本同时见证了 17 世纪末叶的这

(上接注①)pleurent la mort de leurs Amans, moins par le regret de leur perte que pour faire croire que leur fidelité merite de nouveaux Amans [女人为她们的情郎死去而伤心,主要不是因为痛惜她们的损失,而是为了让人相信,她们的忠诚配得上新来的情郎]。"

① 参见 Abbé Goussault, Le portrait d'une femme honnête, raisonnable et véritablement chrêtienne, Paris 1694; Goussault(错误地归给了 Fléchier), Réflexions sur les different caracterères des homes, in: Esprit Fléchier, Œuvres complètes, Paris 1856 Bd. 2, Sp. 973－1050(尤其是 1028 ff.)——另外,此处清楚地显示了市民阶层的价值评判已经被接纳。对于时间上恰好是平行展开的英国发展可比较 Joachim Heinrich, Die Frauenfrage bei Steele und Addison: Eine Untersuchung zur englischen Literatur- und Kulturgeschichte im 17./18. Jahrhundert, Leipzig 1930,尤其是 S. 113 ff.

② 比较 Catherine Bernard, Les malheurs de l'amour: Première nouvelle. Eléonor d'Yvrée, Paris 1687; dies., Le Comte d'Amboise: Nouvelle galante, Den Haag 1689.

种发展。[1] 友谊新的世俗化模式将其自身设置为绝对,却遭到了指责,说这一模式终归是立足于利己主义,说它不是谋求他人的得救(Heil),而其实是对他人保持冷漠。[2] 和这种世俗的/人性的友谊相区分的是 caritas [博爱],即在另一个人中谋求爱上帝。哪怕是另一个人身上古怪的、招人厌的特性,也不会对此构成障碍,而此人的正面特性并非爱的理由,甚至 aimer ceux qui nous aiment [爱那些爱我们的人]的规则都不可使用。[3] 然而如果从人格角度来看,连博爱都是冷漠的,因为它不关心人格的命运和标志,而只对其得救感兴趣。朋友之爱的两种形式之差异乃是冷漠(Indifferenz)的两种形式之差异。如果人们以这种差异为导向,则由此选择条件的设定,就已经排除了以他人个性为导向。而在社会结构性变动层面上已产生了对于个性导向之需求的时代,这就意味着宗教和道德的肤浅化。和上帝相关联的博爱之所以被理解成"容易而可实践的"——正是因为它不用顾

① De la charité chrétienne, et des amitiés humaines, 引自 Œuvres complètes, Neuauflage Versailles 1812, Bd. 15, S. 1—50.

② A.a.O., S. 12. 这里说得很明白。

③ A.a.O., S. 8.

及个体的特性。[①]

这种回归道德的表现形式之一是较温和也更普遍化的友谊理想的复苏。[②] 1660 年左右还在抱怨友谊伦理的衰落，且认为颓势无法挽回（也许是因为政治冲突和宫廷阴谋给人印象深刻）。到了该世纪将结束时，人们却越来越多地返回到旧轨。友谊的 sûreté［可靠］和 douceur［温和］大受推崇，其朴实无华和超越短暂的纯粹二人关系的可能，同样值得羡慕。另外还有一个方面，也让亲密性符码分化而出的势头受挫：友谊同时还成了用于公共领域的自我特征描述。[③] 在此视角下，为风雅——过去的再整合形式——的衰落而抱不平就

---

① A.a.O.，S. 6.

② 参见具有典型意义和富有影响的 Anne-Therèse Marquise de Lambert，Traité de l'Amitié，引自 Œuvres，Paris 1704. 类似的也可参见 Marquis de Caraccioli，Les caractères de l'amitié，所引版本为 Paris 1767。要得到一个文献概览，可参见 Frederick Gerson，Le theme de l'amitié dans la littérature française au XVIIIe siècle，Paris 1974.

③ "Il nous faut songer de plus que nos amis nous caractérisent; on nous cherche dans eux; c'est donner au public notre portrait, et l'aveu de ce que nous sommes［我们还应该想到，我们的朋友刻画我们的个性特征；人们便是通过他们来寻找我们，向公众展示我们的画像，招认我们是什么样的人］"，朗贝尔侯爵夫人（Marquise de Lambert）如此写道（a.a.O.，S. 114）。

不足为奇了。① 这期间友谊和爱情的尖锐对立也被确定下来，至少一开始是这样。② 同时，人们在英国也发现了一种遥相呼应的发展：借助一种人格关联日益增强的友谊概念和心理学上的精致化，清教主义婚姻概念的严酷性得到了缓和。③ 作

① “La galanterie est bannie, et personne n'y a gagné [风雅已遭放逐，没人从中得了好处]”(Lambert a.a.O., S. 159 ff. [175])。另一个作者认为：“La galanterie autrefois si cultivée, si florissante, fréquentée par tant d'honnêtes gens, est maintenant en friche, abandonee: quell desert [从前如此受到培育、如此繁荣、被这样多正派人追慕的风雅，如今已被荒废和抛弃：俨然一片荒漠]!”(Anonym, Amuesemens serieux et comiques, Amsterdam 1734, S. 98，且“风雅”主题在一部同名书中仅仅用了两页来探讨!)类似的可参见 Abbé Nicolas d'Ailly, Sentimens et maxims sur ce qui se passé dans la societé civile, Paris 1697, S. 34. 总体来说，对于风雅的谴责被普遍接受了，风雅被认为既不道德，心理方面也不真实——譬如可参见 Contes moraux von Marmontel.

② Lambert a.a.O. S. 114 f.; Jacques Pernetti, Les Conseils d'Amitié, 2. Aufl. Frankfurt 1748, S. 77 ff.; Marquis de Caraccioli, La jouissance de soi-même, Neuauflage Utrecht-Amsterdam 1959, S. 407; Marie Geneviève Thiroux d'Arconville, De l'amitié, Paris 1761, S. 1 f., 7 f., 80 ff. u. ö.

③ 对此问题的详细论述可比较 Wilhelm P. J. Gauger, Geschlechter, Liebe und Ehe in der Auffassung Londoner Zeitschriften um 1700, Diss. Berlin 1965; 关于爱情和友谊，尤其可参看 S. 59 ff., 147 ff., 291; Lawrence Stone, The Family, Sex and Marriage in England 1500－1800, London 1977, S. 219 ff.

为义务的爱情被转化为作为同情的爱情，和友谊的理想相适应。由此弱化了家庭统治权中的非对称性。不能强迫任何人违背其意志决断进入婚姻，是古老的要求，如今在理性和道德的视角中获得了新论据。

整个18世纪都贯穿了一种努力，要将亲密性符码从爱情移置到“内在的”友谊上。[①] 婚姻亲密化的最初萌芽也包括在这种尝试之内——亲密化不是以爱情，而是以友谊为基础，友谊只是由爱情归纳而出。[②] 于是婚姻中能够以更大力度再次强

---

① 对此也可比较 Albert Salomon, Der Freundschaftskult des 18. Jahrhunderts in Deutschland: Versuch zur Soziologie einer Lebensform, Zeitschrift für Soziologie 8 (1979), S. 279－308; Wolfdietrich Rasch, Freundschaftskult und Freundschaftsdichtung im deutschen Schrifttum des 18. Jahrhunderts vom Ausgang des Barock bis zu Klopstock, Halle 1936, Ladislao Mittner, Freundschaft und Liebe in der deutschen Literatur des 18. Jahrhunderts, in: Festschrift Hans Heinrich Borcherdt, München 1962, S. 97－138; Friedrich H. Tenbruck, Freundschaft: Ein Beitrag zu einer Soziologie der persönlichen Beziehungen, Kölner Zeitschrift für Soziologie und Sozialpsychologie 16 (1964), S. 341－456.

② 譬如可参见 Johann Gottfied Herder, Liebe und Selbstliebe, in: Sämmtliche Werke (Hrsg. Suphan) Bd. 15, Berlin 1888, S. 304 (insb. 311 ff.)：“爱情只应为友谊装填弹药，爱情本身就应成为最内在的友谊。”(313)其他的提示可参见 Paul Kluckhohn, Die Auffassung der （转下页）

调爱情，但前提是，爱情不能作为 fol amour [疯狂爱情]决定配偶选择，而得始终保持为理性爱情。[①] 但是明智之物如今也欢快而愉悦、活泼而得体——相应地，人们试图让爱情摆脱狂热分子和不知足的配偶闹出的种种乖张行径。[②] 充满爱意的友谊简直快让两性区别消失，“la mollesse ayant tout feminisé [柔和把一切都女性化了]”；赢得女人爱情的不是英雄行为，而是 petits soins [细微的关怀]，激情的过度在人们耳际只留有微弱回响：“Il est de la nature de l'amour de ne point vouloir

---

（上接注②）Liebe in der Literatur des 18. Jahrhunderts und in der deutschen Romantik, 3. Aufl. Tübingen 1966, S. 150 ff. 此外，反过来的归纳也经常发生——不管在文学还是现实中：一开始是内在的友谊，然后就娶了朋友的姐妹（比较 Mittner a.a.O., S. 101 ff.）。

① “je veux donc que l'amour soit plûtot la suite que le motif du mariage; je veux un amour produit par la raison [我宁愿爱情是婚姻的后果而不是动机；我情愿要一个由理智产生的爱情]”，关于婚姻的 union intime [亲密结合]在德克拉维叶那里是这样说的，参见 Le Maitre de Claville, Traité du vrai mérite de l'homme, 6. Aufl. Amsterdam 1738, Bd. II, S. 127. 由此可见，英国的影响很明显是被接受了。也可比较 Ian Watt, The Rise of the Novel: Studies in Defoe, Richardson and Fielding, 1957, 5. Druck London 1967, 尤其注意 S. 160 的提示。

② 关于此变化形式可参见 Boudiert de Villemert, L'ami des femmes, ou Philosophie du beau sexe, Neuauflage Paris 1774.

de reserve, mais sa principale substance est le sentiment [爱情的本性是不要丝毫保留,但它的主要质料是情感]。"①

如果从更严格的理论视角出发将实践哲学的传统一并纳入考虑,看起来首先是朝着反身性交际方向更深入地安置社会性(Sozialität)概念的做法,会将爱情和友谊的概念关系(除了友谊的肤浅药方作为婚姻问题的解决方案之外)改变。在友谊和爱情的关系上,传统的概念倾向不利于友谊:爱情是质性,友谊只是关系。爱情也可以存在于和上帝及和自身的关系之中,相反友谊只是在和他人的关系中有可能。友谊因此在伦理问题论述中始终只是个附属物(在《尼各马可伦理学》的结构中即是如此)。但在1700年左右,随着社会反身性成为重新处理自然法问题和伦理问题的出发点,情况似乎有了变化,有一段时间看起来就像爱情和友谊可以相互融合——倘若不是性的恼人问题逼着做出区分。无论如何,现在两个概念发生了竞争,看谁更有资格规定亲密关系的符码。

对社会性的理解得到深入安置的征兆出现得

① 引自 a.a.O., S. 22 f., 21 f. und 119.

分散且隐蔽。譬如古索(Goussalult)[1]对贵族的慷慨大方原则提出批评,这一原则过去或多或少为自身德行的自我描述,移用到市民关系中就可能变成一种剥削原则。他评论说,友谊同时包含了给予和拒绝给予借款,因为真正的朋友断不会剥夺朋友说不的自由。如果倒霉的正是自己,能否对此予以谅解,这恰恰是对真正的友谊的测试。

求婚题材的英国文学给我们提供了另一个例子。这里要紧的不是激情加冲动式的催迫,而恰恰是接触行为的看似不经意。[2] carefully careless [刻意地漫不经心]——邦德街[3]发明的行为模式,如司汤达所说。[4] 即便是被看穿了,也许看穿了更好,它也给了伴侣自由地加入游戏的机会,同时还有好处,即让表演者不至于负担过重。有意地表

① 见 Fléchier a.a.O., Sp. 1046.

② 对此可比较 Gauger a.a.O., S. 281 ff. 但在克里毕庸的小说开头可以发现一个非常出色的图解:Claude Crébillon, Les égarements du cœur et de l'esprit (1736—38),所引版本为 Paris 1961。另外,有一个相对应的现代索引出自 William Samson, A Contest of Ladies, London 1956,见 Erving Goffman, The Presentation of Self in Everyday Life, 2. Aufl. Garden City N.Y. 1959, S. 4 f.

③ Bond Steet,伦敦最富时尚色彩的街道,以英王查理二世的密友托马斯·邦德爵士命名。从 18 世纪以来就是时尚购物者和淘宝者的天堂。——译者注

④ De l'amour a.a.O., S. 153.

演出不经意是一项精细的技术活，只有在社会反身性基础上才能被领会，而其实践绝不会招致失望，因为只有被看破时，它才能履行其功能。[①]

在这类场合，社会反身性还未被高悬为原则，未被系统地加工。但是想法已经在那儿了，已经在开始改造友谊和爱情的决疑论，在论证展开时会时不时地显现——且总是在贵族的价值评判无法移用于平民阶层之时就会显现，这并非偶然。

总体看来还是爱情而非友谊占了上风，最终规定了亲密性符码。为何如此？理由并非三言两语就可以说清。人们却不妨猜测，友谊尽管也经历了私人化，尽管也对日常的和特别的友谊做出区分（托马西乌斯［Thomasius］），然而最终证明它无法和外界分隔，无法让自身分化而出。友谊崇拜中对于德行的痴迷——运用了一种被普遍承认的道德——就暗示了这个方向。此外，社会反身性如今变成了交互作用金律（Interak-

① 在这里，人们正好可以说到一种文化虚构的耐久性测试。有些虚构一旦被看破就会自行瓦解，而另一些即便在此情形中也能保存自身。对此可比较 James W. Woodard, The Role of Fictions in Cultural Organization, Transactions of the New York Academy of Sciences II, 6 (1944), S. 311—344.

tionsmaxime)本身，[①]以至于如果要特别地塑造亲密关系的特殊符码的话，单凭这个视角自身已经不够。尤其还应该想到，性的共生机制支撑着交互作用关系层面的分化，而友谊却没有这一机制可供使用，恰好是这一点将它和爱情相区分。

在普遍意义上，人们可以得出这一结论：1700年左右自然和道德重新被强烈呼吁，象征了一种分化进程回潮、语义创新再次放缓的趋势。然而事情并未发展到这一步。风雅虽说成了牺牲品，爱情却安然无恙。也许是上层阶级的爱情行为太不适合于贴上道德标签。然而，语义学中的变化本身首先就预示了，在严格的社会控制之外，正在萌生的对于个体性爱情关系的兴趣已不可遏止。将爱情回溯到自爱（Selbstliebe），[②]一开始还被认

---

① 比较 Niklas Luhmann, Interaktion in Oberschichten, in: Gesellschaftsstruktur und Semantik a.a.O., Bd. 1, S. 72 ff.

② 典型的就像 Jaulnay a. a. O., S. 9: "Il faut presque d'avouer, que l'Amour n'est autre chose que l'Amour-propre [差不多应该承认，爱情除了真正的爱情就不是别的]。"只有理性能以微弱的声音提出保留，说人们至少可以设想出不感兴趣的爱情。类似的犹豫不决可参见 Madame de Pringy, Les differens caracteres des Femmes du Siecle avec la description de l'Amour Propre, Paris 1694: 自爱作为 droit naturel [自然法权] 不仅是以保存，还是以幸福、以满足为导向的，而它一旦被夸大，就成了所有问题的原因。

为是成问题的，现在已成了通例。[1] 被激活的激情可以顺利无碍地移置到情感上，配备上个体化的诸功能。以此方式，激情型符码的语义学装置避免了瓦解。这套装置在悖论化和暧昧中寻求其统一性，恰恰凭着这一点，它证明自身是靠得住的。[2] 所找到的版本中提供的并非规划纲领，而是和更强烈个体化的阐释相连接的机会。

这个分析证实了一个人们在观念演化理论框架中更一般地表述出来的猜测。观念财产的变体（Variationen）因为其受时代决定的可信性（Plausibilität）而获得成功（在此也就意味着：在沙龙中大行其道），但它们能获得稳定性和可流传性，则是因为被系统化，即是说被带入一种相互关联，在其中它们可以相互确认。[3] 接下来，它们在持续的再生产过程中，同样会允许变体再次出现，新的变体处在适应主流的压力下，只能缓慢地改

---

① 对此可参见 Niklas Luhmann, Frühneuzeitliche Anthropologie, in: Gesellschaftsstruktur und Semantik a. a. O., Bd. I, S. 162 ff.

② 关于此视角下的可流传性的问题，尤其可参见 Vilhelm Aubert, A Note on Love, in ders., The Hidden Society, Totowa N.J. 1965, S. 201－235.

③ 比较 Niklas Luhmann, Gesellschaftliche Struktur und semantische Tradition, in: Gesellschaftsstruktur und Semantik a.a.O., Bd. I, S. 9 ff.

造语义复合体。在此意义上，amour passion［激情型爱情］的古典主义符码在向浪漫主义爱情转化时，仍然保存了那种表象，即所涉及的乃是一个统一性理念（Idee）。统一性的担保并非逻辑，恰恰相反，但同样有效：它是由悖论化来保障的。这种统一性和相互关联的保障形式也许迎合了恋人的情感，可至少是有助于爱情书写者解决描述问题。它维持爱情媒介差不多有两个世纪，仅仅在人们要求爱情成为缔结婚姻的基础时，才变得成问题；因为接下来人们由爱情语义学会被引到这个问题面前，即婚姻是否也要被理解为悖论性制度。

第八章

引导性差异：快感/爱情

在我们进一步关注由交流符码 amour passion[激情型爱情]为人格之个体化提供的出发点之前，我们必须插入两个理论性的中间观察。第一个涉及一种特殊的由象征而一般化的交流媒介之符码。这类符码必须能够履行一种我们称之为信息生成的功能。符码必须将所有发生于其领域的体验和行动变成可供把握的信息，并为其配备好与下一步体验和行动相连接的价值。

所谓信息，拿格里高利·贝特森(Gregory Bateson)的一句经常被引用的格言来说，就是"a difference that makes a difference[一个能造成差异的差异]"。[①] 不管差异在本体论—形而上学意义上的地位为何，也不管它可否具体化为"书写"

① Steps to an Ecology of Mind, San Francisco 1972, S. 315. 也可比较 S. 271 f., 489 f.

（德里达）或类似的东西，总之：差异操纵着可以让信息变得可接受的敏感性。只有超越了纯粹事实性，而体验到“是这样而非其他”，即是说，在一个差异图式（Diffenrenzschema）中得到定位，在此情形下才会发生信息加工。当差异生成信息时，是作为统一体发生作用的；但它并不规定哪些信息会出现，它们又会引发哪些选择。也就是说，差异不会限定一个系统，而是专门指定并扩展其自我限定（Selbstfestlegung）的可能性。语义学符码精确规定种种差异，差异又成为将某物领会为信息的基础；但它们自身只有在信息加工的过程中才具有实在性，只有通过这个过程才能对系统发生影响。从演化理论视角来看，社会系统随时准备进入信息加工，它通过差异的分化（Differenzierung von Differenzen）将此意愿陶冶得更精致。差异切合于特定的功能或交互作用态势，从而具体指示，事件要获得信息价值，可以和哪些其他可能性相对照。[1] 一种爱情的语义学符码的分化而出，就是一个好例子。

---

① 对此问题也可比较 Reinhart Koselleck, Zur historisch-politischen Semantik asymmetrischer Gegenbegriffe, in ders., Vergangene Zukunft: Zur Semantik geschichtlicher Zeiten, Frankfurt 1979, S. 211—277.

通过这些普遍的理论设想首先可以知道，交流媒介的分化而出通过化简到一个基本的语义差异而实现，与这一差异相关联，在该媒介领域发生的一切，都可以被视为选择，并由此被视为信息。由功能角度视之，一种交流媒介越是能成功地将众多的相关对立化简为一个中心差异（这一中心差异让所有其他区别和对立变得可以理解），则交流媒介的统一性就越强烈地呈现出来。通过这样一种化简，看似南辕北辙的对立物可以同时被获得：借助在其中占统治地位的获取信息的图式，交流领域得到精确规定，而同时交流自由度也被提升，以至于产生了更多可能性，以适应周围情况和种种个体性意图与倾向。

存在着一系列交流媒介，它们赋予其中心差异一种二值图型论（Schematismus）的形式。人们可以联想到譬如真理符码的逻辑结构或公正与不公正的差异。这对符码领域中信息加工之广泛的“可技术化”（Technisierbarkeit）有好处。在其他情况下，一种公开的二元评判模式履行着同样功能，譬如说政治符码中进步和保守选项的差异。[①] 而

① 要进一步了解此问题，可参见 Niklas Luhmann, Der politische Code: “konservativ” und “progressiv” in systemtheoretischer Sicht, in ders., Soziologische Aufklärung Bd. 3, Opladen 1981, S. 267－286.

在激情化爱情符码的语义学结构中，寻找一种精确的类似之物可谓徒劳。弗朗索瓦·德·卡里耶(François de Callières)试图将这一符码也回溯至一种逻辑结构，[1]他的尝试还在当时语境下就已显得迂腐和不合时宜。此处生成信息的中心差异采取了不同的，然而在功能上全然等效的形式。它由 plaisir [快感]和 amour [爱情][2]的差异构成。

爱情语义学在 17 世纪确实发生了根本性变化，被更强烈地统一化同时也更强烈地分化而出了，这一事实从符码功能的视角看来尤为明显。在爱情关系中发挥作用的诸多区分，例如两性的区分、老少的区分以及每一次的被爱者和其他所有人的区分，都被 plaisir [快感]和 amour [爱情]的中心差异在语义上覆盖，混杂了新的偶在性。快感和爱情的区分产生了一种对于该交流领域来说特殊的信息需要，同时也产生了一种信息获得的特殊结构；它产生和强化了一种仅仅针对该相关性领域(Relevanzbereich)有效的对于区分——这些区分不会应用于其他语境——的敏

---

① A.a.O. (1668).

② 我们最好让法语术语保持原样，因为 plaisir 是一个无可翻译的词语。

感性。由此，它赋予了众多事件或行动一种信息价值——譬如作为有别于 plaisir [快感]的爱情之症候或信号——置换到其他应用语境，这些事件或行动可能完全不被注意或被赋予其他价值。

这种向一个差异的集中如何实现？有哪些语义学手段服务于这个功能？

和传统相比较，最引人注目的是引入了 plaisir [快感]这个人类学基本概念，且作为人类学基本概念被置于道德评判之前。由此，在社交往来中几乎是强制性的向女人献殷勤，风流韵事对于生而为 honnête homme [正派男人]的必要性[①]，以及接踵而来的真假爱情区分，都统一于一个共同能指，在关于人本身的一般陈述中固定下来。在或风雅或功利的求爱形式中，在或真诚或假冒的爱情中，人们至少要寻求 plaisir [快感]，既是自己的也是另一方的 plaisir [快感]。plaisir [快感]就是生活的公式，然而不同于传统编码中的“善的生活”，它立于主观事实性(Subjektive Faktizität)的基础之上，而缺少内在的标准。凭借 plaisir [快

① 专门针对此问题的有 Garraud a. a. O. (1971), S. 47; Rouben a.a.O. (1971), S. 65.

感]人才成其为主体。这就意味着：plaisir [快感]事实和思维事实一样无可置疑，不管它在运作时是带着正确还是不正确的表象，使用了诚实还是不诚实的手段。plaisir [快感]就是 plaisir [快感]。如果某人声称体会到了 plaisir [快感]，去反驳这人是毫无意义的。即是说，在 plaisir [快感]中主体不需要任何标准，就能确认其 plaisir [快感]；在此主体能够以一种无标准的自我指涉确认其自身。[①] 即是说，此处断不会有那种晦气的真假恋爱之二元性，而在社会交往中因为要考虑他人的行为，这种二元性总是叫人揪心的。在前已引述过的《论爱情之激情》(Discours sur les passions de l'amour)[②]中，这一点得到了无比清楚的确认："Un plaisir vrai ou faux peut remplir également l'esprit; car qu'importe que ce plaisir soit faux, pourvu que l'on soit persuadé qu'il est vrai [快感无论真假，都同样能充实心智；因为就算这份快感是

---

① 自我意识的独异性在于，在关系到自我本身时不需要任何标准，可参见晚近对于此问题的讨论，尤其是 Sidney Shoemaker, Self-Knowledge and Self-Identity, Ithaca N. Y. 1963; Shoemaker, Self-Reference and Self-Awareness, Journal of Philosophy 65 (1968), S. 555—567.

② 引自 L'Œuvres de Pascal (éd. de la Pléiade), Paris 1950, S. 312—323.

假又有何要紧，倘若人们认定它是真的］？”①

不仅是对他人，就算是对主体自身也没有控制自我指涉的标准。对于其快感，主体自己也不能否认，不能鄙视，不能从世界上抹去——除非是这种努力刚好又能带来快感。在司汤达作品的关键处有这样一说：“L'homme n'est pas libre de ne pas faire ce qui lui fait plus de plaisir que toutes les autres actions possible［如果人不做能给他带来比所有其他可能的活动更多快感的事，那他就是不自由的］。”②即是说，面对自身的 plaisir［快感］终究是没有自由的，因此就算是主体也不可能化简为自由。但是人们可以享受痛苦，可以带着 plaisir［快感］从事对 plaisir［快感］的排除：从吝啬一直到自杀，而在此意义上，amour passion

---

① 真和假的区分尽管被说成是毫无意义，却仍然被使用着，这就证明，要深入认识无标准的自我指涉的事实性颇有困难，而此处则是尚不完整。此外，端庄淑女绝然地表达了相左意见：“Il ne peut y avoir de vray plaisir dans les plaisirs criminels［在犯罪者的快感中不可能有真正快感］”，玛德莱娜·德·斯居德雷如是说，见 Madeleine de Scudéri, Des plaisirs, in：Conversations sur divers sujets Bd. I, Lyon 1680, S. 36－64 (56). 但是该意见表达的锋芒所向仅仅触动了论证的表层，因为玛德莱娜·德·斯居德雷仍然称罪犯的快感为快感。

② De l'amour a.a.O., S. 16.

[激情型爱情]和享受痛苦获得了密切联系。受虐狂形象的最终登场,让自我指涉原则圆满地达成总体性,可谓顺理成章。这就类似于,面对自身的自由既然无法实现,就以自我折磨取而代之。

如果 plaisir [快感]展示了自我指涉的这种直接性,这对于社会关系会有深远影响。感受可以不需要"正确性"的标准,在此意义上无可矫正地(unkorrigierbar)登场,对此的陈述却只能在另一个自我指涉系统——即社会系统——的语境中产生,陈述因此无法让那种无可矫正性和自身相关联。[①] 陈述是可能出错、可能骗人、可能被反驳的。但尤其是、恰恰是 plaisir [快感]的非反身性激发了反身性的社会使用,也就是在周围人的体验和行动中的使用。在 plaisir [快感]状态之下,一个人能被特别清楚地观察和窥探,此人得意忘形,欢喜得飘飘然——然后就特别容易被他人的犀利目光捕获。[②] plaisir [快感]让人在他人的观察和摆布

---

① 对于无可矫正的"知识"的讨论却在术语上掩盖了差别。对此罗蒂做出了澄清,参见 Richard Rorty, Der Spiegel der Natur: Eine Kritik der Philosophie, dt. Übers. Frankfurt 1981, 譬如 S. 112。

② 这种情况见 d'Alquié, La science et l'école des amans a.a. O., S. 87 ff.

面前毫无抵抗力。art de plaire［取悦之术］成为一种实验和观察技术的要素，成为一种上流社会关系之危险领域中的侦察策略。① 从这一角度来说，plaisir［快感］的培育和激情化爱情完全相反，是一件需要冷血和三思而行的事情。② 其算计的基础恰恰就在于 plaisir［快感］那种明确的无可置疑性。

自身感受到的 plaisir［快感］的无可置疑性会转移到社会行为上，如果行为是要努力讨人喜欢。意图和技术都旨在达成此目标，因而是毫无疑义的。③ art de plaire［取悦之术］的社会调节——在

---

① 小克里毕庸小说中的凡尔萨伯爵(Comte de Versac)就是这样建议的，见 Crébillon (fils), Les égarements du cœur et de l'esprit, a.a.O., S. 172.

② 这一差异在德·维里耶那里被异乎寻常地着重强调，见 de Villiers a.a.O. (1695), S. 130："Un homme qui ne sent point d'amour place bien mieux qu'un autre ces soins qui engagent les femmes: plaire est un art qui demande du sang froid et de la raison pour y réussir, la passion qui oste l'un et l'autre n'est gueres capable d'apprendre et de suivre les preceptes de cet art［一个不能感受爱情的男人反而比其他人能更好地表达关怀，俘获女人：取悦是一门需要冷血和理性才能成功的艺术，融化彼此的激情几乎无法学会这门艺术，遵循它开的处方］。"

③ 与此相区别，对于接近之无意性的故意表现方面的(也许是英国式)创新，可参见上文 S. 104。

17世纪后半叶和 raison［理智］的引导同样重要[①]——就此开始。它关涉到感受快感的主体，而非某种有待运用的道德，也不再关涉从荣誉和声名角度来说的自我实现。以此方式，在宗教和道德的行为调控日渐式微之时，人类学的确定性转化为了社会行为——而且恰恰是在爱情语境中！关于爱情不管有多少不确定性：有一点倒是可以确定的，即卖力讨好总是招人喜欢，且它的标准就携带于自身之中。在什么(was)能讨其欢心的方面，殷勤讨好的领受者拥有绝对主权，然而如何(wie)讨其欢心，毕竟还是学得来的。

和社会性延展相对的是 plaisir［快感］在时间上的短暂化。plaisir［快感］只存在于被体验到的片刻，也只为了这片刻存在。在销魂一刻，时间延伸却是作为变换的必要性被一道经验的："Chaque plaisir est passager, il le faut prendre à son passage［每一快感都是匆匆行旅，宜置之于其道］。"[②]这在现在不止意味着 carpe diem［及时行乐］的药方。由此，自我的确然性本身被时间化了，在"尚

① 莫奈就是这样判断的：Mornet a.a.O.，S. 97 ff.，这大概仍然是关于此主题最佳的整体描述。

② 参见 Le Pays a.a.O.，S. 349.

未”(noch nicht)和“不再”(nicht mehr)中变得同样地可疑。在此背景之下，正如前面提及的，爱情的持久性必然变成一个反事实性论断——那种天长地久的誓言，虽说只是在片刻中算数，在此一刻却是必需的，否则无法抗衡对于反复无常的意识。

也就是说人们必须从 plaisir [快感]出发。plaire [取悦]因此就成了赢得(或真或假的)爱情之(或诚实或不诚实的)手段。plaisir / plaire [快感/取悦]的语义统一却掩盖了这一事实，即无标准之事实性的人类学论据并不能(或者无论如何：不能轻易地)移用到社会系统上。[1]在 plaisir/plaire [快感/取悦]的概念性(Begrifflichkeit)中，人类学基础和社会性调节(Regulativ)之间的这种紧张关系显现为自然和技艺的必要统一。主体作为技能出众者被欣赏，而最完美的境界就体现在，它讨得欢心的技能如自然一般。恰恰是竭力讨好的 procedé de la galanterie [风雅做派]作为社会导向的、意向性的行为却招来了对于动机的怀疑，激发了对于标准的寻找，有了标准才能区分诚实和不诚实的行

① 关于此问题可参见 Dieter Henrich, “Identität” — Begriffe, Probleme, Grenzen, in: Odo Marquard / Karlheinz Stierle (Hrsg.), Identität, München 1979, S. 133－186 (178).

为。然后，卖弄风情就在这里分岔出来，成为让崇拜者人数无限增多，却防止自身跌入爱河的路径。[①] 卖弄风情从被欺骗的预期出发，故而以欺骗为回应，所有这些都处在 plaisanterie［戏言］的不透明媒介中，在既无可置疑又是共有的对于 plaisir［快感］的兴趣之基础上。但是也可能发生这种情况，即不知不觉竟跨过了爱情的门槛，[②]悲剧亦由此开演。

plaisir［快感］就其本身而言并非交流媒介，因为它脱离了接受或拒绝的问题。在此意义上，art de plaire［取悦之术］乃是无差异的、普遍可践行的社会技术，它在任何情况下都能镇定自若。它给行为披上社会性外衣。在其庇护之下，人们可以战无不胜地行动——一步步逼近爱情。正因为如此，人们一旦想要跨过通向爱情的门槛，就不可能悬崖勒马，而献殷勤的嗜好尽管是社会关系

---

① 康特纳书中有一封堪称典范的信件，可以让人对卖弄风情的技术配置和气质以及风险获得一个很好的了解，参见 Cantenac a.a.O. (1661), S. 199—206.

② 在此背景下，恰恰就是这一点——将卖弄风情诱入爱情——又反过来被视为爱情艺术的杰作。“Si l'on peut espérer à la fin de se faire aimer d'une coquette［是否人们希望最终得到一个卖弄风情的女子的爱］”是拉布坦尝试回答的问题之一（引自 Mornet a.a.O., S. 34）。在这里可以看得特别清楚，差异是如何和差异相连接，以便将知觉和雄心引向更高的低概率性方向。

的形式，却会在夸张中摧毁自身，[①]这和爱情何其不同！爱情可能在与之相区别的交流中乔装改扮，却能够承担起一种由象征而一般化的媒介之功能，也正因如此会服从于一系列补充条件，在这些条件的框架中卖力取悦至多算一种前戏。

如果人们不单在真实和假冒的爱情之间作区分，而且将作假本身又区分为拟真和掩饰时，就在精细化道路上迈进了一步。于是就能看到一种双重伪装：模拟（Simulieren）（没有感受到的）爱情和掩饰（Dissimulieren）（感受到了的）爱情。[②] 两者

---

① 在讽刺短诗“虚假的献殷勤”（Fausse complaisance）中柯丹以此为主题：“Il est vray, ie ne m'en pui taire. / Tyrsis pour moy n'a point d'appas; / Son exceßif desir de plaire, / Est cause qu'il ne me plaist pas [是真的，我无法沉默。/ 提西斯对我毫无吸引力；/ 他讨我欢心的过分渴求，/ 就是不能讨我欢心的原因]。”（A.a.O. Bd. 2, S. 528）

② 可参见 de La Bruyère a.a.O., S. 125.那里对此是这样说的：“Il arrive quelquefois qu'une femme cache à un homme toute la passion qu'elle sent pour lui, pendant que de son côtè il feint pour elle toute celle qu'il ne sent pas [事情有时是这样，一个女人对一个男人隐瞒了她对他感到的全部激情，而在他那方面，他对她假装出他没有感到的全部激情]。”这位作家在整体上如今被认为是个道德主义者，从他诸如此类的表述中也很容易读出，新的“文雅”（Raffinement）和对于社会反身性的注视目光，是如何消解了理想主义和冷嘲热讽、在妇女问题上神秘主义传统和高卢人传统的旧差异的。

都能——尤其在相互配合时——制造足够的 obstacles [障碍],以便爱情关系能顺利起步。

不管 plaisir [快感]和 amour [爱情]有多少差别,plaisir [快感]才是最终的执牛耳者。它决定了爱情会持续多久。爱情结束于不再能提供 plaisir [快感]之时。“L'amour ne lie qu'autant qu'il plaît [爱情只有在悦人时才起到联结作用],”M 侯爵夫人的一封信上是这么说的。[1] 恰恰对于还在恋爱中的人来说,所有佯装天长地久的做作都是无法忍受的。如果 plaisir [快感]之源枯竭,就算是诚实的爱情也无力回天。它必然会让爱情变成义务,而这恰恰违背了将爱情和婚姻相区分的编码规则。

符码因此基于一种高度复杂的语义建筑术。爱情在与之相区分的交流中不会以真面目示人,真假爱情的差异就其自身来说基于 amour [爱情]和 plaisir [快感]的差异,而后一差异自身又被用来表述一种人类学自我指涉和社会实现之间日益增长的差异。或者反过来说:将人格反身性和社会反身性更强烈地分隔开,乃是

---

① Crébillon (fils), Lettres de la Marquise de M. au Comte de R., a.a.O., S. 203.

由社会结构导致的需要，这种需要就表达为plaisir［快感］和amour［爱情］的区分，这一区分本身又让依据爱情中是否有plaisir［快感］来区分真假爱情行为成为可能，其间，对于事实性爱情关系中信息的具体敏感性就通过此区分而受到调控。这一系列转换相互关联，有助于赋予社会结构性起始条件以一种语义学塑形，这种塑形让一种符合起始条件的信息解读得以成立，而社会结构——它趋向于将命运更强烈地个体化——并不需要一道成为主题，从而招致可能的否定。

如果信息在一种语义固定了的差异的语境中产生，所导致的效果首先是，幻想、虚构、否定物(Negatives)也就获得了因果性基础。某样东西可能产生引发行为的效果，尽管它并不存在，可能还恰恰因为它不存在。系统将其可激发性(Anregbarkeit)扩展到了否定物之中(这自然以内部的自我指涉性结构和过程为前提)。同样地，如果差异图式让人预期或希望有一种改变，则纯粹的不可改变就获得了信息价值和因果性。单单是情人的长期缺席，也终究会让人对其爱情得出结论，引发下一步反应——如果对于真有情或无所谓的预期在引导这种解读的话。[1] 特别是在爱情事件中,即便人们知道那是幻想,也可以任由这些幻想决定自己的行为,而且预期伴侣同样会这样做。“过度”、溢美、一面之词本身都会被洞悉而变得透明,但还是会被采纳为动机,去获取相应的(正面或负面的)信息,让这些信息牵着自己的鼻子走。继而幻想和实在的差异本身就会成为实在,而符码恰恰是将这一点论证为爱情——爱情超越了单纯 plaisir[快感]。

语义差异的这种排列方式,也许最重要的直接后果就是(在前一章中已经探讨过的)爱情的时间化。当前一刻和过去与未来的时间性差异让幻想和实在的差异变得可信。相应地,爱情统一体被要求成为片刻和持久的统一体,成为悖论性的具有永久价值的一瞬间。[2] 即便在这里,悖论也仅

---

① 关于这一主题的丰富文献通常可以总结为,缺席在任何情形下都会改变恋人的处境:短时间的缺席可以提升爱情(特别是因为书信给予了可能性,将爱情表述为比身处在场者中时有更强的可能性)。反之,长时间的缺席会造成怀疑、冷漠和破裂。譬如可比较 Jaulnay a.a.O., S. 86 ff. 也可参见 Bussy Rabutin a.a.O. (1972), S. 374:“L'absence est à l'amour ce qu'est au feu le vent. Il étaint le petit, il allume le grand[缺席之于爱情犹如风之于火。它让小火熄灭,而让大火燃旺]。”

② “Tout est siecle pour eux, ou bien tout est moment[一切对他们而言都是世纪,或一切就是一瞬]”,拉布坦那里是这样说的:Bussy-Rabutin a.a.O., S. 238.

仅是在表述中将差异融为了统一体，而差异必须作为差异发挥功能；但是悖论始终依赖于这一事实，即爱情作为过程展开，赋予所有待处理的信息一个时间性位值（Stellenwert）。

每一桩爱情都有自己的历史－故事（这里倒还不一定意味着：一个个体性的、独一无二的、无可比拟的历史－故事）。它有一个开端和一个结局，其间是起伏的过程，差异图式的相关性会在过程中变动。众所周知，在爱情关系的开端，当爱情的社会确实性还不存在时，主要依赖的是 plaire［取悦］。[1] 然而正是以此方式，真假爱情的差异也被强力贯彻，人们被逼着根据这第二种差异去细细考察献殷勤的努力，从而获取信息，直到后来献殷勤努力的衰减发出了首批信号，表明真爱已开始熄灭。[2] 爱情遂过渡到一种不真实的、只是勉强维持的爱情关系，人们在其中寻找可能暗示一种

---

① "C'est par la complaisance qu'on commence tous les projets amoureux［所有的恋爱事业都始于献殷勤］。"（Receuil La Suze — Pellisson a.a.O. Bd. I, S. 258）

② 我们在前文中就已见识了，追求上的逐渐松懈也会作为策略被利用，以便小心备至地传达这一信息。在特定阶段所需的可能信息，同时也总是可能的交流。在事实情况高度明了的情形下拒绝这种交流——这就是贡斯当《阿道尔夫》的主题。

终结意愿的信息。在开端时是一种习俗意味更多(也正因为此而难以阐释)的 art de plaire [取悦之术]在规定情境,这一事实也表明:人们可能开始了爱情,却并不知道那是爱情。[①] 尤其是在进行言语调控时,风雅具有一种志在 plaire [取悦]、涵盖了真假爱情的形式;但如果是真的爱情,风雅就同时还带有一重隐含意义。这一来,障碍就被赋予了让爱情被意识到的功能,进一步的障碍被赋予了让爱情接受考验的功能。可能一开始只是礼尚往来的友谊和互相致以好意,过了一段时间才发现那是爱情,可惜为时已晚。可能弄假成真地相爱,也可能被自家的风雅诱入罗网,错过了撤退的最佳时机。人们对卖弄风情心存畏惧,首先是因为它会过快地把关系带入虚假爱情的形式。终点站就是漠然无差异(Indifferenz),这也意味着,人们如今必须利用真假爱情的差异来获取截然不同的信息了,也就是说,用来冷却关系和回避如今已不再合宜的冲动反应(Affektreaktionen)。

凭着这些和许多类似的观察,就不仅能描述出一个典型的恋爱的进程历史一故事;同时还可

---

① 这会延长爱情关系的持续时间,这一看法见于 Discours sur les passions de l'amour a.a.O., S. 319.

以——在我看来：是历史上头一回——演示，进程本身就改变着决定信息获取和阐释的条件，另外也演示了，哪些差异图式对于哪些信息是可以启动的，决定于进程达到的阶段。从 plaire［取悦］向 amour［爱情］过渡的过程中，才产生了希望和不安，产生了真爱和假爱的交替。此一种差异由自身释放出彼一种差异，却并未让自身就此消失。[①]爱情语义学的全部结构在时间中展开自身，由此，对于符码的任何一种占用（Inanspruchnahme），其自身都免不了会有一个时间位值。过程就是主宰差异的专制君主，它利用差异来获取信息。

正因为如此，激情化爱情符码不需要任何道德论据，不需要在社会秩序的永久性保证中锚泊。不妨这样说，它的论据就是生命的短暂[②]——而非

---

① 因为人们一再地强调，即便是对于业已实现的爱情，不断供应新的快感，效劳和施恩（要更多地从常规意义上去理解）的交换，也是不可或缺的。amour［爱情］绝不是让一个所有的 complaisance［献殷勤］都变得多余的更高发展阶段。譬如可比较 Receuil La Suze — Pellisson a.a.O. Bd. I, S. 255.

② “Representez vous［要表现您自己］，”巴利（René Bary）警告那些怯于恋爱的人，“que la jeunesse n'a point de retour; que l'age qui la suit n'a point de consolateurs［青春不会再来；随后的年月是不会令人快慰的］”（L'esprit de cour a.a.O., 1662, S. 73）。相反，如果人们在不久后以远期前景和利害平衡为自身导向，重新的道德化就会来临：（转下页）

生命的永恒。之所以做出选择，是因为存在眼前一瞬间和之前及之后的差异，而非为了达成稳定性。在这里，选择功能如此鲜明也如此不同寻常地从稳定化任务中解脱出来，同时，当后来的人们在浪漫派的激情化意义上，将爱情视为进入婚姻的前提时，也还是保留了其某些余绪。

当然此处也需要说明，如此大胆的语义革新也趋向于再度规范化。其概率性仍然极低，回复到某种朴实的认知性及道德性差异因此就是概率很高的。另外，援引 honnête homme [正派男人] 的阶层特性作为解决区分难题的方案，[①]1660 年左右尚有可能，然而在 1770 年后已越来越没有说服力了。譬如有一本 1715 年匿名(署名为 L. B. D. P.)发行的著作[②]将真假爱情的对立如此呈现，就好像那是一种客观质性间的区别。与此相匹配的要求就是，避免虚假的爱情。纯洁的爱情虽说总是真的，然而人心的败坏会导致种种扭曲变形，

(上接注②)"Qui commence à aimer, doit se preparer à souffrir [谁开始恋爱，就要准备好受苦]，"德・迈易警告说(de Mailly a.a.O. (1690), S. 61)。

① 比较前面第六章提及的文章《爱情的辩解》(La iustification de l'amour)。

② Anonym, Les caracteres du faux et du veritable amour et le portrait de l'homme de lettre amoureux, Paris 1715.

它们必须被揭发和受谴责，而这就是作者不遗余力地要做的事情。可以看出，虽说获得了一份可供忏悔用的缺陷形式的清单，然而，恰恰是那些作为爱情自身道德（Eigenmoral）的复杂差异结构在社会和时间两方面所获得的东西，在此处并未得到保持。

第九章

爱情针对理性

对于将亲密关系编码并为此运用 plaisir / amour [快感/爱情]差异的尝试,我们对其结构已进行了一番必要分析,现在就可以涉入第二个同样非常根本的问题——这一符码之分化而出的问题。我们还是留驻于历史语义学层面,注意力聚焦于一个对于此目的来说特别有价值的简短文本,即《爱情和理性的对话》(Dialogue de l'Amour et de la Raison)。[1]

这个《对话》要放在理性有序的爱情之传统理想背景上来解读。[2] 这个理想如今被解散,成为一

---

① 比较 F. Joyeux, Traité des combats que l'amour a eu contre la raison et la jalousie, Paris 1667, S. 1—23. 同一文本我们引自 Le Pays, Amitiez, Amours, et Amourettes, erweiterte Auflage Paris 1672, S. 43—58. 也可比较 Receuil La Suze — Pellisson a.a.O. Bd. III, S. 127—158.

② Caritas ordinata, amor rationalis [合规的博爱,理性的爱情]。对于这个在其自身中内容丰富也贯穿着 (转下页)

种理性和爱情的对立，它不再容许科层制加驯化式的解决方案，而只容许以某种社会反身性方式去映照相互抵触的利益——而所据的原则每一次都会不同。为了呈现这一点，叙述中让爱情和理性的拟人形象说话，即是说，形式上驻留于寓言化处理的层面。① 对话内容为某位女士的沙龙中的争论，作者假设，这位女士和爱情与理性双方都维持着极佳关系。关键之处是，理性在对话中代表着在其结构性要求中已被固定的社会。在理性需要维护的两个中心点上尤其如此，即：儿女的配偶由父母（父亲）决定，以及婚姻和亲密关系的门当户对。理性一方自不待说，便是爱情其实也很明白这个道理：这些都是理性的要求。如果它们得不到遵守，就难以想象一个社会的存在，理性因而有很好的理由，埋怨其间不停闪现的爱情的非理性冲动。在理性看来，就好像爱情逃离了所有的

（上接注②）争议的传统（托马西乌斯还试图延续此传统），我们此处无法进一步深究。要详细了解可参见 Werner Schneiders, Naturrecht und Liebesethik: Zur Geschichte der praktischen Philosophie im Hinblick auf Christian Thomasius, Hildesheim 1971.

① 17 世纪广为流传的习俗是，借助寓言化（Allegorisierung）将事实关系表现为社会关系，以此方式将反身性引入社会关系中。此处就是一个很好的例子。

理性控制，以便在非理性之物中玩它那套不负责任的把戏。

爱情针对这种指责祭出了自身的理性根据。这些根据从根本上立足于这一断言，即它拥有自己的领域，即是说，自己的统治要求。如果父母在决定孩子们的婚姻之前不和爱情商量，就会铸成大错。至于说到阶层差别，以及超越等级界限的爱情的致命后果，爱情的关键性论据是，爱情能让相爱者变得平等，刚好扬弃了阶层差别："À mon égard je les toûjours égaux, quoy qu'ils ne le paroissent pas aux yeux de ceux qui ignorant mon pouvoir et mes mysteres [在我这方面，我让他们变得处处平等，尽管在那些忽视我的权能和我的神秘的人眼中，他们并不是这样]。"[1]基于其王国和权力的特别性，爱情能够展示其自身的理性(而理性的恋爱能力到对话结束时也还是纯粹的空头愿望，只能回头向女主人风雅地诉出)。

爱情始终能够意识到，它无法和理性竞争，因

---

① A.a.O., S. 56. 拉托谢那里对爱情力量的测量，乃是以爱情向下和向上克服差距的能力为依据，参见 de La Torche, La toilette galante de l'amour a.a.O. (1670), S. 179 ff. 作为对这个主题的 questions d'amour [爱情提问]，也可比较 Comtesse de Brégy a.a.O., S. 111 f.

为理性承担了一种普遍管辖权。爱情无法从它手中抢走这一职权。但也正因如此——这才是论证的杀手锏——理性就不能要求绝对的统治权。普遍主义(Universalismus)和绝对主义(Absolutismus)是相互排斥的。

> Et c'est ce qui rend mon empire bien different du vostre; car vous ne scauriez rien ordonner en Maitresse absolue, puis que vous estes obliges de render raison de toutes choses. Mais pour moy j'agis en Souverain, et ne rens raison que quand il me plaist [这就是让我的王国迥异于您的王国的东西;因为既然您被迫对所有事物都讲出个道理,您就压根不能作为绝对统治者发号施令。而我是作为君王行事,只要我高兴,不需要讲道理]。[①]

这个论据在理性看来简直就是有意挑起武力冲突,于是气冲冲地打断了谈话。

这场对话可以轻易地转译为社会学的理论语言。社会必须放弃对于亲密关系的"理性的"(这

① A.a.O., S. 57.

就是说，以社会自身为辩护根据的）控制，但它作为社会的实存（Existenz）并不会因此就受到否认或者被暗中破坏。[①] 在变得愈益复杂的关系下，普适性诉求和总体性诉求必须分离。只有在某些特殊视角下，还能要求总体性的意义赋予，而在爱情中——就像我们从他处所获知的——也只有在片刻间能达到。另一方面，恰恰是在这种普遍管辖权和总体性冲动相分离的条件下，那种对于爱情来说至关重要的诉求和满足的提升才有可能。

凭着这些理由爱情要求获得优先权。这种优先权以专制君主的口吻被提出："因为我高兴这样。"[②]与此相应的是编码过程中的大量悖论，而且这些悖论不但不会陷入逻辑上的困境，反而是作为被意欲的形式来向人炫示的。但这并不意味着，爱情有办法溜出社会，随心所欲、目无法纪地行事。恰恰相反，它自己也要援引理性的根据。

---

① 所以人们也发现了这样的论断，认为爱情强占了本来属于理性的畛域——如 Comtesse de Brégy, Œuvres galantes a. a.O., S. 113.

② 这又属于在 1653 年后流行的地理－政治寓言——Cartes de Tendre［爱情国地图］等——的领域。作为众多同类例子的代表可参见 Louis Moreri, Le Pays d'amour: nouvelle Allegorique, Lyon 1665.

> L'Amour a des raisons qui valent mieux que celles de la Raison mesme[爱情也讲道理,这些道理比理性本身的道理更值钱]。[1]

只有被逼入冲突时,爱情才会诉诸其专制主权。它只顺从于其自身,按照在 amour passion[激情型爱情]符码中表述出来的自身法则行事。

最终,人们都注意到,理性年老,爱情年少,对于双方的冲突,爱情不仅有更强的论据,也有一个更好的全局视野。对于爱情的论据,理性只有招架之功,斥之为吹毛求疵、神经过敏;最终正是它而非爱情,退到了墙角,图穷匕见。理性原本代表着阶层化的社会塑造,待它变成了冲突方之后,就没有决定冲突的权威了,而且人们必须得问自己,这样一种权威是否还能担得起理性的头衔。

说千道万,在 17 世纪发生的爱情和理性的对话中,念兹在兹的不过是主张有一个自己的领域、一套自己的逻辑和一种对于人类行为的专制性支配。爱情要求得到承认,要求有一种自身的道德地位。这就相当于说,它自己作为躁动之源却不希望受到任何打扰。只是到了大约 1760 年之后,

---

① A.a.O., S. 48.

这一要求才变得越来越咄咄逼人。道德性习俗本身遭到了攻击。同时爱情拓展了它的剧目单：三角恋、角色交换、自由支配自己的身体、不伦之恋——只要得到了伴侣同意，就什么都允许；只有对他人造成伤害的，理性才能加以禁止。

第十章

通向个体化的路上：18世纪的酝酿

对于一种 amour passion [激情型爱情]的特殊符码的语义结构和分化而出过程做了一番插入性阐述之后，我们再返回这个问题：这一发展是否关联于，又在多大程度上关联于一种更强烈地将当事者的个体独异性纳入考虑的趋势。爱情语义学（不同于关于友谊的表象）最显著的特征之一是排他性。一般认为，人在同一时期内只能真正地爱上一个人，在这一点上存在着广泛共识。[①] 是否一生中也只可能爱一次，也在讨论之列；多数人持否定态度，理由是不合于恋爱不止的信条。

只要人们还把爱情理解为在他人中神秘地失掉自身，排他性要求就完全处在符码范围之内，因为一个人除非分身有术，否则怎么可能让自身消

---

① 这一类的共识当然也会激发出矛盾。可比较柯比内里对种种表述的汇编：Corbinelli a.a.O., Bd. 2, S. 164 ff.

失于若干个情人之中？亲密性符码内的重心转移却让这种想法受到冷落。符码的所有特征，尤其是过度的信条、恋爱不止的义务、美貌的刺激功能，就本身来说都和排他性要求背道而驰。尽管如此，这种一致性（Konsequenz）并未得到贯彻。[①]虽然在表现形式上违反逻辑——达利伯雷（d'Alibray）称之为 superstition religieuse［宗教迷信］![②]——排他性要求却担负了系统塑造的一项重要功能：它象征着每一次恋爱关系都需要一个新开端的要求。只有这样，亲密性符码才能起到系统催化剂的作用。逻辑上的断裂并不会造成麻烦，因为它是功能性的。

然而，17 世纪这种将爱情局限于二人关系的做法，尚不能解读为爱情关系个体化和人格化的表达；它被视为——在古代就已是如此——让情

---

① 谁要想提醒有这种一致性存在，需要写一整本书，譬如可参见 Charles Vion d'Alibray, L'amour divisé: Discours academique. Où il est prouvé qu'on peut aimer plusieurs personnes en mesme temps egalement et parfaitement, Paris 1653. 相反，排他性的声明只要一句话就够了。论证负担的这种分配比论证本身更能够显示出，不管有多少种引证，哪一种才是可信的。

② A.a.O., S. 18.

感提升得以实现的化简。[1] 化简和提升的这种关联后来被用于加深爱情关系的人格性个体化，但在一开始人们能想到的，还只是爱情本身的完美性提升。

对于法国古典主义来说，个体性要求也属于恋人的幻象世界的一部分。爱情在这方面同样依赖于自我欺骗，到后来就会发现，这也不过是一种幻觉。在德内莫公爵(Duc de Nemours)透露的秘密中，克勒芙王妃最终了解到，她也不过是爱上了一个和他人一样平常的男人，而这个男人也把她当成和所有其他人一样的女人来对待：他拿她的爱情来吹嘘自己！“J'ai eu tort de croire qu'il y eût un homme capable de cacher ce qui flatte sa gloire. C'est pourtant pour cet homme, que *j'ai cru si différent du reste des hommes*, que je me trouve *comme les autres femmes*, étant si éloignée de leur ressembler [我犯了傻，会相信世上有一个男人，能把给他增添光荣的事情藏在心底。然而就是这样一个男人，我居然相信他如此不同于其他男人，而我本人，虽然和其他女人有天壤之别，倒成了和

---

① 参见亚里士多德《尼各马可伦理学》1158a，11—13，这里仍然是建立在友谊的基本形式上，被理解为友谊的提升。

她们一样了]。”[1]而我想说的是，这才是她不愿和这个男人永结同好的动机，而不是什么至死不渝的忠诚之类。爱情在其自身中找到了做出决定的动机，而不是在婚姻中。它对于充分个体化的一次性(Einmaligkeit)的诉求，只有在非凡之物中，只有在否定物中和在放弃中才能证明自身。

就算在其他方面，对于法国古典主义及其直接继承者，人们也不能高估了它们关于人的陈述的个体化内容。女人试图和自身、和自身的感性冲动属性保持距离，而且要让男人以言语和姿势的形式向这一距离表示尊敬，这也就是端庄淑女的爱情理念得以构建的基础。就这样，爱情已不再仅仅关联于理想化的他人，还关联于那个人的自我指涉，那个人的自由。但这种自我关联还完全是在非人格性意义上理解的，其特性通过一个向所有女人提出的问题得到了界定。

---

① Madame de La Fayette, La Princesse de Clèves, 引自Œuvres (ed. Robert Lejeune) Bd. 2, Paris 1928, S. 257 f. (斜体强调[中译文为楷体]系作者所加)。另外，个体性要求在此处并非基于对未来的人生在世形式的预先采纳，而是对于过去理想的保存，这些理想的不可实施性已是显而易见。对此，可参见布洛迪的卓越阐释：Jules Brody, La Princesse de Clèves and the Myth of Courly Love, University of Toronto Quarterly 38 (1969), S. 105—135.

使一个女人具有吸引力的那些标志被呈现为普遍概念。如果某人爱上了一个女人身上的这些标志，难道他能够否认，它们在其他女人身上同样也能找到吗？“I'ay trop de ioye à vous aimer, pour haire ce qui vous ressemble［爱上您我有太多快乐，以至于对跟您相像的人都恨不起来］”，柯丹就是这样提醒一个心仪女子三思的。[①] 正因如此，爱情只能在变换中，在非恒定性中找到其恒定性。

尤其还应该考虑到，17世纪的心理学还在靠气质（Temperamente）和humores［体液］等陈旧概念工作，没有为人格发展提供任何空间（这当然不意味着，人们对衰老过程视而不见）。[②] 紧紧依靠在十分粗糙和形式化的心理学概念性身后的，是一个由事实性的欲求、冲动、动机和自我关联的利益构成的阴暗领域。相应地，怀疑就居于统治地位，而尺度是加于所有社会关系头上的，它也告诫人们不要太多介入过于人格性的领域。这种谨慎态度不仅是针对普遍的社会交际，也是针对更

---

① A.a.O., Bd. 2, S. 566. 也可比较柯比内里（Corbinelli a.a.O., Bd. 2, S. 28）书中印出的布雷伯甫（Brebeuf）的诗句：意中人的美貌可以为反复无常辩护，因为在其他人那里也会发现这种特性。

② 然而在阿斯特里小说中也是如此！

亲密的关系来说的[1](尽管这里也经常被理想公式压过一头)。出于类似理由,指望爱情对于发展个体性人格产生影响,还是一种遥不可及的想法。约尔内(Jaulnay)甚至明确地否认,爱情可以改变经验到它的人格;"elle ne peut changer nos humeurs [它不能改变我们的脾气]"。[2]

> Les manieres nouvelles dont on se sert ne durent gueres, et c'est ce qui fait tant d'inconstance [人们使用的新招数很少能坚持长久,正是这一点造成了如此多不稳定]。[3]

从这些引述中可以非常清楚地看出:就因为人格不能够被改变,爱情才不是固定不变的。人格的恒定性导致了其爱情的非恒定性——当然性

---

① 譬如可参见散文 De la connoissance d'autruy et de soy-mesme von Madeleine de Scudéri, Conversations sur divers dujets Bd. I, Lyon 1680, S. 65—135, 尤其是 S. 72 f.:如果仔细考察朋友,友谊就可能解体,这样一来在朋友身上获得的快乐就会消失,给出的忠告是:"任何时候也不应该自毁其快乐(Il ne faut jamais détruire son plaisir soy-mesme)。"

② A.a.O., S. 14. 类似的可见 Bussy Rabutin a.a.O. (1972), S. 387.

③ A.a.O., S. 15.

别和性格的差别是天生就有的。在爱情的隐喻体系中人们也会说：身份同一性在爱情烈焰中被焚烧，它只有通过非恒定性来自救。[①] 至少在符码的主题结构中是这样的。这一情形在18世纪之内才逐渐改变。现在人格被理解为可改变的、有发展能力的、可臻于完美的，而正因如此，人们认为爱情能够实现稳定，甚至最终可能成为婚姻基础。相互关联得以保持，征兆却颠倒过来：性格的不确定性和可塑性造成了爱情中的稳定性。

1685年左右，英国的复辟时期将结束时，人们开始致力于一场两性间关系的改革，后来德国人也仿效之。这些努力借助道德论争（Sittenpolemik）而开启。[②] 法国的情形被用作反面教材。接替老式双管枪——德行歌颂和讽刺——的，是

---

① 在这一陈述的背后大概可以读出一种弦外之音，即只有宗教才能保证一种经久不灭的同一身份——"il doit être tousiours le même dans l'Eternité, il n'est jamais dans le temps [在永恒中可以总是同一个，在时间中从来不是]"（François de Grenaille, La Mode ou le Charactere de la Religion etc., Paris 1642, S. 25）。

② 比较 Joachim Heinrich, Die Frauenfrage bei Steele und Addison: Eine Untersuchung zur englischen Literatur- und Kulturgeschichte im 17./18. Jahrhundert, Leipzig 1930; Rae Blanchard, Richard Steele and the Status of Women, Studies in Philology 26 (1929), S. 325—355.

对当代道德沦丧的无情揭露和对于男女生活中良善、简朴有益之物的具体描画。文学效果正是基于这类对照,其中越来越多地掺入了心理学的锐利目光。婚姻问题进入了这种文学的视野中心。mutual love[相互的爱]被视为婚姻唯一的牢固基础,而且这是同时在心理和道德的意义上说的。婚姻内的爱得到了强调——但所说的既非以小说为导向的爱情,也不是以性为基础的激情。[①] 女性是娇弱、温柔、无力的,时不时就要昏倒(学学帕美拉!),而且自己没有性意识,只有在婚姻内才实现了她作为人的角色和她的道德完善。其基础就是相互的理解、尊重、照顾对方的利益、友谊。love[爱情]一词却羞于启齿,因为重要的并非戏剧化姿势,而是点滴细节:总而言之就是,在爱情和友谊这一对老冤家中,明确地拥护友谊既成为亲密性的基础,也成为家庭在社会中的特殊任务的基础。尤其在涉及女性时,这一选择使得教育、家务劳动以及与她们所接触到的人的关系有可能实现一种新型综合。

---

① 对此可比较 Ian Watt, The Rise of the Novel: Studies in Defoe, Richardson and Fielding, 1957, Neudruck London 1967, S. 135 ff.

先是在英国，后来又在美国[①]引发讨论的东西，始终停留在应用人类学范围内。女性作为人被发现，[②]婚姻因此打破了等级化，[③]与此同时，适应成了聪明人的处世格言。每个人都能实现其幸福——在另一方的帮助下。人们对亲密性的所有期待都被联系到家庭，由此获得了足够清晰、易懂的轮廓。将亲密性联系于“社会”，在对于社会的理解越来越多地和经济挂钩的今天，倒可能显得离经叛道（而如果所涉及的不是清楚定义的家庭，而是一个自由的社会行为时，恰恰才有利于amour passion［激情型爱情］的加工）。对于道德性关系模式进行十分具体的加工，对于家庭领域来说会显得很有意义，道德批判和反面榜样都可以发挥激励作用。然而社会领域是明确固定的，

---

① 对此可参见 Sidney Ditzion, Marriage, Morals and Sex in America: A History of Ideas, 2. Aufl. New York 1969，尤其是 S. 13 ff., 35 ff.

② 对此问题，文艺复兴时期可以再一次作为对照具有启发作用。参见 Ruth Kelso, Doctrine for the Lady of the Renaissance, Urbana Ill. 1956, Neudruck 1978.

③ 专门针对上层贵族领域中此问题的论述可参见 Randolph Trumbach, Aristocratic Kinship and Domestic Relations in Eighteenth-Century England, New York 1978；另外，针对范围更大的是 Lawrence Stone, The Family, Sex and Marriage in England 1500—1800, New York 1977.

而亲密性还得去找到它自身的界限，发展一种亲密性的符码因此就不是必需的。

英国通过理查生(Richardson)向欧洲传播这些新的表象。它们在欧洲大陆发生作用的方式林林总总，在法国显然是不会这样高度重视家政细节的。[1] 把性当成自然来描写，对所有制度都表示质疑，却违背了英国人的品味。amour serieux [严肃爱情]借助于这种道德分量压倒了 amour frivol [轻浮爱情]，譬如玛蒙特尔(Marmontel)那里就是如此，甚至 amour frivol [轻浮爱情]如今也变成道德性的了——即被视为邪恶。

评价这场改革运动时还要注意到，一直到 18 世纪，不管道德和道德理论受到多少冲击，传统始终保持着完整，它用道德性范畴来描述让一个人作为人具有吸引力的东西。相应地，人们假定，人类的人格性和道德性作用相互间构成一个统一体。偏离了它，放弃了它，简直就意味着难以想象的创新。道德理论要交代的是，不管面临何种命运，不管在社会中境遇如何，对人来说真正本质性

① 关于在法国的理查生译本中适应本国读者品味的情形可比较 Servais Etienne, Le genre Romanesque en France depuis l'apparition de la "Nouvelle Heloïse" jusqu'aux approaches de la Révolution, Bruxelles 1922, S. 119 ff.

的是什么。它将人对于其自身的个体性责任表述出来。如果涉及人际间的联系、爱情、友谊，难道这不就是至关重要的吗？因此，一种新的个体化裁剪样式，从对另一方的理性认识转换到情感性认识，转换到情感和敏感性，首先并不需要打破这个前提，即这关涉到另一个人的道德质性——这就是说，关涉到某种超出了个体性的、并非只能由这个人独自实现的东西。

在 amour passion［激情型爱情］的古典主义符码中，为个体化所作的铺垫是非常间接而不显眼的，它合乎这样一个事实，即符码主题结构的系统化借径于悖论展开。一个理想符码在实践中是不允许变更的，个体化只有作为其偏离而成立；故只有否定性角色才能得到生动立体的描述——这就好比说健康只有一种，而疾病和由疾病造成的个体命运千千万万。亲密关系符码移置于悖论之上，就突破了千篇一律的理想性之封锁。这就使得不断冒出的问题可以在符码统一性的涵摄(Subsumtion)下采取相互对立的解决方案——由此实现个体性的行为选择。文学中充满了这类矛盾，矛盾对于个体只有好处。如果这意味着过度成了行为技巧，人们就可以有了选择可能：是要一种更技术性、更强调高明技巧的取径，还是一种成熟的、理想主义的构想。人们可以深谋远虑地保留某些秘密(遵从单边性选择正面事物的准则),也可以毫无顾忌地和盘托出(同样和总体性地以自身迎合爱情的信条相吻合)。人们可以将自身的 honnêteté［正派］用作吸引人的亮点,也可以展示,为了爱情的缘故不惜超越 honnêteté［正派］。前者吹奏的是 estime［名声］的笛子,后者吹奏的是 inclination［倾慕］的长号。恋爱中人格的独一性和无可比拟性本身还未在爱情语义学中得到规定,然而一个预备阶段已然达到了——正是通过将交流媒介分化而出和系统化的那种原则的暧昧性。至少,媒介的理据不会给一种更强烈的人格化造成障碍。

第二个变化更难以察觉,发生过程也更为缓慢。它涉及形式,一种体验和行动的二值图式化就以此形式被编码。在古典主义中,对这个问题的回答严格遵循逻辑模式,也就是类比于思想和认识的模式。即是说,所涉及的是爱与不爱的区别,或者对真假爱情的差异的认知①——总是关联于两个特定人格。他们(真正地)相爱与否,这

① 比较 François de Caillieres, La Logique des Amans ou l'amour logician, Paris 1668——其中有一种对那个时代的思想来说不太典型的、对逻辑符码过于教条的模仿。

是问题，与问题相关联的既有思想上的算计，也有意志上的努力。这个是与否的问题（ob / ob nicht-Problem）自然始终是重要的，然而在18世纪的进程中，随着人作为人格、作为个体是什么的问题被重新表述，这一图型论的效力范围似乎发生了变化。关键性导火索大概是符码向情感语义学的转换，那是一种在社会性确认和在对方爱情回报中再发现、塑造、确认自身的情感。

18世纪上半叶出现的对于情感的坚持（在语义学上并未得到深入加工，毋宁说给人肤浅的印象）之所以有这样强的力度，首先和宗教史背景有关。其时，教会宗教系统日益分化而出，内部的教派分化亦日渐增多，引发了一系列反向运动，如清教主义、冉森主义、虔敬主义，它们反对以教会形式组织的宗教，而强调个体的宗教性。拒绝教会在同上帝的关系中充当中介，乃是至关重要的差异之点（Differenzpunkt）所在；这样一来，在这些运动中，社会性就干脆退居同上帝的关系之后。在这头等重要事情上，个体比以前任何时候都要突出地被安置于其自身，知道自己仅仅依赖于信仰和神恩。基于和官方教会的差异之故，个体在宗教上和社会上都变得孤立。[1] 但恰恰就是这个反题的尖锐性刺激了第二个差异的产生：针对孤立化个体而设置的社会化情感。沙夫茨伯里(Shaftesbury)在这里是起启迪作用的作家。第二个差异的说服力乃基于第一个差异——无需太多语义学耗费。相应地，人们热情洋溢地投身于情感，投身于感伤，投身于友谊，首当其冲的问题似乎仅仅是要避免孤独和自私自利的自我关联。然而毫不奇怪，勾引者也能经验到并利用这一事实，即宗教祈祷的语言是多么适合于爱情的语言。[2]

---

① 比较 Hermann Schmalenbach, Die Genealogie der Einsamkeit, Logos 8 (1920), S. 62—96；另外可参见纳什以之为支撑的对于友谊崇拜发生的阐释：Wolfdietrich Rasch, Freundschaftskult und Freundschaftsdichtung im deutschen Schrifttum des 18. Jahrhunderts: Vom Ausgang des Barock bis zu Klopstock, Halle 1936, S. 36 ff. 关于尼考奈观点的暧昧性也可比较 Niklas Luhman, Interaktion in Oberschichten, in: Gesellschaftsstruktur und Semantik Bd. 1, S. 72—161 (109 ff.).

② 在杜克罗(Charles Duclos)的《某某伯爵的忏悔录》(Les confessions du Comte de ...)(1741，引自 Lausanne 1970 版本，S. 82)中可以读到："Une dévote emploie pour son amant tous les termes tendres et onctueux de l'Ecriture, et tous ceux du dictionnaire de la dévotion la plus affectueuse et la plus vive [一个虔信的女子会为情郎搬出圣书中所有的温柔和甜蜜的用语，以及最深情和最生动的祈祷词典中的所有词汇]。"(82)也要注意到，行善的虔敬之路像爱情之路一样，要求同样的不显眼和不为人所知的移动性。

随着人格理解和情感理解的强化，首先是符码的图型论发生了改变，也就是在 plaisir［快感］和 amour［爱情］的关联中。如果说 17 世纪的人们把 art de plaire［取悦之术］和风雅视为开辟和维持爱情关系的关键要素，这一要素却无可救药地同时向诚实和不诚实的使用方式敞开大门，于是在新的人格和情感理解的背景下，这种平衡现在发生了推移。art de plaire［取悦之术］和风雅如今被视为从内在趋势上说不诚实的。[1] 谁现在要诚实地和“世界”（即是说：和女人们）打交道，就必须模仿不诚实，而且模仿得如此夸张，以至于由此

---

① 对此有一个明显的证据：Boudier de Villemert，Le nouvel ami des femmes，ou la philosophie du sexe，Amsterdam-Paris 1779，S. 122 ff. “chercher à plaire［寻求取悦于人］”本身变得可疑。在风雅语境中诚实的心灵联系，在早先至少是被当成同样可能的，现在只是当成例外被承认：“Il est vrai qu'au milieu de cette galanterie universelle il se forme des engagemens de préférence qu'on appelle affaires de cœur. Mais en est-il beaucoup parmi ces engagemens où le cœur soit veritablement de la partie?［真的，在这种举世皆风雅的环境中，人们更倾向于培养出一些我们称之为心灵活动的行为。但在这些活动中，心灵真正参与其中的时候会多吗？］”此外，浪漫主义在这方面会再前进一步，猜测在形式的不诚实性和外在性中发现了一个塑造真爱的必要条件。特别可参见 Benjamin Constant，Adolphe（1816），引自 Œuvres，éd. de la Pléiade，Paris 1957，S. 37—117.

获得了个体性。[①] 声名狼藉能让人获得成功，做好名声的奴隶反而遭到轻视。

同样地，女性也不再能倚仗自己的诚实了。她以其“德行”来保护自身——倒不是因为怕失去德行，而是害怕男子爱情的非恒定性让自己遭殃。因此，她不仅要被迫面对诚实和不诚实的勾引的差异，她自己也卷入了某种自我勾引，因为她一方面代表着其德行的利益，同时又要一道参与其勾引者的游戏，不管在哪一方面都无法和自身协调一致。[②] 如果让自身进入爱情的结局只有一个，即

---

① 无论如何，这是凡尔萨伯爵的教训，参见 Crébillon (fils), Les égarements du cœur et de l'esprit, S. 168 ff. 要注意到通过悖论展开的语义自我指涉的游戏：不诚实就是面对其自身的诚实；模仿他人就是通向个体性——甚至称得上“独一性”(singularité)——之路。这是世界的负面投射，和理想性投射不同，它让这种形式的提升关系得以成立。

② 克里毕庸小说中的 M 侯爵夫人就是这样，参见 Claude Crébillon (fils), Lettres de la Marquise de M. au Comte de R., 1732, 所引版本为 Paris 1970。可比较譬如第 8 封信中(a.a.O., S. 71)说到的“Je sens des mouvements que je n'ose démêler: je fuis mes réflexions, je crains d'ouvrir les yeux sur moi-même, tout m'entraîne dans un abîme affreux; il m'effraie, et je m'y précipite [我感觉到了我不敢去分辨的运动：我躲避我的反思，我害怕睁开眼睛看我自己，所有一切都将我拖入一个恐怖深渊；它让我害怕，我猛然落下]”。最重要的先驱是七封“真实”信件，见 Boursault, Lettres nouvelles de M.B., avec sept letters amoureuses d'une dame à un cavalier, Paris 1697.

自欺和欺人，则勾引者诚实的抑或假冒的激情之差异已然无关要旨。符码的悖论演变成实存形式本身；它被心理学化了；而这对于语义学表现来说意味着：不再用规则、maximes d'amour［爱情金律］之类来呈现语义，必须以小说取而代之。

归根到底，诚实和不诚实行为的融合源自社会复杂性的时间化，①源自一种反身性时间意识被置入爱情过程本身。恋爱者发现——他们的符码就是这样教导的——要面对这一必然性，即在当前的未来和未来的当前之间作区分：他们发誓要天长地久——在此刻中，且为了此刻。而他们知道，他们在自欺。这个问题既不能通过规范性的也不能通过认知性的预期风格（Erwartungsstil）一笔勾销，即是说，问题的解决既不能通过要求对方遵守诺言，从而将爱情变为义务，也不能一味依赖在未来情境中的学习和适应能力。超越时间的phrónesis［明智］伦理同样塌陷了。人们只能委身于爱情本身，只能在当前和为了当前而活着，因此就暗中破坏了诚实/不诚实的差异。在激情概念

① 对此可比较 Niklas Luhmann, Temporalisierung von Komplexität: Zur Semantik neuzeitlicher Zeitbegriffe, in: Gesellschaftsstruktur und Semantik a.a.O., Bd. 1, S. 235—300.

中和当前的关联总是重要的。[1]

尽管如此，还是有两种态度并肩而行，从蒙田到卢梭都是这样。对于诚实之可能性的激进怀疑，对于企图要诚实的无意义的揭露，都业已有之。这种怀疑最终演成一种洞见，即自我经验、本真地作为自身而在(Selbstsein)都是无法交流的。另一方面，人们总是试图借助于质朴天然(Natürlichkeit)和人为造作(Künstlichkeit)、自然和文明的语义学差异来找出一条出路。问题被化简成了一个修辞学上的失误，后来又化简为一个特殊的历史情境：只是在今天的(上流)世界中才不可能做到行为诚实，但尽管如此，还是存在一种奠基于自然的行为方式。把爱情的悖论描述为自然，也就是统一体的任务，如今部分地落到了心理学头上。这当然不可能以科学学说的形式发生，但可以是心理学化的文学描写。本真的爱情(对它来说不再有诚实/不诚实的差异)部分地表现为 witty, cruel, polished, brutal, dignified, and un-

① 而这正是一个人和动物共有的特征，自然就不再被强调了。关于激情与当前时刻的关联可参见譬如(Joseph) Joubert, Pensées et letters (ed. Raymond Dumay), Paris 1954, S. 65; Charles Duclos, Considérations sur les mœurs de ce siècle (1751), Lausanne 1970, S. 358.

principled［机智的、残忍的、优雅的、粗暴的、高贵的和不讲原则的］，[①]怎样达到协调一致，小说自会演示。另一方面，人们又会相信善良天性，它如今当然是毫无保留地拜倒在其感性（Sinnlichkeit）之下：卢梭！前一种情形中，对于自然来说不可或缺的终究还是文雅（Raffinement），是精神；而在后一种情形中，是感性将自身合法化为自然本身。

在这两个版本的相互关系中，人们可以观察到——说得有点慷慨激昂了——老欧洲修辞学的生死斗争，对它来说质朴天然既是自然，同时又是药方。[②] 这一来，就只有非真实性和低俗做作的问题曾经存在了。当作者和其交流的关系既不被视为自然性的，也不被视为技术性和制造性的，而是被理解成一种对于实存的伪造（Existenzverfälschung）时，诚实性及其不可交流性的新时代问题才会出场。这一来，爱情宣言也不再可能存在了。

一旦走到这一步，测验诚实和不诚实爱情的差异也失去了其意义。差异无法被转译为操作。

---

① 可参见 Clifton Cherpack, An Essay on Crébillon Fils, Durham N. C. 1962, S. 28. 这里涉及克里毕庸。

② 对此问题可比较 Henri Peyre, Literature and Sincerity, New Haven 1963, 尤其是 S. 13 ff.

它也无法被陶冶得文雅，假如文雅恰恰就在于把诚实和不诚实作为统一体来实践的话。每一种反思都可能将差异化简为非诚实性的共同能指，因为人们既无从知道也不能断言那就是诚实。只能接受这种情形(以及真爱的不可交流性)——这种态度本身又是开放的，可以通向一种新型的符码意识，通向一种遵从文化规范的恋爱行动，通向浪漫主义反讽，通向爱情作为再生产之意识形态的“科学”描述。

我们无需操之过急。首先，在一个未经明说而更多属于推论的不可交流性的背景下，任何将充满欲求的男人硬推到或假正经或风雅的言语行为的尝试，如今都可以彻底休矣。[①] 18 世纪终结了对于身体姿势的信任，终结了修辞术。与此相关，对于认知和道德图型论向来牢不可破的信任也瓦解了——作为其先兆，新的道德概念肤浅平淡，人们努力揭露的不是原罪，不是自爱，而是平庸(拉布吕耶尔 [La Bruyère])，尤其还把“世界”

---

① 当然，恰恰这种策略的脆弱性很久以前就被意识到了。克勒芙王妃的爱情开始于——就已近乎走投无路了——一次跳舞。尽管如此，人们还是能将言词作为平衡物来认真对待的事实，制造了古典主义的那种戏剧性，这在后来就不再可能了。

确诊为喧嚣的(时髦的字眼是 tourbillon [漩涡]、torrent [急流])和 frivol [轻浮的]。

一些早先的问题因此就迎刃而解。首先，爱情和友谊如今不再是简单地关涉于一种待认知的真理，因为寻求认识的那个人一同参与了对象的生成过程。情感不再只是被启动的激情(这是其新颖之处)，毋宁说，情感如果要解决实存性非诚实性的深层问题，它如今必须被认为是能够参照其自身做出判断的，因此也就是能够参照爱情做出判断的。它不需要外在的主管机构，不需要援引 honnête homme [正派男人]的阶层专属能力。这一来，区分真假爱情的古老问题退居幕后，自己判断自己的情感只会发展出真爱——或者遭到失败。"En amour [在爱情中]，"在香福尔(Chamfort)那里是这样说的，"tout est vrai, tout est faux; et c'est la seule chose sur laquelle on ne puisse pas dire une absurdité [一切皆是真，一切皆是假；这是不会被人说得荒腔走板的唯一一件事]。"[1]爱情的分化而出表述得再清楚不过了；不再仅仅是无法控制的激情，而是爱情中认知性和

① Maximes et pensées, in: Œuvres complètes, Bd. I, Paris 1824. Nachdruck Genf 1968, S. 337—449 (421).

道德性差异图式的失败，将爱情的独立性表达了出来。

自大约1760年起，伴随一种最后的强烈姿势，勾引者作为道德角色也告别了历史舞台。一旦在女人堆中获得的单纯成功对他来说变得过于理所当然，因而也无足轻重时，他就跨越了目的清醒的技术之种种维度，他在操作方法上遵从恶的自身逻辑，仅只是为了摧毁而摧毁。[①] 在被风格化为自身价值(Selbstwert)的否定物中，显露出一种超越道德之道德的无法表述的预期：这种道德准许爱情为所欲为——但也只有爱情可以这样！

在该世纪临近结束时，不再是真/假的差异图式，而偏是认知的世界关联被引入情感中——至少德国文学中是如此。这一表象传播开来，渐渐完善为一种新的个体性概念：爱情以另一方为导向，即是瞄准了一种独具特征的世界关系，以一个独一无二的个体为导向，即是针对着一个以独一无二的方式被看见的世界。这个关联于主体的世界其自身并无成为真理的能力(wahrheitsfähig)，

① 如果要对英国和法国文学中为 Liaisons dangereuses［危险私通］做了铺垫的相关趋势有一个很好的概览，可以参见 Laurent Versini, Laclos et la tradition, Paris 1968, S. 121 ff.

它不能通过认识(也不能通过爱情的认识)，而唯有通过爱情才能被接纳过来。相应地，在 amour passion [激情型爱情]的古典主义符码中业已固定下来的要素——单边性和由此而决定的总体化——也发生了推移；它不再关涉于任一件鸡毛蒜皮的琐事，也不再关涉于被爱的 objet [客体]的正面特性，甚或负面特性的忽略，而是关涉于被爱的主体之独一无二的、特质性的、不能获得共识的世界关系。总体化所依赖的化简由此被更强烈地分化而出，更明显地被安置于独成一类型的社会反身性上。只有现在人们才可以像让·保尔(Jean Paul)那样说："为了爱情而爱情。"[①]但这就意味着：爱情的根据不在对方的质性中，而在于其爱情。

从马里沃的剧本也可以读出这种通往分化而

---

① 这就意味着和变得具有科学效力的真理区分开来。可以比较："altra cosa non può pagar colui che ama, che esser amato [他这么爱那个女人，只有被她爱才能补偿他的爱]", Sansovino a.a.O. 1547/1912, S. 163；类似的还有 Noblili a.a.O. 1567/1895, fol. 17 f.；或者："L'Amour ne se paye que par l'Amour [爱情只能通过爱情得到酬报]"，见 Receuil La Suze — Pellisson a.a.O., S. 244. 在这些表述中(Sansovino 那里尤其清楚)，针对参与其中的经济考虑的分化处于突出地位。对于颠倒过来的决定，即不应看重另一方的倾慕，可比较 Cicero, Laelius 58.

出的发展。阻碍恋爱者的外部情况和抵制都已撤去。爱情自己阻碍自己,一直到最后幸运地抵达婚姻。而这还是自觉的行动规划,被自觉地设为历史性差异:"Chez les comiques [在喜剧中],"马里沃自己说过,"jusqu'ici l'amour est en querelle avec ce qui l'environne et finit par être heureux malgré les opposants; chez moi, il n'est en querelle qu'avec lui seul et finit par être heureux malgré lui [迄至如今都是爱情在和周围环境争吵,最终不理会反对者而获得幸福;而在我这里,爱情只是和它自己争吵,最终不理会自己而获得幸福]。"①

伴随着如今尖锐化了的 plaisir [快感](或者 goût [品味])和 amour [爱情]的差异语义学,信息和交流的活动空间虽说得到了扩展,然而符码表现的典型化风格并未被打破。通向个人的个体化的道路已经打开,然而还未被描述。路标、地名、警示牌和限速指示还付诸阙如。plaisir [快感]的主体性作为生命被赋予了每个人,但它还不是个体。恰恰 plaisir [快感]是不可能和具体语境相脱

---

① 引自 Maurice Donnay, Marivaux ou l'amour au XVIIIe siècle, La Revue des Vivants Nr. 6 (1929), S. 843—867 (848). 原出处不详。

离的，另一方面说却是可以分割的，因而在所有概念特征上都违背了当时通行的个体性概念。然而，只有单个人格可以感受 plaisir［快感］和 amour［爱情］，出具真实性的证明。将这些概念纳入一个交流行为的符码，因此就已经将交流中人们的自我关联性和任意性奠定为交流本身的基本规则。这个规则一朝被接受，结论就所居不远了，即正是交流，以及它对于符码专属信息的公开加工，将参与交流的诸主体人格化为彼此不同的个体性命运。

第十一章

性的纳入

上一章的分析进行了甚为强烈的阐释——甚于对17世纪的分析。其原因在于文献来源从直接的事情陈述转移到了小说中。但就算到了向18世纪过渡之际,在主题处理和公开记录的爱情语义学的层面上也罕有进步。毋宁说发展停滞了。规范化力量开始运行。它们在双重(因此后来又可以相互结合!)方向上发生作用——这一点很重要。一方面,amour passion [激情型爱情]的语义学被驱入轻巧、殷勤、轻浮、随心所欲一类。[1] 浪荡子思想已被去问题化了,人们对之习以为常。另一方面,人们愿意接受一种新的、调门不高的情

---

① 譬如可比较 de Planhol a.a.O., S. 115 ff. 在德国循此路径的是"风雅小说"作家们,尤其是胡诺尔德(Hunold)。对此可比较 Herbert Singer, Der galante Roman, 2. Aufl. Stuttgart 1966. 辛格尔认为,即便在小说的文学形式中也并没有显示出实质性的革新。革新乃是来自英国。

感、德行和宗教背景的综合。[①] 理性、道德、宗教等传统宏大概念仍不可或缺，但几乎不再能产生区分能力。进步体现在，对于人格性之物的心理学和社会性敏感性得到了提升，然而这种提升本身还未及凝固为一种值得保存的语义学。一旦想要描写激烈爱情，因为找不到其他表达形式，人们总是会回到老路，重拾起 amour passion［激情型爱情］符码（而就算爱情的参与方——即便还没有拒绝——已经识破该符码不过是一种语言形式，情况依然如此）。[②]

在离一种高要求的语义学相距尚远的情形下，两者得以并列存在：人们既爱原罪也爱德行——分别在合适的时间。让人心痒之物或和谐一致之物都任由选择，至少是作为读物。把激情作为选择原则来接受，而对稳定性不抱期望，相应地生活在悖论统一体中，这个大胆建议如今瓦解成了若干构件。frivol［轻浮的］和 sentimental［感伤的］爱情的区分无法在一个符码中作为差异起

---

① 对此可参见 Robert Mauzi, L'idée du bonheur dans la littérature et la pensée française au XVIIIe siècle, Paris 1960，尤其是 S. 180 ff.

② 这方面的许多证据可参见 Valentini P. Brady, Love in the Theatre of Marivaux, Genf 1970.

作用——就像 plaisir / amour［快感/爱情］那样。轻浮只能作为轻浮、情感只能作为情感、德行只能作为德行被品尝。对此并不需要什么伟大形式。

然而人们可以猜测，对于所有以文学手段来表现爱情的人来说，这种双轨形式都包含了某种令人不安的东西，从长久来说，在轻浮的道路上去否定德行、责任纽带、婚姻，或者反过来主张德行之爱情而反对原罪，都无法让人感到满意。但是一个再结合的起始点位于何处呢？查理·杜克罗(Charles Duclos)为他的主人公找到一个临时解决方案：在完整无遗地深入钻研了和妇人界所有类型的所有爱情关系之后，对此形成一个整体判断，然后再驶向婚姻港湾，这桩婚姻乃建立于德行和友谊之上。[①] 可是谁能走得如此之远？难道人们就不能省掉轻浮爱情的辛劳，而马上做出正确决定——基于阅读之所得？

假如真有人胆敢对爱情语义学中正在发生的变化做一个整体阐释，阐释的结论多半会是，表达媒介领域的分化、确认分化的合法化的象征体系

---

① 《某某伯爵的忏悔录》如是说："Nous vivons, nous pensons, nous sentons ensemble［我们生活，我们思考，我们从整体去感觉］"，以此为结束——按照英国模式，不妨这样添上一句。

才会得到保留和强化。古典主义符码中纳入的所有高明技巧、个体性勾引程序和社会性风雅之类，一概被放弃，人们集中关注那些象征了无责任性(Unverantwortlichkeit)的语义学要素，同时让这一事实为己所用，即爱情事务中积极进取的行为仍然被称为“激情”。

在轻浮这条路线上，爱情让自身区分于道德性控制，在情感的路线上则区分于知性控制(两者都总是意味着：他人可以置喙)。轻浮和情感相互间的对立，并不妨碍其共有功能的实现：推进分化而出的过程。这一过程就好比使用了两个操纵杆，根据社会试图控制恋爱者的不同方式——或借助道德，或借助理性——两者轮番为用。两种观点——轻浮的强行实施和感情的理想化——都无法和受缚于家庭的婚姻之日常现实达成一种稳定关系，不管人们选择哪一种原则，都难免造成婚姻的毁灭。终于在接近 18 世纪中期时，由于自然概念的出现，才为性(现在作为其本身日益成为主题)和激情化情感找到了一个共同能指，它同时还表明，爱情从社会枷锁中挣脱出来，作为自然它有这样做的权利。就算是自然概念，现在也象征了分化而出——而不再是本质形式上的完美。这就可以和激情“有用”的表象相结合了；虽说激情登场时不受调控,但评判激情应该根据其后果。从大约1760年起出现了大量小说,其中的主人公将其激情描述为自然,以自然的名义反抗社会的道德习俗。“自由恋爱”过渡到对社会的攻击。[①] 它会采取乱伦的形式——据认为原先是好的,只是后来在社会评判中才变得可耻。[②] 它拒绝婚姻,因为婚姻对时间和形式加以限制。它将自身化简为对于感性的充分享受,因为只有这样它才能作为自然登场。[③] 它却忽略了,“自然”终归也是个封闭概念(Sperrbegriff),它将独一无二性,也就是个体化排除在门外。

18世纪带来的可能最重要的变化和性相关,当然主要不是涉及性交的实践本身,[④]而是性的处

---

① 可比较对此问题提供了许多证据的 Paul van Tieghen, Les Droits de l'amour et l'union libre dans le roman française et allemand 1760—1790, Neophilologus 12 (1927), S. 96—103.

② 可比较 Louis-Sébastien Mercier, L'homme sauvage, histoire traduite de ..., Paris 1767. 此外这里的意思也很清楚:乱伦是好的,如果没有时间关联,没有过去也没有未来(例如 S. 68)。

③ 譬如在近卫军军官 Loaisel de Tréogate 的小说中就是这种情形。

④ 与此相关联有一个范围广泛的讨论,尤其是涉及到对避孕技术越来越多的使用,这些技术反过来会让(1)自由地支配性快感,(2)在和儿童的关系中亲密性的扩展变得更容易。可比较 Marcel Lachiver, Fécondité (转下页)

理作为爱情语义学中的共生机制。基督徒和蛮族的胜利首先摧毁了旧世界的性文化，将性生活下降到动物性层面，无论如何罗素（Betrand Russell）是这样认为。[1] 虽然语义上的贬低和压制一直延续下来，然而自 16 世纪以来，出现了朝着一种更强的私人化和亲密化发展的若干趋势，譬如人们越来越羞于公开展示裸露的身体。[2] 相应地，在交

（上接注④）légitime et contraception dans la région parisienne, in: Sur la population française aux XVIIIe et XIXe siècles: Hommage à Marcel Reinhard, Paris 1973, S. 383－401; Jean-Louis Flandrin, Familles: parenté, maison, sexualité dans l'ancienne société, Paris 1976, S. 204 ff.

① In: Marriage and Morals, 1929, 引自新版 London 1972, S. 36.

② 这是一个讨论得很多的发展过程。譬如可比较 Lawrence Stone, The Family, Sex and Marriage in England 1500－1800, London 1977, S. 143 ff., 253 ff.; Robert Muchembled, Culture populaire et culture des élites dans la France modern (XVe－XVIIIe siècles), Paris 1978, S. 230 ff. 关于同床而眠的问题可比较 Flandrin a.a.O. (1976), S. 97 ff. 多数情况下，这里都是单方面地在谈论压迫。（只需参见 Jos van Ussel, Sexualunterdrückung: Geschichte der Sexualfeindschaft, dt. Übers. Reinbek 1970.）这可能唤出一个错觉，似乎满足性需要的机会由此被限制了，这个论断大概是站不住脚的。具有标志性的毋宁是：性关系从其他生活领域中分化而出了。更多的亲密性也意味着：更多的自由。关于性交时允许和不允许某些姿势的教会规定被放弃了，爱情作为宽容性原则登场，而不再仅仅作为生育的必要条件。

流中会兜售矜持和间接性；绝不能谈论 faveur［厚爱］，但可以谈论 douleur［忧伤］，有一位端庄淑女便如此规定。① 对于一种基于性的亲密性的编码来说，这样就实现了其中一个前提条件。与此相平行，理论也发生了改变。性作为自然一方面是为原罪所败坏的人之本质的一部分，但同时也是某种上帝所意欲之物，因此就不能从根本上加以唾弃。问题在 17 世纪初得到了如下表述：虽然自然本身是好的，却引诱人做出一种他自己并不会赞同的行为。②

人必须还得由自己去赞同自身行为，这种思想根源于中世纪。③ 遵从这种思想，个体性行为被关联于反身性意识，同时也被迫接受社会调控（因为人们对其行为表示赞同或不赞同所根据的标准，具有天然的社会起源）。这种思想模式将性冲动描述为需要得到控制和共识的自然，它在 17 世

---

① Comtesse de B.（Brégy），Œuvres galantes，Paris 1666，S. 113.

② 比较 Pierre Charron，De la Sagesse，引自 Toutes les Œuvres de Pierre Charron，Paris 1635，Nachdruck Genf 1970，Bd. I，S. 76 ff.

③ 开始于——是偶然吗？——一位爱情语义学的英雄：阿贝拉尔（Peter Abelard）。尤其可参见其《伦理学》，所引为 D. E. Luscombe 的英译本（Oxford 1971）。

纪期间仍然通行，一开始甚至得到了强化，因为准许的标准开始发生动摇。[①] 正如第六章所展示的，最终激情自身就能创造那种内在的共识，任自身进入感官爱情由此变得合法。17世纪临近结束时，性关联让象征性媒介“爱情”一般化得以成立的形式是敞开的。被考虑过的可能性摇摆于以下各项之间：(1)暂时或一劳永逸地排除可能的性接触，以达到升华；(2)爱情故事进程的塑造模式源于和性交的隐蔽类比（接触—前戏—高潮—冷漠和分离的必然性）；(3)一般化转移到一种替代方案中，性关系在其中没有被纳入考虑（如友谊）。在这些选项之中，一种亲密关系符码的下一步发展同样是敞开的。

然而在18世纪，个人性和社会性反身性的增长开始改变着性现象分析的出发点；这一增长将分析出发点从宗教和道德政治居主导地位的主题化中解放出来，造成一种更加开放的现象处理方式。[②] 人们为顺利实现性关系——即便在婚姻内，

---

① 对此可再次比较 Nadal a. a. O.（1948）；Horowitz a. a. O.（1977）.

② 详尽概览可比较 Paul Kluckhohn，Die Auffassung der Liebe in der Literatur des 18. Jahrhunderts und in der deutschen Romantik，3. Aufl. Tübingen 1966，尤其是 S. 42 ff.，82 ff.；另可见 Edward Shorter，Illegitimacy，（转下页）

还尤其是在婚姻内——所设下的种种限制①都消失了。人们另辟蹊径,或者提升(物理)自然概念的价值,②又或者提出这一命题,即爱情本身就已是德行,用不着再作道德辩护了。就算在普通语言应用中,肉体感性的弦外之音似乎也成了爱情

(上接注②)Sexual Revolution and Social Change in Modern Europe, Journal of Interdisciplinary History 2 (1971), S. 237－272; Georges May, Diderot et "La Religieuse"; Etude historique et littéraire, Paris 1954, 尤其是 S. 98 ff.; Aram Vartanian, La Mettrie, Diderot, and the Sexologie in the Enlightenment, in: Essays on the Age of Enlightenment in Honor of Ira O. Wade, Genf 1977, S. 347－367. 有关社会历史方面可以另外参见 Helmut Möller, Die kleinbürgerliche Familie im 18. Jahrhundert: Verhalten und Gruppenkultur, Berlin 1969, S. 279 ff. 自然也存在多种多样的发展前史,譬如生育目的渐渐地变得不再是夫妻间性事的唯一辩护了(譬如可比较 André Biéler, L'homme et la femme dans la morale caliviniste, Genf 1963; James T. Johnson, A Society Ordained by God: English Puritan Marriage Doctrine in the First Half of the Seventeenth Century, Nashville 1970),或者在多少带色情性质的文学之外,譬如蒙田那里,也有过对该主题的处理。

① 譬如可比较 François Lehbrun, La vie conjugale sous l'ancien régime, Paris 1975, S. 85 ff.

② 如果在那些以自然反对文明约束的宗教的、性的和政治的自由运动之间作比较,这同时就是关联点之一。比较 Edward A. Tiryakian, Sexual Anomie in Prerevolutionary France, Ms. Febr. 1981.

或 amour［爱情］的固定成分。[1] 一切的结果就是，贯穿迄今所有讨论的宗教和色情两个牵引方向的轮替被取消了，一道消失的还有在关于爱情和女性的理想化和挖苦性论述之间的摆动（这在法国文学中表现得尤为突出）[2]。对这一基础机制的承认，赋予对爱情的"执拗"坚持以一种新的稳固性。结果就是一种（自己让自己合法化的）感性和文雅的融合，一方面和单纯性欲划清界限，另一方面又和"柏拉图式"爱情相区分。[3]

---

① "Je suis faché de n'avoir jamais pu concevoir l'amour indépendent des sens［我对从来就不能想象脱离感官的爱情而感到遗憾］"，佩内蒂多少有点不安地承认（Pernetti a. a.O., S. 78），还有更清楚一些的是 a.a.O., S. 79："l'attrait mutuel des sexes fait le base de l'amour［性的相互吸引构成了爱情的基础］。"或者参见 Jean Blondel, Des hommes tels qu'ils sont et doivent être: Ouvrage de sentiment, London — Paris 1758, S. 140 ff. "Il n'est pas du véritable amour, de l'amour le plus pur, d'anéantir les sens. Il ne pourroit［消灭感官，那不会是真正的爱情，最纯粹的爱情］。"狄德罗的百科全书定义爱情为"une inclination don't les sens forment le nœud［一种感官构成了其结点的倾慕］"，Bd. I, Paris 1751, S. 367.

② 在此视角下要获得一个总览可参见 René de Planhol, Les Utopistes de l'amour, Paris 1921.

③ 这一点只需要一句有代表性的引文就可证明："La volupté ... sera donc l'art d'user des plaisirs avec délicatesse, et de les goûter avec sentiment［感官享乐因而是一种温柔地使用快感，带着感情品尝快感的艺术］"，参见 Anoym （转下页）

有些东西不由让人猜测，尤其是向得到了提升的社会反身性的过渡，导致了性的解放。小克洛德·克里毕庸的小说在结构上由对话组成，这些对话试图尽可能还原实际。这里 cœur［心］可以或缺，而 esprit［才智］断不能少。爱情不再“是”过度，它仅仅还是 un desir que l'on se plaisoit à s'exagérer［一种巴望人们以夸张为乐的欲求］。① 而正是这种超出自然，这种夸张，酿成了不幸。② 然而对两性间沟通来说，夸张似乎是必要的。对目标的接近乃临时起意，大胆，放肆，步履轻盈，以眼前形势为出发点；实施过程中会敏锐地捕捉任何回响，但绝不庸俗；不妨让一种诡辩术来承载自身，这种诡辩术不必害怕被人看穿，而恰恰是已将被看穿作为下一步的基础计算在内。最后一件衣装的不可言说性正好用于将脱衣的进程稍

(上接注③)(Thémiseuil de Saint-Hyacinthe), Receuils de divers écrits, Paris 1736, S. 130.

① Crébillon (fils), La nuit et le moment, ou les matinées de Cythère, 引自 Œuvres complètes, Bd. 9, London 1777, S. 15 (Neudruck Genf 1968 Bd. 2, S. 61). 此外，恰恰是引文所出的段落让人看到一种苦涩、客观性和愤世嫉俗的幻灭性混合，它没有完全摆脱那种预期，即事情本应该是另一种样子。

② 这当中寓有对一种符码意识的预备工作，接下来“意识形态”将表述这一符码意识。

延缓片刻——要不就留给读者去幻想。从语义形式的角度来说，与这一切相联系的，是爱情主题极端性地瓦解为一个个时间点和观点——一种行为不得不去适应的时间性和社会性点画法(Pointillismus)。[①]

法国上流阶层中性关系的开放，尤其在18世纪下半叶，很可能是步子迈得过大了——在一种可能的性和爱情相融合的方面走得过远。[②] 无论如何，其他国家和其他国家的文学开始以拒斥态度回应法国榜样。一个独特然而值得注意的现象是，英国对性的兴趣昙花一现，立即就变得拘谨。

---

① 一直到文学风格问题中都可以发现其影响：克里毕庸经常遭抱怨的转弯抹角的风格，完全符合将种种视角彼此分开又连接的要求。

② 这里回忆录文学提供了一个很好的洞察，借助这种文学，人们可以同时控制在多大程度上生活影响小说和小说影响生活。一个贴切的例子是：Comte Alexandre de Tilly, Mémoires: Pour servir à l'histoire des mœurs de la fin du 18e siècle，引自2. Aufl., 3 Bde. Paris 1828. 关于小说和(大概可以这样说)生活世界的相互关联，关于剃利在此相互关联中的角色可比较Laurent Versini, Laclos et la Tradition: Essai sur les sources et la technique des Liaisons Dangereuses, Paris 1968, S. 25 ff. 关于交际花和她们的价格可以借助于(其间被公布的)警察报告去了解。可比较Camille Piton (Hrsg.), Paris sous Louis XV: Rapports des Inspecteurs de Police au Roi, 5 Bde., Paris 1909—1914.

在英雄豪情的时髦过去之后,性问题会比之前更多地成为注意力的焦点,英国也是这样;但与此同时,如何得体地处置此类问题的规范也日益严厉,整个领域被移入不可交流性的地带。“维多利亚式”假正经乃是错误的称呼,因为这其实是18世纪的产物。[①] 人们能够假设对性的兴趣无处不在——正因如此才要无比坚决地加以镇压。这大概很难用清教徒道德严格性的后续作用来解释,倒不如说是不履行道德的后续作用。在法国,正如上文详细展示过的,人们依据婚外关系的情形发展出一种用于恋爱事件的高度复杂符码,而英国人在这方面毫无预备。因而在法国,对性的价值提升能够被整合入传统的语义学语境,而在英国,价值提升只能先是被实行继而被压制。由此可以看出,观念演化在何种程度上依赖于连接能力,依赖于从现有材料中做出的自我选择。爱情

---

① 对此问题有一本书很值得一读:Robert P. Utter / Gwendolyn B. Needham, Pamela's Daughters, 1936, Neudruck 1972. 通常的处理只注意到19世纪,只看到了历史和民族性的特别之处,根本没有尝试去解释之。关于美国情形可比较 Milton Rugoff, Prudery and Passion, London 1972; 作为补充的图像还可以参见 Steven Marcus, The Other Victorians: A Study of Sexuality and Pornography in Mid-Nineteenth Century England, 2. Aufl. New York 1974.

和婚姻的结合首先在英国得到鼓吹，继而又能给欧洲大陆造成深刻印象。然而在关键点上，这种结合有一致命弱点：为了结婚，女性必须是童贞之身。可对爱情而言，这大概不成其为要求。整合由于这个不一致而告失败——无论在心理还是语义方面。所要求的是，婚前可以恋爱，但只有在婚姻内能将性体验也纳入——只有虚伪者能满足此要求。假如不能强赋予男人另外的学习可能性(Lernmöglichkeiten)、更完善的知识，相应地还赐以双重道德标准，就算是小说要获得说服力，亦不得其门而入。

除此之外，将迄今为止处于领先地位的法国的发展和同时期德国文学（两者都还处于英国感伤主义的影响下）作一个比较也是有趣的。对于性的兴趣在18世纪德国仍然一概被拒斥。[①] 人们受缚于因袭流传的概念性的程度始终要大得多，遵循托马西乌斯和莱布尼茨的学说，人们区分两种对于他人的好感（amor concupiscentiae / amor benevolentiae [肉欲之爱/善意之爱]，[②]后来这变

---

① 要获得一个概览可参见 Kluckhohn a.a.O.，S. 140 ff.

② 可比较 Neue Abhandlungen über den menschlichen Verstand，Buch 2 Kap. 20，引自 Leibniz，Werke Bd. III，1，Darmstadt 1959，S. 224 ff.

成了:对于肉体交媾的兴趣和对于人性完善的兴趣),且一如既往地在人和动物的一般性区分的框架内表述问题。显然这相关于一个事实,即古老的 amor rationalis 要素也在"理性爱情"(vernünftige Liebe)概念中得到了延续,[1]人的理性作为其区分性标志受到强调。在德国文学中,"善感"(Empfindsamkeit)和"温柔"(Zärtlichkeit)都是关系到意中人的客观道德质性的概念。[2] 和以往一样,情感是用于感知道德质性的器官。这一来,感伤性的诸概念一如既往地表示理性对激情的控制,它们始终服从于一个古代欧洲的表象:客体专门指定了能力。于是对于性关系来说,除了动物性冲动的领域就再无别的空间了。这一比较表明,性的价值提升在多大程度上关联于一种特殊的爱情语义学的分化而出,关联于老欧洲术语的退场。

很容易测试这种意见氛围在实际中的扩散程度。在对于朋友之爱的宗教和世俗崇拜中存在大

① 可比较 Christian Thomasius, Von der Kunst, vernünfftig und tugendhafft zu lieben ... Oder: Einleitung zur Sitten Lehre, Halle 1692.

② 对此可参见 Georg Jäger, Empfindsamkeit und Roman, Berlin 1969, S. 44 ff.

量心荡神驰的、牵涉到肉体的表述，只要读一下就够了：朋友间相互施以无数亲吻；相互以臂相拥（还搂住对方的腰身！），相互以胸相贴（就像约翰内斯·克里斯托［Johannes Christo］）；他们完全无拘束地“倾诉”衷肠——能写出此等文字，皆因为书写者并不惧怕会招致这样的臆测，即认为他们是由于一心想着自己的身体才如是运笔。毋宁说，此处和肉体的关系显然还完全遵循 res corporales / res incorporales［有体物/无体物］的古老语义学差异，所强调的乃是差异的非肉体性、灵魂性的一面。只有到了该世纪最后三分之一阶段，这一前提的稳固性才受到动摇（转折的原因当然不能归于法国人的风雅和勾引术，也显然不能怪到维兰德［Wieland］头上）。

将性关在大门之外，大概和社会系统的阶层化也有秘密关联。毫无保留地将性的吸引力融入爱情符码，可能给各阶层的淫乱大开方便之门。M侯爵夫人在她的一封信中强调，如果要防御她的平民爱慕者，她用不着依靠其德行——对此品味（Geschmack）就足够了。[1] 英国女性之所以拒

---

① “En vérité, ce serait une sottise que d'avoir avec eux de la vertu; on n'a, pour s'en pouvoir défendre, tout au plus besoin que de goût［说真的，和他们讲德行是 （转下页）

绝和低于自身阶层的人错配姻缘，头一个理由就是，她怕过于明显地暴露了对于男人的性趣[①]（按照小说里的说法，女性应该是没有性意识地活着的）。这类态度再一次凸显了阶层分化对于功能分化的优先性。同时也就暗示了，德行要比良好品味的藩篱更容易被克服。然而人们必须要自问，这种品味还会有多稳固——譬如当你受到马里沃戏剧中某位 arlequin［滑稽小丑］或 valet［仆从］的吸引时。一份后来的证词一下子照亮了场景（同时一并证明，如果人们用美貌和青春来象征性

（上接注①）愚蠢的；要想防御他们，最需要不过的是品味］。”（Crébillon fils, Lettres de la Marquise de M. au Comte de R. a. a. O., S. 114）对此也可比较 Jean de La Bruyère, Les caractères ou les mœurs de siècle, 引自 Œuvres complètes, Paris 1951, S. 115：“Pour les femmes du monde, un jardinier est un jardinier, et un maçon est un maçon; pour quelques autres plus retirées, un maçon est un homme, un jardinier est un homme. Tout est tentation à qui la craint［对于世上的女子来说，一个园丁就是一个园丁，一个泥瓦匠就是一个泥瓦匠；而对某些与世隔绝者来说，一个泥瓦匠是一个男人，一个园丁是一个男人。全都是让她担心的诱惑］。”

① 可比较 Ian Watt a.a.O. (1967), S. 164 f. 在法国也有此主题——不过更愿意把战战兢兢地想攀高枝的恋爱男人描述为无辜的牺牲品。譬如可参见匿名发表的小说 Les amours d'Euméne et de Flora, ou Histoires véritables des intrigues amoureuses d'une Princesse de notre siècle, Köln 1704.

的吸引力，是在多么狭隘地理解这一概念)。洪堡(Humboldt)在他的日记(1789年7月)中记载，[①]他的"淫荡欲望"是如何被"(尤其是较低阶层的)妇人从事体力劳作的景象"所激发，但将他的婚姻建立于另一类型的表象上。无论如何，性作为实质性要素被纳入一种专用于亲密关系的符码的重新塑造。通过功能性分化的增强，这一重新塑造同时也助长了阶层差异的中立化。但这只有到了1789年7月之后，只有对浪漫派来说，才有可能实现。

我的猜测是，通过性的价值提升，"爱情"和"友谊"——作为亲密性编码过程的基本程式——的竞争也就可以判定胜负了：爱情获胜。18世纪伊始，两种程式都在起跑线上，各自有不同的机会。连卢梭也无法做出抉择——他的爱情描写的力量，和他对于友谊的选择相抵牾。友谊的决定性优势是更容易在时间和社会两方面实现一般化。它能够以长久相许，在不能或不愿意进入性关系的人之间它也可以实现。[②] 它独自就能在现

① 引自 Kluckhohn a.a.O., S. 260, Anm. 1.

② 同性恋作为友谊概念上的一个秘密负担，这个困难的问题我们这里暂不考虑。关于这个情结转化为文学的能力可参见 Hans Dietrich, Die Freundesliebe in der deutschen Literatur, Leipzig 1931.

今已属必然的个体性层面上实现社会反身性，而爱情随着个体性要求增长反而更容易蹈入不幸。[①] 难道人们不应该效仿朗贝侯爵夫人（Marquise de Lambert），基于友谊思想的更高一般化能力来确诊其优越性？英国的感伤小说在强调婚姻内爱情时，根本上也是这同一个意思。难道日渐增长的心理反身性不是更多地青睐于友谊而非爱情？看起来，18世纪的友谊膜拜首先就依赖于这些起始可信性（Startplausibilitäten）。德国文学尤其乐于接纳这种思想，并由此出发迈向婚姻的亲密化，殊非偶然。反之，爱情却越来越多地得益于性的价值提升。

尽管在理论倾向上仍然坚持（精神性）友谊和（感性）爱情的严格分离，人们现在却将友谊主要用作性的价值提升因素。"只有当友谊和它在同一个心胸中搏动时，爱情才能发挥其效能。"[②] 由此，两性间爱情现在是提升的不可或缺的（作为纯粹感性则会被拒绝）基础。离开了此基础，情性

---

① 18世纪中期女性毫无希望的自愿委身作为伟大激情的表达，成了这一观念的模范。

② K. W. von Drais, Drei Vorlesungen über Liebe, Geschlechter und Eheglück, dreien Damen gehalten, Gotha 1783, S. 14.

(Gemüthsart)就不可能开启,单由"灵魂的倾向"无法完成此事。"爱情并非由灵魂的倾向所激发;真有此倾向存在的话,也仅仅由其来陶冶。"[1]婚姻给这个陶冶过程提供了稳固耐久的形式——人们感动地发现,就算在底层人中也能见到基于性的爱情婚姻的同样趋势。

和反身性相平行且相协调,这一发展瓦解了被爱者的美学及道德质性的引导功能。比方说,莫维庸(Mauvillon)仍在使用"道德性爱情"的术语,然而是在一种彻底改变了的意义上。他解释说:

> 那大概就误解了我的意思,如果人们相信,这指的是那种能力,即能够主要是因为某个对象之道德特性的推动,就爱上对象。没有什么比这个更离谱了。这不外乎就是——尤其对我们男性来说——一种极为特别的性冲动的引导,它指向某个唯一对象。[2]

---

① Von Drais a.a.O., S. 22.

② Jakob Mauvillon, Mann und Weib nach ihren gegenseitigen Verhältnissen geschildert, Leipzig 1791, S. 273. 也可比较(然而是反过来以女性为出发点)Johann Gottlieb Fichte, Grundlage des Naturrechts nach Prinzipien der Wissenschaftslehre (1796), zit. nach Ausgewählte Werke, Darmstadt 1962 Bd. 2, S. 308 ff. (Deduktion der Ehe).

第一眼看上去这个意义转换让人摸不着头脑:道德作为受引导的性欲?但是论述的理由让人茅塞顿开:如此一来,(婚姻中的)福佑就会依赖于“另一半的情性”[①]了。

友谊和爱情竞争的结果证实了一种理论,这种理论断言,由象征而一般化的交流媒介能否分化而出,共生机制关系重大。然而这一论点还须精心地加以细化和打磨。首先:它并不说明,友谊就无可能,就不具备足够高的实现概率,它也绝不意味着,性交行为就是亲密的、高度人格性的交流必不可少的前提。起决定作用的乃是一个否定性视角,这对其他所有媒介和共生机制都是同样道理。

有机过程是高度可塑、可由文化塑形的,但操纵这类过程的途径了无规则,可能给交流性交互作用的功能专门化造成困难,乃至将这方面的较高要求排除在外。故而资本密集型经济以总人口中初级需求的饱和为前提,而政治秩序的前提是将人身暴力“安置入兵营(Kasernierung)”。同样,这大概就是为什么,如果伴侣可以自由地选择和他们以外的其他人发生性关系,鉴于人际间互渗入和对伴侣之世界性(Welthaftigkeit)的接纳,要

---

① A.a.O., S. 273.

让高度人格性关系变得密集化并升级至概率极低者，即便不是全无可能，也会十分困难的缘由。经由性而展开的人类关系的亲密内容实在太大，不可能就在一种不同类的、仅仅为“友谊性”的关系中被忽略过去；无论如何，其他亲密性途径造成的负担可能难以承受，双方对这个问题的交互意识——对此做出的可能反应却只是单方面的——会进一步加剧困难。因此就可想而知，有必要将性关系纳入亲密交流模式，不让其变成干扰（Irritation）：它们作为亲密系统内其中一方伴侣的环境关系，可能成为永久的干扰之源。

正如人身暴力在国家中被安置入兵营，将性关进婚姻的营房似乎也成为所有更高级发展的前提了。17 和 18 世纪上层阶级的婚姻间接地为这些问题提供了经验背景，也是可能的。对于日益增强的个体化和强调个体性的行动规定的潮流，上层阶级以其婚姻观的自由化作为回应；他们可以让个体，但不能让婚姻获得自由，因为上层阶级的再生产是通过婚姻（而不是像今天一样，通过职业）展开的。这就意味着，amour passion [激情型爱情]符码本是为婚外关系发展出来的。“Un bon mariage, s’il en est, refuse la compagnie et conditions de l’amour [一桩美好姻缘，如果真是那样的话，会拒绝爱情的陪伴和控制]"，蒙田是这样认为。[1] 婚姻虽说是疏导过剩的感官性的一条渠道，然而其本质为自我理解而非激情。[2] 向自己的妻子献殷勤恐怕会显得极为可笑，为了接近自己的婚床而徒耗激情亦是如此——这当然不意味着不需要尊重和爱情（在此概念的悠久传统意义上），而尤其是对待自己妻子的体贴周到。[3] 语义和制

① Essais III, V, éd. de la Pléiade, Paris 1950, S. 952.

② "C'est la consentement et non pas la satisfaction des sens qui fait l'essence du marriage [是协议而非感官满足构成了婚姻的本质]。"（François de Grenaille, L'honneste marriage, Paris 1640, S. 57）

③ 以下引文在此方面是非常有代表性的，出自 Jacques Des Coustures, La morale universelle, Paris 1687, S. 42 ff.: "Le mariage est ... tres necessaire à l'Etat, il faut se sacrifier à son utilité, et tâcher par sa conduite d'en faire son propre Bonheur ... (50). Je ne voudrois pas non plus que cette union fut causée par une grande passion, puisqu'il n'y en a point d'eternelles ... (51). Cela n'empêche pas qu'on ne doive sentir et marquer à sa femme une tendresse extreme ... (52). Il me semble que cette familiarité, qui est entre le mary et la femme, altere le charme de cette union (53) [婚姻……对于国家是非常必需的，应该为了它的实用性而做出牺牲，努力通过其履行从中获得它真正的幸福……(50)。我也不希望这种结合由一种伟大激情所导致，因为没有什么是永恒的……(51)这并不会妨碍人们对妻子感到和表达出极端的温柔体贴……(52)我觉得夫妻之间的这种不拘礼节，会改变这种结合的魅力(53)]。"也就是说，并非 passion violente [粗暴激情]，而是善解人意的、人格性的信任对待，才是社会必需的制度稳定性 （转下页）

度上的这种固化必然阻碍婚姻朝着一种亲密的人格性关系发展——至少在上层阶级中。由此就可以看出,性和亲密性处于某种矛盾之中,这一矛盾在既有秩序中无法被扬弃。在性关系获得自由的情形下,婚姻无法被转化成一种亲密关系,在友谊方面人们很可能也获得了类似经验。

人们为爱情、性和婚姻寻找一种新的统一公式,在人格性自我发展的理念中找到了它,这一事实最终对色情文学和淫秽的领域造成了影响。能够归到这两个概念名下而加以拒斥的东西,如今需要得到限制,而相应地又惹上了一些并发症——会再次刺激人在边界处寻求平衡。单单是对于性的兴趣和描写本身,并不足以招致指责。不能够再在感性和灵魂之间进行切割,假如爱情和婚姻要求两者的统一的话。淫秽之所以为人不齿,是因为对于人格缺乏兴趣,更确切地说:因为相关联的人格是可以置换的。[1] 与此同时,一种对

(上接注③)在日常交往层面的关联物。而这并不能通过起伏不定的情感得到保障,而是要通过婚姻的门当户对。

① 对此问题的准确观察可参见 Emil Lucka, Die Drei Stufen der Erotik, 12—15. Aufl. Berlin 1920, S. 258 ff. 此外,社会学更感兴趣的是指责而不是事情本身。可参见 Vilfredo Pareto, Der Tugendmythos und die unmoralische Literatur, dt. Übers. Neuwied 1968.

于统一的性兴趣(不管它在文化和社会方面是如何被塑造的)的意识也一道被引进来,以至于爱情可以放任自身,包括成为淫秽(哪怕是一瞬间,哪怕是在期待或回忆中,哪怕只针对旁人)的可能性在内。借助于这个差异,伴侣之个体性的导向作用得以提升自身,同时也抵达了由文化性编码所能规定之物的极限。

还在浪漫主义之前,人们就能从凡此种种中看出清晰趋势,它们通向一种跨越旧的差异(感性的/精神的、爱情/友谊、plaisir /amour [快感/爱情]),原则上(尽管也有差别)对所有阶层都有效的新综合。亲密性被视为婚姻之福,要求将感性纳入一个相互塑造灵魂和精神形式的过程。有了这类要求,爱情语义学可保持充分开放和足够丰富,能够激发进一步的发展。法国古典主义文学中建立的悖论体系论(Paradoxie-Systematik)所传达的印象是,这个导向领域中存在一种可信关联和非任意性。在此功能上,该体系论既不能被代替,也不能被超越。但它容许变体存在,通过诸变体,amour passion [激情型爱情]的主题库得以适应新条件,爱情语义学也能发现一种新形式——这种形式在“浪漫派”名下演化为了传统。

第十二章

不可交流性的发现

复杂而迂曲的分析对于18世纪的爱情语义学来说是必要的，却难以对这些分析加以总结。语义形式层面的任何一般化都可能歪曲历史材料。如果人们追问，究竟哪些理念才真正是新的，又如果人们相信，凭着这一提问就可以接近一个特定时期的本质，情形就尤其是如此。然而，18世纪留下了一个值得后人珍视的发现：那就是不可交流性(Inkommunikabilität)的发现。

17世纪就已经开始将伟大的英雄历险及其或幸运或悲剧的结局向内心转移——尤其在涉及爱情时。德·维尔迪约夫人(Madame de Villedieu)的一位女主人公在故事结束时发现自己处在一座城堡上。

> Nous la laisserons former ses regrets en liberté, et se preparer à recevoir sans repugnance le poison qui luy fut apporté quelque

temps apres [我们让她不受干扰地培养其悔意，让她做好准备，在一段时间后心甘情愿地接受人们给她带来的毒药]。

毒药杀人、接踵而来的谋杀事件、残忍景象、帝国沦亡都不入作家的法眼，都没有得到处理，因为那样一来就"tomber dans un Recit Tragique que j'ay toûjours soigneusement évité [堕入了我一直一来小心翼翼地规避的悲剧故事]"。[①] 下一世纪中，道德调整了它的揭露技术，文学调整了它的叙事技术，指针转而对准中流水平：两者都开始关注普通人。德行成为防御公式（Defensivformel），情不自禁时会被弃置一旁。可以想见，这在普通人、普通读者那里会得到理解。对于克服自我不再提出高得过分的要求，戏剧性如今转移到了交流问题中。局中人复杂的心理现实是无法全部传达的，这涉及"de ces choses dont on ne peut dire que la moitié de ce qu'elles sont [那些人们最多能讲出个一半来的东西]"，就像玛丽阿娜·马里沃所表述的那样。[②] 看来，不可

---

① Annales Galantes a.a.O. (1670), Bd. IV, S. 180 f.

② 引自 Servais Etienne, Le genre Romanesque en France depuis l'apparition de la "Nouvelle Heloïse" jusqu'aux approches de la Révolution, Brüssel 1922, S. 52.

交流性就是为了中流的去平庸化而发明的。拜它所赐，凡夫俗子也能成就一个让别人感兴趣的历史一故事了。

不可交流性：如今不再仅仅意味着，激情让修辞变得语无伦次，让雄辩陈词变得混乱——由此暴露了自身。现在所涉及的不再是由心理和情境所决定的紊乱——紊乱本身就是和激情相得益彰的交流。而是说，出现了可交流性的原则性障碍。不是圆熟技巧的失灵，而是诚实性之不可能成为了问题。

这在一开始是非常普遍的情形。道德所诉诸的概念常常在交流中造成与意图相反的效果，每每此时，就有不可交流性的经验袭来。也就是那些必须仰赖于本真性的概念，如质朴天然(Natürlichkeit)、无矫饰(Unverstelltheit)、善解人意(Feinfühligkeit)、独创性(Originalität)，而18世纪的道德准则恰恰以这一类概念为主导。这种经验也阻碍了在独一性意义上个体性的表达(如果不是礼貌中已有禁令：不许通过和他人比较突出自身的特别性)。谁要是强调自己的不可比拟性，就已经在比较了；这一点从来都不该知道，因为一旦知道,就已扬弃了事实。[1]

这一发现对于所有亲密关系编码的意义,超过其他任何因素。编码过程涉及一种交流媒介,即是说,试图提高本身概率极低的交流的有效性。正是这一点激发出了对于一种界限的经验。

亲密关系要分化而出,显然只有借助交流才可能实现。分化以专门编码和熟练掌握高要求的语义形式为前提。分化导致了再生产两人交互作用的(一般都是暂时的)社会系统的形成。交互作用的强化是社会系统的功能,而它同时也是让可

---

① 一个略为详尽的引述可以显示,这一最初是逻辑性的问题完全被人们看到了,但没有被悖论化,而是引人注目地借助延迟解决了:"La singularité n'est pas précisement un caractère; c'est un simple manière d'être qui s'unit à tout autre caractère, et qui consiste à être *soi*, sans s'apercevoir qu'on soit different des autres; car si l'on vient à le reconnaître, la singularité s'évanouit; c'est une enigme qui cesse de l'être aussitôt, que la mot en est connu [独一性在确切意义上并非一种性格;它只是一种单纯的存在方式,会与所有别的性格相结合,它体现为作为自身而存在,却并未看到自己和他人不同;因为一旦认识到这一点,独一性就消逝了;这是一个谜,一旦其言词为人所知,谜也就不存在了]。"(Charles Duclos, Considérations sur les mœurs de ce siècle [1751], 所引版本为 Lausanne 1970, S. 291 f.)值得注意的是,作者还是列出了一种例外,即不可比拟性建立于功绩之上的情形。也就是说,道德仍然控制着问题,迫使其进入受之有愧的和因而(?)受到了影响的特别性的领域。

交流性的苛刻界限被意识到的过程。亲密性的社会系统分化的一个方面，即为不可交流性的经验。它并不违背亲密性，而是和亲密性相符合；随着这一类系统分化而出，它会不可避免地降临。

如果想到的仅仅是语言表达能力的局限，不可交流性并未得到充分理解。也不仅是说，交流需要时间，事件的步伐总是快于交流，以至于人们在书写自己的传记之时就已处于滞后状态——假如要悉数记录所发生的一切。当然也无关于那个古训，即某些内容根据其本性必须保密，而不能公开。[①] 人们也认识到，存在着关于自身情绪、猜想而尤其是自己关于别人的看法的信息，此类信息倘若传达出来会让伴侣无法承受，就连这一洞见也不触及我们的问题实质。所涉及问题还要远远激进得多，即是否存在着——尤其是在亲密关系中——某种意义，一旦人们将其作为传达对象，也就因此而被摧毁。

---

① 还在 17 世纪，人们就发现了这种关于有点滑稽的爱情秘密的学说。将爱情公开有悖于爱情的本性，它会由此而被摧毁。然而，这自然不适用于恋人们自身的交流。譬如可比较 La iustification de l'amour, Receuil de Sercy, Bd. 3, Paris 1660, S. 289－334 (321 f.). 如果这篇散文像许多人猜测的那样真的出自拉罗什富科，就必须把这里的陈述理解为反讽，旨在提示在社会上必不可少的谨慎态度。

所有交流都基于一种可以精确定位的差异，亦即信息和传达的差异。没有这样一种差异的保护，接受传达者就会被迫直接面对世界事态(Weltsachverhalten)，如同在正常形式的诸知觉中发生的那样。只有当接受者能够将信息的选择性(Selektivität)和传达的选择相区分，才会出现交流，出现对于由交流传达的若干选择的接纳或拒绝。这也就意味着，接受者必须对两者都做出反应，在特定情形下对两者做出不同反应：接受者可能认为传达真实而诚实，但信息是假的；接受者可能对于一个令人不快的消息表示感激；接受者可能认为事情无关紧要，而传达令人恼火(如“你的领带打歪了”)。如果此说不虚，即传达和信息的差异对于交流之统一体是构成性的，而整个信息获得仰赖于将二者区分的能力，则交流之内在限制的问题就必须和这个差异相联系。

于是我们现在可以这样来表述，不能交流的意义体验是可能存在的——因为一旦和该意义挂上钩，传达和信息的差异的论断就会自我摧毁。形象地说，假如信息过热，传达也不可能保持冷静。这恰恰对于高度个体化亲密关系的分化而出来说是典型的，恰恰是亲密关系导致了对这类情形的发现。只要能回想起从归因理论角度对亲密性所做的分析(前面第三章),对此就不应感到吃惊。在这里,所有行为——包括传达行为——都会被利用来认识、测试、再生产伴侣在亲密关系方面的禀性倾向。借助于传达给出的信息,传达本身对于归因过程又成了信息。由它可以进行逆向推论,另一方是如何将自己理解为恋爱者或不再爱者,理解为爱情的期盼者、预期者或是索取者;另一方是如何克服对于一种持久关系的怀疑的;另一方如何猜测对方也抱了同样的怀疑,或者为了减轻自身负担而把这种怀疑推到对方身上;另一方是如何利用这一点,即对方知道,但不能明说,自己已经不再被爱了;如果双方都知道对方知道,不交流对于其中一方比对另一方好处更多,对这般情境另一方又是如何施展计谋,巧妙处理的。

偏偏这种穿凿附会地评价所有言说的现象在亲密关系中是可以想见的,它会堵塞了交流。人们从一开始就知道,事情会发展成怎样,于是犹豫不决,对那些一旦进入交流就更难把控的事情,还要不要将其发动。在亲密性条件下,每次交流都有一个人格关联,且怀抱这样的预期:每次对方也同时能看到、考虑到这一点,为之共同承担责任。就算是设法规避,也会如其他所有行为一样服从归因的铁律。诚然,在这类情境中某一方会比另一方更驾轻就熟，多半不肯轻易就范。但随即别人也就知道（当然不会去交流这个知识），如此行为配不上一种按照亲密性符码被定义为爱情的关系。

18世纪经历了修辞学的终结，也就是说，对于交流的技术性信任的终结。姿势的失败可能毁灭假爱，真爱却安然无恙。[①] 尽管如此，人与人之间演出的瓜葛一开始仍被全然视为交流性关系。社会性关系已经被认为是完全反身性的，也正是这一点将交流带到了其可能性的边界。以后再不会有内容如此丰富的剧目单了——充满了如何应付此类情境的尝试。有意玩世不恭地操纵种种形式是可能性之一。其他可能性寓于悖论化、反讽、犬儒主义之中。即是说，人们看见了交流错误，将错误作为形式采纳入交流。为了避免错误，人们故意犯错。这一来至少可以避免被指责说，不知道自己在做什么，或者没能力驾驭手段。这正是适合于启蒙运动规划的形式。将所有亲密交流集中于性关系入口处，同样适合于这个语境。这个主

① 对此问题，可读读 Le scrupule ou l'amour mécontent de lui-même，出自 Contes Moraux von Marmontel，引自 Œuvres completes Bd. 2，Paris 1819，Nachdruck Genf 1968，S. 28—43.

题至少包含有一个无可置疑的、不再可能解散的现实关联。最终，卖弄孤独——作为某种德国变体——也属于对不可交流性做回应的领域。人们接受人们必须要经验的东西——但不是在社会关系之内，而是作为其替代物。

为了借助某一细节问题来再一次且更清晰地展现该视角，我们可选择书信小说的文学形式。也就是说，这种在18世纪格外受欢迎的小说形式尤其适合于展现互渗入关系中的交流情境，而它自身并未完全成为(但几乎成了)交流主题。书信可以描述(或者在描述中隐瞒)写信的理由。恰恰由此，它可以为它试图制止的桃色事件火上添油。克里毕庸笔下的女通信者拒绝爱情；但她终究写了这封信，这让她离事情又靠拢了一截，而在接下来的书信往来中，配合着关系进展，为描述而预备的动机也在发生变化。小说作者另外还可以如此安排，即小说读者(也可以是小说中的书信读者)比对书写者更容易把事情看个明白，也就是说，观察者比行动者更了解事态。[①] 同时，对于(两个层面的)读者来说的显而易见包含了对于书写者来说的非显而易见。也就是说，后者可以保持天真

---

① 关于此处出现的归因差异可参见上文(S. 41 ff.)。

(以及利用天真为机会,通过佯作天真操控读者[在小说中]之洞见所获)。就这样,小说在同一条路上既完成了故事进程(例如在故事中再生产的希望和畏惧),也成就了小说读者洞见上的优势,而观察者知识——作为推动力和洞见的要素发挥作用——本身却不需要借某人物之口说出或诉诸笔墨。形式在产生于交流过程的不可交流性中获得了其统一性,也实现了其目标:不可交流之物变成洞见,却不需要随交流而流转——并由此被摧毁。

在市民阶级对宫廷世界"世风日下"的批评中,随着那些对不可交流性尝试做出回答的生活形式走向终结,问题也一道消逝了。提醒人们注意的是轻浮放荡,贵族中通奸的盛行,在凡尔萨(Versac)形象中体现的 libertinage de tête[脑中的放荡][①];然而这样一种形式选择并非轻率而为,不是为了选择而选择,对它的描述亦绝非对于事情现状的自我满足:那些东西不会保留下来并传于后世的。浪漫派对其还有所知,也许主要是弗里德里希·施勒格尔(Friedrich Schlegel)——《路辛德》(Lucinde)也就是因此才耸人听闻。总体说来,

---

① 这个表述见 Versini a.a.O. (1968), S. 43.

取而代之的是一种既高蹈又无生存力，既苛刻又寡淡无味的人文主义，而之所以如此，乃因为如今的当务之急，是实现爱情和婚姻的团结。为亲密性中形单影只(Alleinsein)之苦重新赢得意义的尝试，直到今天也还未成功过。无论交流媒介还是精心打造的语义学都帮不上忙；因为这类象征性一般化都专用于让概率极低的交流得以成立。对于不可交流性的经验，因此就没有什么可能以传统为依据的东西。不可交流性无法被经典化为 maximes d'amour [爱情金律]。

在此背景下，"帕美拉"的新模式应运而生。金科玉律是：将贞洁保持到婚礼。这个准则表达了爱情、婚姻和两性关系的一体性，它至少属于这一符码的组成部分。爱情于是成为独具特色的刺激，当人们觉察到已下定决心要结婚了，就会经验到那种刺激。与之相应的是女性的形象：她在婚前毫无性意识地活着。作为替代，她牢牢地守住其德行。

然而德行意识自然就是性意识。不允许婚前进入任何以性为导向的关系，也可以被理解为向结婚方向迈进的软性压力或战术性步骤。这个模式扬弃了 prudes [规矩人]和 coquettes [卖弄风情的女人]的旧差异，该差异假定已婚女人的意识过于强烈地和性相关联。它也扬弃了诚实和不诚实的爱情的旧差异。取而代之的是一种新型差异：有意识的和无意识的好感、冲动、目的的差异。为了保护这个差异，女性被正式地(offiziell)去性欲化了。她被赋予德行意识；对自己想要借此达成婚姻，常常甚至是嫁入豪门的事实，她始终懵然无意识，无论如何必须表现为无意识。[①] 因为对她而言，这个意识/无意识的差异也必须逃离意识，故全部行为都相应地保持在暧昧状态。而这反过来又意味着不可交流性。要在"真实动机"上达成任何一致都是不可能的[②]；派得上用场的身体行为大概就是昏厥。就算男人也必须受德行的传染，最终因为德行而结婚。他对勾引无动于衷，更不会

---

① 这个问题其实在《帕美拉》一出现就被详细讨论过了。最著名的反驳文字就是菲尔丁的《沙美拉》(Henry Fielding, An Apology for the Life of Mrs. Shamela Andrews, London 1941, Neudruck Folcroft Pa. 1969)。

② 这也植根于交际的普遍性社会符码中——但也了解背后的一面。"Were we to dive too deeply into the sources and motives of the most laudable actions, we may, by tarnishing their lustre, deprive ourselves of a pleasure [要是我们过深地潜入最值得赞美的行动之源头动机，就可能因为玷污了它们的光彩，剥夺了我们自己的乐趣]"，卡里斯勒伯爵夫人如此建议。Countess Dowager of Carlisle, Thoughts in the Form of Maxims Addressed to Yong Ladies on Their First Establishment in the World, London 1789, S. 81.

屈服于胁迫而结婚。只有小说读者能够根据意识/无意识的差异去读故事；对于读者才需要让这一事实变得可信（换言之，交流这一事实），即在此类关系中存在着不可交流之物。这在效果上意味着：借径于文学，借径于小说，成为必需的迂回道路：迂回道路对于理解亲密符码是必需的。

我们还要回过头来考察爱情这一交流媒介后来的发展情形，考察对于不可交流性的跨越，尤其是对于诚实和“self-disclosure［自我揭露］”直截了当的接受。这绝不意味着，出现了将不可交流性问题正常化的趋势。然而人们也必须为其找到形式，因为人际间互渗入会由于亲密关系的分化而出和规则化而强化，由于这种强化而超出了交流的可能性。爱情的语言——它的词令、眼神语言、身体语言——会创造出它自身的透明性。它创造出伸展到它之外的种种关系。人际间互渗入不可能被人有意地营造，被人传达、索取、通过协议获得，或是结束。人际间互渗入恰恰意味着，另一方作为恋爱者自身体验和行动的视域，使恋爱者作为我而在，离开了爱情这一我在（Ichsein）就不会成为现实。互渗入的这种视域属性（Horizonthaftigkeit）伴随一切交流而滑动——然而逃避交流。

不可交流性经验之后，接踵而来的是浪漫主

义,殊非偶然。不管这种新风格的原则或诸原则是什么,它的其中一个引人注目之处是,作者(或艺术家)心知肚明,读者(观察者)并不相信所排演的这一幕。“现实主义”风格一度被舍弃,而在19世纪第二个三分之一阶段又被高调地(作为某种风格!)重新引入。浪漫主义本身就基于这一事实,即作者和读者相互猜测(也彼此知晓,他们在相互猜测),所策划的场景貌似代表了世界,却万不可当真。恰恰是这一点成为理解的基础,成为艺术品的魅力所在,被理解成对于那些无法进行直接交流之物的指引。通过距离,人们让不可交流之物变得触手可及;而这已不单单是指情感的暧昧性、混杂的动机,或在对话中通过交流对意义进行曲解和篡改,而是说,问题被一般化了,在一种超越所有表达可能性的世界感觉中被扬弃了。对于世界的探索终结了,世界如今在其自身中成为一个谜。由此,所有理念都获得了不可见的方面。紧接下来的一步就是,将这些方面转化为意识形态,进而成为庸常性。

第十三章

浪漫主义爱情

虽说不可交流性的经验是一个重要动机，对我们来说，可谓总括了 18 世纪之洞见所获，但它至少没有被当作成就来歌颂，也没有被纳入激情化爱情的符码。尽管性的因素越来越多地被纳入考虑，尽管有对于情感的百般偏爱，也有对于内在性的千种热情，一种亲密关系媒介的发展在 18 世纪却停滞下来；或者说，至少在一开始并未接纳那些正在萌发的重要变化。

始终被忽视的一方面是那些趋势：不仅是从配偶团结的老旧意义上来要求爱情，而是宣布激情爱情才是选择配偶的原则，即要求爱情婚姻。这在 18 世纪的多数情况下仍是被拒绝的。[1] 只是

---

① 譬如可比较以一篇爱情婚姻的危险分析为形式的 Abbé de Mably, Principes de Morale, Paris 1784, S. 287 ff. 这当然是个旧问题。罗伯特·伯顿(Robert Burton)在其《感伤解剖》(Anatomy of Melancholy)(1621，据德译本 （转下页）

拒绝理由——彼此无法相爱——得到了更强烈关注(自然,这已经意味着一个重要突破了)。这个问题很难牵扯到贵族和资产阶级的看法区别上[①];毋宁说和这个事实相关,即家庭仍然被理解为超越世代交替的统一体,结婚因此并非新建一个家庭,可以自行其是,而是作为家庭的再生产,必须加以控制。[②] 因此一直到18世纪,对于上层阶级的"伤风败俗",市民阶级都还只能是以坚持男性在婚姻家庭中的主宰权和女性的从属地位进行抵制。[③] 夫妻爱情的表象有一个根本上的合理性基

(上接注①)第三部分 Zürich 1952)认真地考虑,如果什么药方都不管用,是不是要任由恋爱者遵循其意愿,让他们进入婚姻。对此他援引较古老的证据,然后感伤地补充说:"当然,……不应该这样!这有许多的、各种各样的理由。"(S. 299)

① 这样的差别确实存在,但它们更多地是和婚姻生活(Ehe)而不是和结婚(Heirat)相关。市民阶级更加看重夫妻的一种内在的、家居的关系,因此会努力减少家庭内部结构中的传统僵化性,而贵族在内在性原则中找不到家庭表征(Familienrepräsentation)的可能性,所以就必须拒绝此原则。

② 对此可比较 Jean-Louis Flandrin, Les amours paysannes (XVIe-XIXe siècles), Paris 1975 中汇集的案例素材。

③ 比较 Levin L. Schücking, Die Familie im Puritanismus: Studien über Familie und Literatur in England im 16., 17. und 18. Jahrhundert. Leipzig-Berlin 1929; William and Malleville Haller, The Puritan Art of Love, The Huntington Library Quarterly 5 (1942), S. 235—272; (转下页)

础。人们必须在某一位置上实现其生活，此类表象乃立足于对此位置的承认。一个很好的测试是，畏惧和爱情并不被看成不相容，更不要说看成对立面了——就像在人和上帝的关系中一样，在和主人的关系、和一家之主的关系中也是如此。[1]重要的不是尽情享受自己的激情，而是在一个既定秩序中自由地（而非受到强制或奴隶般地）发展出来的团结。与此相应的是对这样一个主人的表象，他爱其财产：房屋和财物、女人和孩子们。[2]

最初是在英国，全欧洲共同的这种家庭领主权结构被率先打开了缺口。之所以发生在英国，

（上接注③）Edmund S. Morgan，The Puritan Family：Religion and Domestic Relations in Seventeenth-Century New England，New York 1966；以及今天综合性的 Lawrence Stone a.a.O.（1977）。关于法国从 1770 年左右以来在英国影响下的发展可比较 Jean-Louis Flandrin，Familles：parenté，maison，sexualité dans l'ancienne société，Paris 1976，S. 165 ff.

① 比较 Morgan a.a.O.，S. 47 ff.；Howard Gadlin，Private Lives and Public Order：A Critical View of the History of Intimate Relations in the United States，in：George Levinger / Harold L. Raush（Hrsg.），Close Relationships：Perspectives on the Meaning of Intimacy，Amherst Mass. 1977，S. 33－72（40）.

② 关于这种观念在向 18 世纪过渡时期发生的变化可比较 Randolph Trumbach，The Rise of the Egalitarian Family：Aristocratic Kinship and Domestic Rélations in Eighteenth-Century England，New York 1978，尤其是 S. 150 ff.

乃因为在这里，在男性占据宗教和科层制上主宰地位的背景下，主要不是女性社会地位，毋宁说是女性家庭地位成了主题。在最早的一次改革运动中，通过全然唯理论的、心理学方面体察入微的分析，夫妻原则性的平等和将婚姻建立于爱情、理性和相互尊重之上的想法被突出地表达出来。[①]

Love and peace［爱情与和平］是弥尔顿为此提出的公式。[②] 对他来说，一个在此意义上的健康家庭构成任何国家体制改革的前提。必须以此为矢的，而非以单纯的人类的物理再生产为准；有了这一论争意味明显的差异，暂时就无必要对 Love and peace［爱情与和平］公式作进一步解释了。对弥尔顿本人而言，它已经完全和平等主义表象相连接，然而，无论平等主义表象，还是让离婚变得更容易的计划，在他那个时代都行不通。

要理解英国的特殊发展情形，还必须和货币经济的侵入，尤其是和地产和劳动被纳入经济系

---

① 比较 Rae Blanchard，Richard Steele and the Status of Women，Studies in Philology 26（1929），S. 325－355；Stone a.a.O.（1977），S. 325 ff.

② 譬如可参见其倡导改革的著名文章 The Doctrine and Discipline of Divorce，引自 The Prose Works of John Milton（ed. J.A.St. John）Bd. 3，London o.J.，如 S. 177，194. 也可参见 Johnson a.a.O. 1970，尤其是 S. 121 ff.

统的货币一体化相联系。老套的、实际上非常朴素自然的表象——爱属于自己之物——由此失去了说服力。过去的财产之爱包括了房屋和财物、女人和孩子在内，绝不需要否认其中包含的情感性；关键在于：人格性关联和财产表象的这种组合，在两个领域的功能分化日益增强之际，变得越发困难，最终必然会丧失其语义效力——另外，这也是同时涵盖了贵族和市民阶级的现象，绝不为市民阶级专有，也不仅限于乡绅阶层（Gentry）。[1]而按照今天的认识水平，就算是"工业化"亦与此无关。家庭中的亲密关联和经济上维持和盈利的冲动必须被理解成不同类别的 commitments [追求]，必须被归于不同的语义学符码；这是在工业化出现之前就已注定了的。

这种最先在英国[2]被接受的对一种亲密的、人

---

① 尤其是关于上层贵族的情形可参见 Trumbach a.a.O.

② 还要包括英国殖民地，如果人们关注后来的美国就会加上这个说明。对于 1741－1794 年间的情形可比较 Herman R. Lantz et al.，Pre-industrial Patterns in the Colonial Family in America：A Content Analysis of Colonial Magazines，American Sociological Review 33 (1968)，S. 413－426. 关于和工业化的关系，几位作者强调："it may well be that industrialization *facilitated* the development of a romantic love complex already in existence [很可能工业化助长了业已存在的浪漫主义爱情复合体的发展]。"

格性的家庭生活的要求，和一种新型的道德性感伤主义相联系。在两个方面，拒绝女性的结构性从属地位，拒绝家庭之内复制政治科层制，都是可生产出主题的差异。由此，家庭和政治统治的日益增强的结构性分化本身生产出语义学差异，这一差异推动了亲密关系符码的演化。无论如何，只有在这一制度性背景之上，才能理解新的情感语义学的强度和在文学中取得的成功。可这并不意味着，个体已完全实现了自身。个体愿意享用其爱情、表达其情感、寻找和发现其幸福（这一切都是在他人中实现的），人们大可以承认其权利；但要在这一原则上建立如婚姻、家庭、教育等制度，那就是另一码事了。①

① 对此，不妨援引《威克斐牧师传》(1766)开头部分："I was ever of opionion that the honest man who married, and brought up a large family, did more service than he who continued single, and only talked of population. From this motive, I had scarce taken orders a year, before I began to think seriously of matrimony, and chose my wife, as she die her wedding-gown, not for a fine glossy surface, but such qualities as would wear well ... However, we loved each other tenderly, and our fondness increased as we grew old［我一向认为一个结了婚、抚育一大家子人的老实人，所做的贡献要胜过一直独身却空谈人口的人。基于这个动机，我就职还不到一年，就开始认真地考虑婚事，而我选择妻子，正如她选择结婚礼服一般，不是为了光鲜的外表，而是为了耐久不坏的品性……可是我们却 （转下页）

另一个障碍在于对个体的个性的理解。尽管描写爱情和友谊主题的文学在18世纪初就已强调是个体在这类关系中谋求幸福，但由此所表达的，一开始还仅仅是否认把阶层条件看得至关重要。如果在社会亲密性关系中，一个人是贵族或市民并不重要，那这个人就是个体了。仅仅在上流阶层践行的风雅不再时髦，同样退场的，是人们用来标记阶层专有属性——作为友谊和爱情的前提——的术语。诚实取代了 honnêteté［正派］的地位。然而这些特征规定始终是普遍性的。人们可以轻而易举地通过书信结交朋友，可以极为迅速地发展出最亲密的友谊，这些都证明，人格性标志并未扮演多重要的角色。人们并不把友谊建立在只联系于这一位朋友、将其和所有其他人相区分的独异性之上。

（上接注①）温柔地彼此相爱，我们的好感随着年纪渐老而增加］。"（Oliver Goldsmith，The Vicar of Wakefield，所引版本 Bielefeld-Leipzig 1919，S. 2）更早些的证据见 Morgan a.a.O.（1966），S. 29 ff. 也可比较 Trumbach a.a.O.中好几处关于18世纪中期爱情婚姻在英国上层贵族中日益增长情形的论述。人们也猜测，婚姻的缔结本身在18世纪将结束时也或多或少获得了自由，对此可比较 Daniel S. Smith，Parental Power and Marriage Patterns：An Analysis of Historical Trends in Hingham Massachusetts，Journal of Marriage and the Family 35（1973），S. 419－428.

这些仅仅满足于摆脱阶层关联的抽象个体表象造成了一个语义虚空，只是随着这个世纪的展开，才在内容上得到丰富和充实。对于外界环境、教育、旅行、友谊的塑造性影响的认识，是后来才逐渐生长出来的，也只是到了该世纪尽头（实际上只是在德国哲学中），才发现了那些申张自我的世界性和世界设计的主体性的激进公式。[①] 只是在这种哲学人类学和受其影响的浪漫派文学中，才将个体的具体性和独一性解释为普遍主义原则。对它们来说，两个心灵就是两个世界。斯塔尔夫人那里也有类似表述；她眼中的爱情，同样是通过关联于另一个人而实现的所有相

---

① 譬如可比较 Wilhelm von Humboldt，Theorie der Bildung，in：Werke Bd. 1，Darmstadt 2. Aufl. 1960，S. 234－240. 这种将个体性理想化的人类学有一个不太令人信服的变种，它只是说，只有所有人都个体化了，获得各自特别的独特性，人类才能获得其最丰富的展开——譬如可参见 Friedrich D. E. Schleiermacher，Monologen 1800 11 (Prüfungen)，in Werke Bd. 4，Leipzig 1911，S. 420；但也可参见其 Monolog"Weltansicht"。对此而尤其是关于德国和西欧关于个体性理解的差别可参见 Louis Dumont，Religion，Politics，and Society in the Individualistic Universe，Proceedings of the Royal Anthropological Institute 1970，S. 31－41；Lilian R. Furst，Romanticism in Perspective，London 1969，S. 53 ff.

关性的提升。[①] 然而，同时代的德国浪漫派不满足于将世界关联至另一个人，还进一步要通过另一个人提升世界的价值。[②] 继心理陶冶——只涉

---

① 比较 Anne Louise Germine de Staël, De l'influence des passions sur le bonheur des individus et des nations, 1796, 引自 Œuvres complètes Bd. III, Paris 1820, S. 115 ff.: "l'univers entier est lui sous des forms différentes; le printemps, la nature, le ciel, ce sont les lieux qu'il a parcourus; les plaisirs du monde, c'est ce qu'il a dit; ce qui lui a plu, les amusemens qu'il a partagés; ces propres succès à soi-même, c'est la louange qu'il a entendue ... [整个宇宙都是不同形式的他；春天，大自然，天空，是他周游过的场所；世间的欢乐，是他说过的话；曾让他高兴的，是他分享过的乐趣；而其自身的成功，是他听闻过的赞扬……]"这段引文表明，世界是在和另一个人的关系中被评价的，但并不是(或者至少不是清楚地)作为主观的、将正常扭曲的或者涂上浓重色彩的世界设计。爱情在此还不意味着：携手从正常世界退出而进入私人世界。

② 人们可以非常清楚地发现这种进步在施勒格尔的《路辛德》中得到了表述：

> 他们(指法国人)彼此在对方中发现了宇宙，因为他们对其他一切都失去了感知。我们不是这样。我们平时所爱的一切，现在我们会爱得更热烈。对我们而言，对于世界的感知直到此时才产生。(Friedrich Schlegel, Lucinde, Berlin 1799, 引自 Reclam-Ausgabe Stuttgart 1975, S. 89)

如果爱情以此方式被置入世界构造之中，人们也就可以期望它的长久了；至少它不会因为和事实或利益相抵触而失败，它可以以非理性方式从事实和利益中抽身而出。

及人格自身和如何对待人格——之后，现在出现了一种主观性的世界开发（Welterschließung）。客体的世界即自然成为爱情的共鸣板。如果拿18世纪初和19世纪的小说相比较，就会发现，恋人对话退居幕后；作为其补充，或几近于替代物，出现了客体的魅化（Verzauberung），恋爱者通过这些客体在和另一方的关联中经验到他们的爱情。[①] 爱情如此依赖于其自身的经验空间，恋人自愿地献身于这一空间（这恰恰就是爱情），设若事情如此，则几乎不再有可能，在此去和某种国家理论或某种经济理论相连接；但是，这种构想刚好符合了人们对于爱情，对于无保留地进入对方的世界之独一性（而不仅是：品格）的期待。

能让人联想到爱情的主题领域由此得到了扩展，同时被置于一种中心原则之上。爱情不再是单单依靠展示身体的和道德的质性。anything goes [怎样都行]——尽管市民文学仍偏爱一种黑面包语义学[②]、家庭氛围、花园等等。变化不仅在

① 在司汤达那里，对于爱情的“结晶”是几乎用不上交流的，当爱情来临时，它会摧毁组织，因为它让“不”得以实现。参见充满了理论的缩微小说《厄内斯蒂娜或‘爱情’的诞生》（“Ernestine ou la naissance de l'amour”），引自 De l'amour a.a.O.（1959），S. 352－378.

② 再一次让人想起了《少年维特之烦恼》中7月16日的信。

于让爱情变得可以观察和描述的情景、形象、事件，还在于它们的扩展和化简。当人们开始在社会反身性中去理解爱情时，也会给自己惹来麻烦，那些并发症如今得再次去设法克服。由此人们才进入浪漫派阶段。浪漫派的爱情语义学涉及一种个体性主体和世界的关系。

其中的新颖之处，如果和莱布尼茨哲学的个体化原则作一个比较，就最容易看出来。[①] 莱布尼茨就已经用符合于世界（Weltkorrespondenz）来规定个体性了，然而此符合关涉于事情维度的代表性（Repräsentativität）（其隐喻是镜子）。只是到了18世纪的进程中——不知道敢不敢说：基于和新的个体性原则打交道的经验？——才加入了时间维度，尤其是社会维度。莱布尼茨对于这一发展的影响难以确定；无论如何，作为世界去构建个体性和作为个体性去构建世界之物，逐渐地给自己填充了历史和社会实践关联，而也只有这三重指引维度的共同作用，才能让体现了其世界独一性（welthafte Einzigartigkeit）的人格个体性产生。同时只有以这种方式，爱情才能在教育和交际之外

---

① 对于修养理论的平行领域也可比较 Clemens Menze，Leibniz und die neuhumanistische Theorie der Bildung des Menschen，Opladen 1980.

履行其自身的功能：一种世界立场（Weltstandpunkt）之事情性独一性的时间性发展，要求人对于人的影响作用，并将这种影响作用纳入自身。

但是，新颖之处首先是一种从爱情和个体性的语义学中不太容易辨认出的要素，也就是功能，个体独一性正是因为它才被征用的。在爱情的语境中，个体独一性发挥着遏制熵、防止解体的导向作用。为了阐明这一点，我们再一次回到第三章介绍过的归因理论思考。在任自身进入亲密关系时，人们会寻找超越了片刻的确实性，而在伴侣获知自身和自身同一的方式之中：在其主体状态（Subjektität）之中，才发现了这种确实性。主体状态之所以超越片刻，就在于它是自身本性的任何改变的基础。故另一方的人格，也只有人格，才能在其能动的稳定性中赋予爱情以持久性，尤其是当人格被理解为主体和世界的关系时，也就是当它已事先将所有变化包含在自身中时，就会收到这种效果。人们意识到，一切业已实现的亲密性都注定是转瞬即逝的片刻——不论在约翰·多恩或布西－拉布坦，在克罗德·克里毕庸乃至司汤达那里，都可以读到这种见解。主体公式意味着一个伴随所有变异的自我是摆脱不了的，提供了一个与此现象相关联、足以与其抗衡的答案。

此答案当然不排斥变化，而是包容了变化。即便是不可信任的恋爱者也是——谁能比浪漫派作家更了解这一点——主体。就像在所有以先验哲学主体为导向的实践中那样，[1]重要的是让主体下降到日常可行操作的层面，在使用中检验主体。人们必须在行为中观察主体，看看有哪些稳定态度可以归之于它。

此类要求必然触及和改变亲密性的语义学。人格性之物越是被视为个体性的，要想遇到具备所预期的特性的伴侣，也就越发概率极低。伴侣选择的启动和论证不再能够依赖于这类品性，而是转而依赖交流媒介的象征、爱情的反身性以及亲密关联之社会系统的发展历史。

爱情交流媒介如此一种再发展和浪漫派那里暂告完成的形式赋予的诸演化条件，并非在法国，而是在德国汇聚到了一起，也就是在 18 世纪最后的三分之一阶段。老欧洲的概念性——以感性和非感性爱情的基本区分为首要导向——在这里继续存在，只是被稍加修正，然而已置身于从英国和

---

① 关于法律实践和教育实践中的类似问题可比较 Niklas Luhmann, Subjektive Rechte: Zum Umbau des Rechtsbewußtseins für die moderne Gesellschaft, in ders., Gesellschaftsstruktur und Semantik Bd. 2, Frankfurt 1981, S. 45－104 (64 ff.) 以及 Luhmann, Theoriesubstitution in der Erziehungswissenschaft: Von der Philanthropie zum Neuhumanismus, ebda. S. 105－194.

法国舶来的思想影响之下：理查生的感伤；卢梭在爱情和友谊之间的犹疑摆动；正从风雅堕为轻浮，然而观察入微的小说。神秘主义和启蒙精神并行不悖。将性关系回溯到动物性而加以拒绝的做法，由于狂飙突进运动而被彻底打破。在虔敬主义的土壤中，感伤被提升至了全然自虐的程度，而人们在承认性的权利的同时，又想要（像卢梭那样）通过把婚姻视为友谊来拯救婚姻。另外，该世纪将近结束时，对于康德哲学做出无论是赞同还是拒斥的表态，已然成了一种义务。人们在整体上会获得一种观感，即这个时代的作者和作者之间的差别要比不同历史时期之间的差别还大。没有哪个引导性差异得到普遍承认——无论感性/非感性，还是 plaisir / amour [快感/爱情]或爱情/友谊。它们一概有效，真正的成果最初仅是（会阅读的）女性自我价值感觉的某种提升。切割线彼此重叠，对照失去了清晰轮廓。人格性因素进入文学，文学又反过来被阐释为人格性因素，[①]成为

---

① 《洛蒂在魏玛》(Lotte in Weimar)是对由此产生的问题的一次后来的主题化。另一个例子是施勒格尔的《路辛德》。也可比较 Alfred Schier, Die Liebe in der Frühromantik mit besonderer Berücksichtigung des Romans, Marburg 1913, S. 58 ff.

之前从未有过的时尚风气(和激情型爱情在17世纪初生时期的对照尤为明显)。暂时来看,亲密性的语义学就像是一种结构化了的混沌,像是正在发酵的、自我加热的一团物质,可以启发每个人去得出自己的结论,并由此进一步推动个体化展开,使之超出单纯的情感中的自我在场。有些作家会出于语义学理由,认为有两个妻子对于穷尽爱情的可能性是必需的——不管在文学中,还是在他们的生活中。另一些人在作品中运用明显源于其生活的细节。① 所有这些,都以五花八门的方式造成变异,一直到了浪漫派爱情构想中,诸多变体才再次凝结为清晰可把握的结果。

如果只是追问对于既定主题在态度上的变化,这一革新过程就没有得到充分理解。革新旨在重新奠定爱情的根据,让哪怕是因袭之物也能焕然一新地显现。关于何为浪漫的标准,人们众说纷纭:是对于(不再可能实现的)综合的意愿,还是主体和世界合一的断言,抑或对于导致这一切

① 克鲁克霍恩对这一时期文学生产和婚姻问题的相互关联作了很好的梳理:Kluckhohn a.a.O., S. 176 ff. 英国有一个格里菲斯(Griffith)夫妇的平行例子,他们发表相互间通信,之后又专为了发表而继续写信,对此可参见 Joyce M.S. Tomkins, The Polite Marriage, Cambridge Mass. 1938, Neudruck Freeport N.Y. 1969.

成立的正常状态的回避?爱情语义学领域中引人瞩目的首先是,语义学形式类型学中旧的差异——理想化和悖论化的区分——融入了一种新的统一体。只要爱情要求成为二元的合一,则它自身就是理想的和悖论的。要紧的是在自我委弃中保存和提升自我,充分享受的同时又反诸自身,如醉如痴的同时又能反讽,如此来完成爱情。

所有这些东西中贯彻了一种新形式的、典型的浪漫派[1]悖论:通过距离而经验到观看、体验、享受的提升。那种自我反身(Selbstreflexion)和向外干预(Engagement)的统一因为距离才得以实现,而在直接享受中会失去这种统一。于是重心由实现移至希望,移至思念乃至远方,而恋爱过程中的进展让人既向往又畏惧。

现在所要申张并以爱情加以酬报的,显然不再是阶层专有的属性或德行。重要的是在自身世界中作为个体存在(Individuum-Sein)。两性间不对称作为对这一问题所取的立场不对称始终还存在着。男人爱的是恋爱本身,而女人爱男人;由此,她一方面爱得更深沉和更原初,另一方面也更

① 无论如何,这个看法可见于 Lascelle Abercrombie, Romanticism, 2. Druck London 1927.

受束缚而更少反身性。由此,浪漫派作为统一体所提出的东西,始终是男人的经验,尽管——也恰恰因为——女人才是初始的(primär)恋爱者并使男人的恋爱成为可能。恋爱的社会性由此被理解为将机会提升为自觉的自我塑造——这就会导致对于自爱(Selbstliebe)概念的明确拒绝。[①]

一个最初的后果是性的充分纳入,而之前由于只能在轻浮偷情和无聊婚姻之间择其一而受到阻挠的一切,都统统得到放行。就性的方面而言,现在要紧的已不单单是那种成问题的努力:让人性中的动物性得到承认;[②]而就婚姻方面而言,已不单单是在实现角色义务上的充满理解的共识。

---

① 人们可以拿它和哈切森(Francis Hutscheson)的形式上如此相似的论证相比较:人们必须承认"kind and generous affections [善良慷慨的爱情]"的质朴天然(而不是将其归于自爱),因为只有这样"improvement [改善]"才能实现。可参见 An Essay on the Nature and Conduct of the Passions and Affections, London 1728,尤其是前言。这个论证也可以看成是和培根的自然科学相平行的:为了能够改善人类的处境,人们必须正确地认识自然。这是一个操纵了自我指涉,以便能将其作为自爱加以拒绝的论证,相反,它却利用了一个(假定为)在自然中不会出现的结构。

② 只需参见康德值得注意的观念:在性交中人让自身和他人成为事物;只有在婚姻中相互作为人格的对待才能得到保障(Rechtslehre 1. Theil, 2. Hauptstück 25)。也可比较迈斯特那里的批判:Johann C.F. Meister, Lehrbuch des Natur-Rechts, Züllichau-Freistadt 1808, S. 398 ff.

婚姻就是爱情,爱情就是婚姻——至少根据费希特的“自然法权”就是如此。[1] 虽然这样一来,大多数婚姻都只算是婚姻尝试,但人们至少知道了要津之所在。爱情语义学向轻佻和轻浮方向的畸形发展被摒弃了,而将友谊——因为更稳定,故而价值更高——置于爱情之上,也同样成为多余。

所有这些都加入了向老欧洲语义学的普遍告别——1800 年左右可以观察到这一现象。在别的方面,人现在也不仅仅是通过和动物的差异得到规定。譬如说,人的最高官能不再是认识共相(Universalien)的能力,而是自我指涉性地构建世界关系的能力。[2] 这种官能将人个体化为和世界相区分的主体——而不再是作为特殊的类存在物“人”,区分于类存在物“动物”。在人类语义学的这一普遍倾向转换的框架中,也为爱情之主题带来了新的内涵和新的表述手段。就算在爱情中只

---

① 可参见 die “Deduktion der Ehe” als ihr eigener Zweck, in: Grundlage des Naturrechts (1796), 引自 Werke Bd. 2, Darmstadt 1962, S. 308 ff.

② 此外,由此出发,整个传统的博爱人道主义都可以被贬低为兽性的、“brutal [野蛮的]”——这同时证明,人/动物的差异不再起作用了。对此问题,可参见出自新教育学领域的材料:Rudolf Joerden (Hrsg.), Dokumente des Neuhumanismus Bd. I, Weinheim 1962.

是涉及作为个体的人，仅此而已，对于社会反身性（而不仅仅是：对于感受的个体性反身）的理解也由此被安置于更深层面：社会性反身性成为——至少是在人际间互渗入层面——个体性自我反身之“塑造”（Bildung）的构成性条件，反之亦然。

我们在上文中已勾勒了理解这种发展所需的历史性和理论性基础。在爱情媒介的延展和普遍化过程中，人们必须放弃对于规定的品格特性的依赖，也必须将爱情建立于其自身的事实性之上。首先是要更加旗帜鲜明地表述，恋爱者虽以另一方为导向，却总是关联于其自身：要在另一方的幸福中找到其自身的幸福。[①] 这最先是在普遍遵循的、需要个体去实现的概念如幸福、volutpats / taedium [快乐/倦怠]中得到了贯彻。但主体的自我指涉还并非过程的反身性。这个世纪中叶左右，对多愁善感的强调构成了通向反身性的桥梁——原因无他，乃是主观因素的能动性由此得到了张扬，且两性之间在这方面亦毫无差别：两方

---

① “Qui alterum amat, is eundem considerat tanquam seipsum [谁要是爱他人，就要视他人为自身]，”沃尔夫如是说。见 Christian Wolff, Psychologia empirica Methodo scientifica pertractata, Frankfurt-Leipzig 1738, Nachdruck Hildesheim 1968, 659.

都必得是敏感的。自身敏感性的自我提升最终会让人产生怀疑，人们在内心深处是否、又如何实现为了对方而存在。此外，放弃那些为爱情奠基的特性如财富、青春、美貌、德行显然是困难的，这需要个体性的自主权（Eigenrecht）为支撑。[①] 只要品格特性还值得重视，就可以通过道听途说去恋爱了。由道听途说而恋爱，被为爱而爱所取代，后者为自身寻找目标，在爱情的相互回报中建设社会反身性。恋爱的反身性因此就不仅是简单地让自我意识在爱情中一并发挥作用，也不止于单纯地意识到人们爱和被爱这一事实。就连说理智（Intelligenz）参与了爱情，带来与之相应的精致化——法国人津津乐道的 délicatesse［温柔］——也未切中要害。要不是人们发现了爱情的反身性，则所有这些都是可以放弃的。[②] 这就意味着，

① 一个对于过渡期来说典型的证明可以在莱辛的《明娜·封·巴恩海姆》中发现，Minna von Barnhelm (1765) II，7："我们必须得貌美吗？——但是，我们相信我们貌美，也许是必要的。——不，我对于他，只要对于他貌美就行！"德行在这里作为爱情的理由就越发重要了。德行只有到最后一刻才能被牺牲。

② "放弃"的表述可能太强烈了。对于两情相悦中自我指涉的共同作用，正是弗里德里希·施勒格尔给出了一套术语（反讽、玩笑、清醒）。但这套术语在其和传统合理性要求的差异中，同时也标明了这个片刻属于——如果不是下属于——一个更高整体中的地位。

以情感的方式去肯定和寻求一种相应的情感；人们爱作为恋爱者和被爱者的自身，也爱作为恋爱者和被爱者的对方，即是说，将其情感准确地关联于这一情感的重合。爱情指向的目标是一个我和一个你，只要两者都处于爱情关系之中，即是说，两者交互地促成此一关系——而非因为我和你是善的，或者是美的，或者是高贵的，或者是富有的。

抽象地来看，恋爱的反身性是一种适合于所有天赋和所有情境的可能性——绝非某种秘传之事，专为少数几个了不起的恋爱者或勾引术专家所保留。它并不是非要要求激情的艰苦劳作。它可以，但并非一定要导致一种情感的强化。它所强化的——至少对浪漫派而言——是情感的享受能力，但也是为情感而受苦的可能性。“为爱情而爱情”[1]成为实存的公式，其最引人瞩目的先知就是让·保尔。[2]

---

① 这个表述在维兰德那里可能是第一次出现，却并没说出什么来。参见 Christoph Martin Wieland, Gandalin oder Liebe um Liebe, 引自 Wieland's Werke, 4. Theil, Berlin o.J., S. 149—231.

② 参见 Levana 121, 引自 Sämtliche Werke Abt. I, Bd. 12, Weimar 1937, S. 341. 也可比较："所有爱情都只爱爱情，它是它自身的对象", in: Es gibt weder eine eigennützige Liebe noch eine Selbstliebe, sondern nur eigennützige Handlungen, Sämtliche Werke a.a.O. Abt. I, Bd. 5, Weimar 1930, S. 208—213 (209).

然而浪漫派尚未达到自在地(an sich)就可设想的爱情之“民主化”——在一种所有人都同样具备可能性的意义上。隆重庆贺语义学的形式——理想化和悖论化的统一——阻碍了可能实现的事物。以“浪漫主义反讽”的方式去恋爱,并不是为工人或女佣设计的。尽管没有挂上阶层专属的信号旗,但浪漫主义爱情的普遍主义(正如欧洲的整个市民阶级普遍主义)就所预设的态度来说,仍是一种高度选择性的理念。

在无条件的为爱而爱中出现了反身性地建立起来的自治,与此收获相对应的是一种新的差异意识。为爱而爱不能是单纯的 amor amicitiae [友谊之爱],不能是单纯地爱另一方的爱情,同样也不能收缩为简单的恋爱。就连古典主义模式所承受的任性的和理性的要素间的紧张,也消失于浪漫派之中。反身性在恋爱中操练娴熟之后,从情感巅峰向恶心的倒转就指日可待了。人们将无休止地为内部的关系化(Relationierung)劳神。人们体验到,感觉行为无法完全符合被感觉到的情感。自发性被打破了,直接情感被感觉为表层的,两个感觉层面开始在其时间位置上区分开。爱上爱情者的赞赏、惊异、气恼乃是为了作为恋爱者的自身——比方说,为了自己如何和伴侣在姿势上保持一致，为何不能掌握技巧，以何种方式巧妙地将身体靠近对方——结果在过程中弄脏了自己。单凭浪漫主义反讽已不能解决问题，问题压根不在于对自身爱情兴趣的思想性反身(denkende Reflexion)，而已经转变为自我的同一性保持：自我必须感觉情感，必须爱上爱情，这种同一性对于双方、对于每一个他人中的自己都成了差异——后果就是，人们与之相连接而能感觉到的一切，都被释放出来。

如果不把关注点放在社会性反身性，而放在时间上，人们会发现体现了浪漫派之暧昧性的一个类似问题。在这点上司汤达可提供引导，也就是《论爱情》(De l'amour)(1822)第32章"论亲密性"(De l'intimité)。[①] 卢梭的影响昭然若揭。亲密性概念表示两个相爱者的幸福相互交融，而交融意味着，幸福对双方来说都寓于相同的行动中。这要成为可能，只有将时间排除在外，而每个人都遵循此刻灌输给自己的指示。任何牵连到知识和回忆的尝试，都会让体验行为瘫痪。[②] 必须避免任

---

① 引文所据版本为 Henri Martineau, Paris 1959, S. 95 ff.

② "car rien ne paralyse l'imagination comme l'appel à la mémoire [因为没有什么比诉诸回忆更麻痹想象力了]", a.a.O., S. 36.

何事前的思虑，避免实施任何事先斟酌过的行动，因为这会导致对于此刻失去敏感。[1] art d'aimer［爱的艺术］化简为这个法则（也因此取消了自身）。不存在任何能规定行动的意志，也不存在任何透明性（candeur）。[2] "On est ce qu'on peut, mais on sent ce qu'on est［人是人之所能，但人感觉人之所是］。"[3]这在现在就意味着 sensibilité［敏感性］——在抹去了所有道德性暗示之后。这恰恰就是传统中批评激情所采用的视角，即它让人

---

① "Il vaut mieux se taire que de dire hors de temps des choses trop tendres; ce qui était placé, il y a dix seconds, ne l'es plus tu tout, et fait tache en ce moment. Toutes les fois que je manquais à cette règle, et que je disais une chose qui m'était venue trois minutes auparavant, et que je trouvais jolie, Léonore ne manquais pas de me batter［就算默不作声，也胜过不合时宜地讲说那些敏感事；十秒钟前还合宜的事，旋即就根本不是了，这一刻它让人败兴。每一次我情不自已忘了这条规则，讲说一件三分钟前想到的、我觉得有趣的事情时，莱奥诺都免不了要和我打架］。"（a.a.O., S. 97）

② 恰恰是透明性如今显得和片刻性的自我指涉不相协调，因为自我指涉只允许将自我作为自己观察的对象，就像是一个先前（!）被表述的文本，人们再也无法返回到它的起源。"Donc il ne faut pas prétendre à la candeur, cette qualité d'une âme qui ne fait aucun retour sur elle-même［所以不需要假装拥有纯真这一灵魂品性了，灵魂再也回不到它自身了］。"（a.a.O., S. 99）

③ A.a.O., S. 99.

像动物一样受制于此刻，想到了这一层，概念的颠倒过程就一目了然。同时，较之简单地将爱情历史—故事的非稳定性和典型时间进程变为主题，时间关联乃是被安置于更深的层面。沉浸于漫无涯际的此刻，如今成了人们在爱情的自我指涉关联中体验自身的条件。但凡人们试图如是(sein)并始终如是(bleiben)的种种，人们试图坚持到底的一切，要么僵化成了让恋爱无法进行的麻木之手，要么就沦为了虚荣，以 amour de vanité [空虚之爱]取代 amour passion [激情型爱情]。在此处，失败也无可避免地寓于非时间性实存的不可能性，乃至于回忆自身的不可能性——因为人们只能回忆起可以复制的文本。爱情的反身要从某一位置出发才可能实现，19 世纪小说最终导致了对此位置的重新占领：amour passion [激情型爱情]为 amour de vanité [空虚之爱]所取代——后者的优越性乃在于，它不仅要否定所有其他快感，还必须否定其自身。

所获得的最终是一个独特组合，一方面是循环的闭合性，一方面是向所有让爱情变得丰富的事物的敞开。恰恰是这一事实，即对爱情来说只有爱情是重要的，它虽然意味着爱情为自身构建了一个世界——但也刚好意味着：一个自我施加的世界(für sich eine Welt)。这不仅仅关系到相互适应,也不仅仅关系到相互带来幸福(这定然会因为需要枯竭和习以为常而迅速消逝);这关系到构建一个共有的特别世界,在此世界中,爱情将那些对于对方有某种意义的事物作为其再生产的基础,由此得以日日常新。只有这样爱情才能够是婚姻。只有这样爱情才赋予其自身以持久性。

不管自我指涉的闭合性如今更多地是从社会方面,还是更多地是从时间方面来理解,不管它更多地是被看成某种世界立场个体化的问题,还是脱离了时间的两心相印的问题:对这样一种恋爱的自我指涉的接受,就已代表了爱情媒介在浪漫派中的最重要进展。悖论原先是作为相互对立的描述或规范成为 amour passion [激情型爱情]符码的组成部分,由于这一接受,就可以将种种悖论安置入爱情本身中——比方说在浸透了精神的感性、反讽性情欲、基于爱情(作为双方之提升的形式)的角色交换等等的意义上。被如此这般风格化的问题最终是:在融入他人的同时,如何保持自身同一。[①] 友谊的情形刚好就颠倒了过来:通过将

① 可以再次拿它和 17 世纪中的"soumission [恭顺]"问题域相比较。如果恭顺意味着消灭和再生,男人就只能在爱情的拒绝中(高乃依的 La Place Royale,引自 (转下页)

他人纳入自身(老话说得好:两个灵魂在一个胸中)造成自身双重化(Selbstverdoppelung)。通过采取这种语义形式,浪漫主义爱情构想试图超越amour passion [激情型爱情],也就是在两个方面:通过纳入可无限提升的个体性,以及通过(因此而自我保障的)对于持久性的展望——作为和婚姻的和解。爱情成为婚姻的根据,婚姻成为不断地重新赢取爱情。[1] 在此过程中——尤其在浪漫主义时期——过度提升也总是一并被体验到,过度提升的问题和危险一并被经验到——几乎可以说:一并被享用。

最重要的后果之一是诚实和不诚实爱情的差异瓦解了,这样一来,amour passion [激情型爱情]的古典主义符码中信息加工的结构性前提也就被取消了。试图在这一条件下来把握爱情的小说,乃是本雅明·贡斯当(Benjamin Constant)的《阿

(上接注①) Pierre Corneille, Œuvres complètes, Paris 1963, S. 149—167),或者更典型地在迅速撤退中证明他的自由。如果说爱情是一个"风雅的"馈赠,自由就在于默默地不看重这个馈赠,在于破坏基于诚实和不诚实爱情的交流。只有浪漫派才敢于提出"在他人中自由地存在"(Feisein-im-Anderen)的统一性。

① 譬如可比较 Adam Müller, Von der Idee der Schönheit, Berlin 1809, 尤其是 S. 146 ff.中针对以婚姻为爱情或小说结局的小说的批评。

道尔夫》(Adolphe)。[1] 爱和不再爱的差异脱离了交流，[2]因为全部交流都经过了社会性的透彻反身(sozial voll durchreflektiert)。可恰是这一点让信息变得不可能，因为获得信息所必需的差异图式在此处无可指望，或者为了爱情的缘故必须被另行处理。爱情自身成为理解其编码失败的视角。

从远为一般化的角度来说，典型的浪漫派时代氛围是，巴望没有任何客观标准也能对付得过来。由此，长久以来盛行的针对假虔诚、装扮的爱情、虚伪的论争就无疾而终了。[3] 相反，社会实践

---

① 1816年首版，引自 Œuvres complètes, éd. de la Pléiade, Paris 1957, S. 37－117.

② 说得更确切，更符合小说实际的话，应当是：逃离了诚实的交流；因为某种“偷偷摸摸的”交流始终是可能的，最终也是在传达对于现实的认识。

③ 如下文本在浪漫主义时期就不会再出现了。在针对时尚性虔诚(Devotion)的时尚型批判的语境中，有这样一个文本：de Villiers a.a.O. (1695), S. 15：“Quand la Comtesse D… a commencé à visiter les pauvres et à entendre les sermons elle savoit bien dans son cœur qu'elle etoit une hypocrite, mais aujourd'huy elle se croit devote à force d'entendre les sermons et de visiter les pauvres, son cœur n'est pas mieux reglé; mais il est plus trompé [当D伯爵夫人一开始看望穷人和听讲道时，她心里很清楚她是一个虚伪的人，但是因为听了讲道和看望了穷人，如今她觉得自己是个虔诚者了，她的心灵并未受到更好的规束，而是受到了更多欺骗]。”浪漫派将放弃基于真实的事实确认分辨真和非真的可能性，会相信，一个始于非真的 （转下页）

被设立为自治性的。它几乎无可避免地首先以外在性为导向,会利用欺骗,利用扮演出来的态度,以便让自身进入运作;它会以社会模式,尤其还会以文学榜样为导向——然而所有这些举措,终归不过是为了实现其自身生命,为了找到那些能让自身生命变得可爱的特性。其间,伴随这种看法变迁的文学就承担了双重功能:既完成,又揭露这种看法变迁。①

进而,恋爱的自我指涉性构成会将恋爱者的想象保存于自身。有情人看得见微笑,看不见豁牙,这一现象早就被观察到,被视为激情的特征。现在,所涉及的已不仅是选择,不仅是对于知觉的想象性补充,而是世界感觉的提升。由此出发,一切事物都能获得新质性,这些新质性的价值恰恰在于,它们仅对于恋爱者有效。②

于此背景之下,1800 年左右出现的哪怕是传

(上接注③)实践会在之后发展出真的情感来(而不仅是将非真者固定下来)。

① René Girard, Mensonge romantique et vérité Romanesque, Paris 1961。该书以多少有些不自然的 romantique [浪漫主义的]和 romanesque [传奇性的]的区分,回应这种被看成统一性的暧昧性。

② 也可参见 Schier a.a.O., S. 122 ff。作者观察到,恰恰是离开了对象性实在才导致了,幻想最终保持为独语。

统主题也显得面目一新。新幻象的呈现，应归功于恋爱的反身性隔离的增强。例如人们总是能意识到，爱情会让恋爱者陷入失望；[①]雄猫穆尔像是头一次了解到这一点。[②] 悖论化技术保留了下来，习用的悖论被补充以新的主题。如司汤达将孤独和善于处世并称为爱情的前提。[③] 许多革新像是被嫁接到 amour passion [激情型爱情]树干上的新枝。其间得以继续发挥作用的，倒像是小说文学而非专业文献，是感伤而非风雅，是叙述技术而非编撰 maximes d'amour [爱情金律]的技术。

有了这种对待历史－故事的选择性态度，人们就可以用偶然(Zufall)的启动机制来代替理性考虑和风雅机巧的启动机制了。[④] 将偶然置入符

---

① 例如 Anonym (Aphra Behn), The Ten Pleasures of Marriage, London 1682; dies., The Confession of the New Married Couple, London 1683.

② 比较 E. T. A. Hoffmann, Lebens-Ansichten des Katers, Einleitung zum Dritten Abschnitt, 引自 E. T. A. Hoffmanns Werke 9. Teil, Berlin-Leipzig o. J., S. 193.

③ Fragments divers, Nr. 21, in: De l'amour a.a.O., S. 246.

④ 关于来源，尤其是关系到普雷沃(Prévost)的《玛侬·莱斯科》(Manon Lescaut)可参见 Erich Köhler, Esprit und arkadische Freiheit: Aufsätze aus der Welt der Romania, Frankfurt 1966, S. 97 f., 172 ff. 这个主题也早就以较为粗糙的形式流传，尤其是在表现爱情发生时未曾预料的突然，后来却得以长久的惯用主题中。因此，在著名的《葡萄牙书信》的第一封中，我们读到："Je vous ai (转下页)

码之中，带来了一种重要革新：偶然作为必然性、偶然作为命运或偶然还作为选择自由的悖论化。①由于这种置入——不管它在其他场合还有哪些功能——交往圈的扩大就会被纳入考虑，符码向社会所有阶层的扩展也得到了预备。宫廷的乃至风雅的爱情理所当然只能留给“某人”已认识的女士，以至于选择可以依托于事先的信息，②可如今随着象征标记“偶然”的出现，爱情关系的开端就被社会性地分化而出，也就是无根据地被设置，被置入无前提性之中。偶然/命运的组合也就表明，无前提的开始无损于爱情关系的重要意义，毋宁说，因为脱离了任何一种外来模塑，恰恰提升了此重要意义，也就是说，将其在自身中绝对化了。

甚至黑格尔也似乎在这个问题上上了当，他从字面上理解“偶然”，而非视其为分离的象征。

(上接注④)destiné aussi tôt que je vous ai vu [早在我看见了您时，就已注定是属于您的]。”(Guilleragues, Lettres portugaises, 1669, 所引版本为 F. Deloffre / J. Rougeot, Paris 1962, S. 39)值得注意的是从时间(突然/长久)维度向模态理论(偶然/必然)维度的转变。

① 也可参见 Aubert a.a.O., S. 213 ff.

② 人们根据画像、小说等就已经生出爱意，这之后才寻求和意中人接触，在 17 世纪小说中是一个频繁出现的母题，暗中设定的前提是一个相对较小的上层阶级。

《法哲学原理》第162节关于结婚的主观和客观出发点是这样说的：

> 这里有两个极端，其中一个是，好心肠的父母为他们做好安排，作为一个开端，然后已被指定在彼此相爱中结合的人，由于他们知道自己的命运，相互熟悉起来，而产生了爱慕。另一个极端则是爱慕首先在当事人即在这两个无限特异化的人的心中出现。
>
> 可以认为以上第一个极端是一条更合乎伦理的道路，因为在这条道路上，结婚的决断发生在先，爱慕产生在后，因而在实际结婚中，决断和爱慕这两个方面就合而为一。
>
> 在上述第二个极端中，无限特殊的独特性依照现代世界的主观原则提出了自己的要求。
>
> 但是在以性爱为主题的现代剧本和各种文艺作品中，可以见到彻骨严寒的原质被放到所描述的激情热流中去，因为它们把激情完全同偶然性结合起来，并且把作品的全部兴趣表述为似乎只是依存于这些个人：这对这些个人说来可能无限重要，但就其本身说

来完全不是这么一回事。①

到最后，这些段落再一次阐明了旧的婚姻原则：假设在结婚之后，倾慕和爱情——至少在通常情形下——就会出现。这曾经是可以预期的，但前提是，不论对于自我中心化的个体性还是对于人际间互渗入，都没有提出过高的要求。然而，现代社会早就打破了这一前提。另一方面，尽管有了代表激情和偶然之分化而出的象征体系，有了悖论化的编码技术，它也并未获得能将稳定性承诺给婚姻或其他亲密关系的某种原则。爱情语义学和人格性世界要求的持久意义赋予(Dauersinngebung)可能陷入冲突，浪漫派对于这种情境的反应是：遁入过度提升。

① 引自黑格尔《法哲学原理，或自然法和国家学纲要》，范扬、张企泰译，商务印书馆1961年版，第177－178页。——译者注

第十四章

爱情和婚姻：论再生产的意识形态

不论是英国的感伤主义，还是声称贴近自然的18世纪的性科学，都突出了婚姻问题的重要性。经济作为生产领域和家庭生活的分化日益增长，也有助于让家庭从超出自身范围的考虑中解脱出来。早在18世纪，上流阶层家庭就已然失去了其“承载国家”的重要意义。对结婚实行控制的社会结构性理由消失了，什么又能阻挡社会从包办婚姻向爱情婚姻过渡呢？[①]

---

① 关于这个趋势有大量研究，既有历史性的，也有地区比较性的。多数情形下，经济发展被（过去片面地）视为这种变迁的根据。从达尔文理论视角出发的研究首先是 Henry R. Finck, Romantische Liebe und persönliche Schönheit: Entwicklung, ursächliche Zusammenhänge, geschichtliche und nationale Eigenschaften, Dt. Übers. 2. Aufl. Breslau 1894（尤其是关于19世纪美国情况，见 Bd. 2, S. 57 ff.）。社会学文献中特别可以参考 William J. Thomas / Florian Zaniecki, The Polish Peasant in Europe and America, New York 1927, insb. Bd. II, S. 1159 ff.; Olga Lang, （转下页）

必须从彼此交替强化的两方面，来更清楚地概括革新过程的特征。一方面，其他功能系统的分化而出，使得如今可以不用再把(通过婚姻缔造的)家庭联系当作政治、宗教或经济功能的支撑梁柱。诸功能系统有足够的自治性，可负责它们自己的自我再生产。所以人们能够接受，夫妻通过出生所从属的不同亲属关系，通过婚姻被偶然地

(上接注①) Chinese Family and Society, New Haven 1946, S. 120 ff.; Hiroshi Wagatsuma /George De Vos, Attitudes Toward Arranged Marriage in Rural Japan, Human Organization 21 (1962), S. 187－200; George A. Theodorson, Romanticism and Motivation to Marry in the United States, Singapore, Burma, and India, Social Forces 44 (1965), S. 17－27; Frank F. Furstenberg, Jr., Industrialization and the American Family: A Look Backward, American Sociological Review 31 (1966), S. 326－337 (insb. 329 ff.); Robert O. Blood, Jr., Love-Match and Arranged Marriage: A Tokyo-Detroit Comparison, New York 1967; Promilla Kapur, Love, Marriage and Sex, Delhi 1973; Greer L. Fox, Love Match and Arranged Marriage in a Modernizing Nation: Mate Selection in Ankara, Turkey, Journal of Marriage and the Family 37 (1975), S. 180－193; Barbara Lobodzinska, Love as a Factor in Marital Decisions in Contemporary Poland, Journal of Comparative Family Studies 6 (1975), S. 56－73; J. Allen Williams, Jr. / Lynn K. White / Bruno J. Ekaidem, Romantic Love as a Basis for Marriage, in: Mark Cook / Glenn Wilson (Hrsg.), Love and Attraction: An International Conference, Oxford 1979, S. 245－350.

联结在一起，相互关联却仅仅在于单个婚姻，而不具备任何超出于此的意义。只是在孩子身上，父母的出生家庭才象征性地融为一体，一旦孩子们结婚又会再次被化简为代表某个新结合的那种狭窄纽带。

这种结合复又远离的过程从社会系统的其他宏观功能脱钩，会造成，甚至会强迫造成一种表象，即家庭在每一世代都要重新建立。不能说在过去时代就完全没有这种表象（尤其是在家庭成员的居所彼此分离的情况下），但是重新建立的过程如今被置于其自身之上，并且这一过程赋予婚姻在家庭系统中的意义，比起它在老欧洲家庭经济中的意义要远为重要。相应地，配偶选择的合法性依据必须是出于其自身（不管单个人在此过程中是怎么想的）。通过发展爱情这一交流媒介，人们所预备的——然而并没有意识到这一点——正是这个结构转变。语义学已准备停当，其导向有时是婚外激情（法国），有时是家庭生活（英国），有时是修养（德国），现在它就可以履行功能了。

把结婚让渡给无法以社会方式加以控制的偶然的问题，随着社会结构转变而变得越发突出，接过了交流媒介"爱情"再发展的引导权；可以充当语义学相关物使用的，目前却只有 amour passion [激情型爱情]，但它虽说不排斥以新的主题丰富自身，[①]却不能解决稳定性问题。能够做到的，只能是在挥霍无度上还要胜过它一筹，而宣布正常人的生活方式根本不受欢迎。[②] 这种过度亢奋却始终是一种特殊现象，远不能涵盖人们此后在一种新的、不再仅仅牵涉到小说的意义上称为“浪漫主义爱情”的所有一切。

18 世纪结束时，人们推崇爱情婚姻和婚姻爱情的合一，视之为人类天然完善的原则。[③] 这一成就最重要的额外收获之一是，现在不仅双方的婚姻动机，就连被归之于双方的婚姻动机，都相互趋近了。两性的差异减弱——不仅是指双方各自的自身动机，也是关于人们假定对方所应有的结婚

---

① 此外，主题上的革新始终很少，也没有大的分量；只是变化了的态势(Konstellation)给它们招来了另一种形式的注意。为了清楚地呈现这一点，我们在上文中十分详尽地考察了 amour passion [激情型爱情]的古典主义符码。

② 一种相应的浪漫派阐释见 Lothar Pikulik, Romantik als Ungenügen an der Normalität: Am Beispiel Tiecks, Hoffmanns, Eichendorffs, Frankfurt 1979.

③ 这种意见譬如可见于 Mauvillon a.a.O. (1791), S. 342: “人们的婚姻的最高完美就在于，婚姻关系总是爱情，而爱情总是婚姻关系。”

理由。[1] 在浪漫主义爱情复合体之非同寻常性的庇护下，伴侣双方的预期相互适应；某个爱情事件在外人看来越是离奇古怪，越是明显偏离正常行为，当事人就越能信心十足地交互假定对方有着相同动机。[2] 差异和一致被带入一种相互提升的新关系。

这样一来，人们却面临一个问题：如何解释诸多不幸（或至少是不怎么幸福）婚姻的存在。不能

---

① 通过今天的素材也可以显示出这一点。参见 Lobodzinka a.a.O.（1975），尤其是 S. 62 f.

② 然而经验性研究总是展示出男女之间的差别，尤其是体现在这个方向上，即男性——至少在一段关系的开端——比女性更强烈地倾向于浪漫主义爱情的姿态。譬如可参见 Charles W. Hobart, The Incidence of Romanticism During Courtship, Social Forces 36（1958），S. 362－367；Hobart, Disillusionment in Marriage and Romanticism, Marriage and Family Living 20（1958），S. 156－162；William M. Kephart, Some Correlates of Romantic Love, Journal of Marriage and the Family 29（1967），S. 470－479；David H. Knox / Michael J. Sporakowski, Attitudes of College Students toward Love, Journal of Marriage and the Family 30（1968），S. 638－642；Alfred P. Fengler, Romantic Love in Courtship: Divergent Paths of Male and Female Students, Journal of Comparative Family Studies 5（1974），S. 134－139；Bernard I. Murstein, Mate Selection in the 1970s, Journal of Marriage and the Family 42（1980），S. 777－792（785）. 然而不清楚的是，这个差异是否会以及在何种程度上会反作用于对每一次的另一方的评估。

再仅仅将问题归咎于，孩子们出于财产和等级的考虑才结成婚姻。“浪漫主义爱情”因此必须接过任务，同时去解释婚姻中的幸与不幸。

将结婚让渡给19世纪中得以贯彻的浪漫主义爱情，本身又必然对选择发生作用，影响到什么会被当成“浪漫的”来看待和索求。爱情成为择偶的唯一合法理由，所有那些危险的、危及实存的、考验生死的激情要素因此都必须被滤除。留下来的，是对狂热激情的制度化理解，人们假定，这是对于婚姻意愿的某种测试和某种对于幸福的承诺。家庭如今必须在每一代中重新建立。那些如今在一种较空洞意义上所称的“亲戚”，对于结婚和婚姻生活来说更多地被视为潜在干扰，无论如何算不上帮助。父母最多还有间接可能性，让孩子们接触异性变得更容易或更困难。[①] 相应地，择偶的（客观的）不确定性和风险也很大。浪漫主义爱情的语义学承担了将此不确定性转化为主观确定性的功能。它充当了对于先见之明的某种魔术

① 对此可比较（照今天的发展情形来看也许已经过时的）的论断，如 William J. Goode, The Theoretical Importance of Love, American Sociological Review 24 (1959), S. 38—47 (43 ff.)，或者 Claude Henryon / Edmond Lamprechts, Le mariage en Belgique: Etude sociologique, Brüssel 1968, S. 129 ff.

性替代。它至少给出了表演形式，有了这些形式，不确定性在交互作用中就能被当成确定性来对待，就能收到为社会所承认并因此成为确定性的效果。情侣被隔离出来还满足了一项功能，即让这个转化过程无需客观化的社会控制就能展开。这里，特殊的社会结构性问题情境反过来又会作用于选择，影响到从爱情语义学的丰富库存中有哪些东西会被提出和再生产。

如果人们将这一情形纳入考虑，即一次爱情声明——如果它真要让人信服[①]——总是会要求第二次声明，就会更清晰地阐明变化。在 17 世纪它是 déclaration de sa naissance [出生声明]，[②]必须明说出来或者以证据表明，情郎是某位王子或以别的方式达到了门当户对的追求者。[③] 这在 19

① 也许应当说：如果它要让阅读的大众信服！

② 克沃金（Kévorkian a. a. O., S. 188）在涉及贡贝维叶（Gomberville）的一部小说时使用了这个表述。

③ “Puisque vous sçaves si bien ma naissance, Madame, poursuivit le Pelerin, je ne vous parleray plus que des affaires de mon cœur [既然您对我的出生知道得这样清楚，夫人，朝圣者继续说，我就只能对您讲有关我这颗心的事情了],”德·维尔迪约夫人的一篇小说中这样写道。参见 Madame de Villedieu, Aannales Galantes Be. 1, Paris 1670, S. 14 f.，引自 Nachdruck Genf 1979.

世纪被婚姻意图的声明所取代。[1] 这一附加声明不再关涉于过去，而是关涉于未来；之所以如此，乃因为家庭不再是世代永续，而必须由每一代人重新建立。

如果考虑到导向转向未来的必然性，就会清楚地看到，浪漫派虽说是爱情的宏大理论，本身还是不够的。浪漫派如痴如狂地向非同寻常物喝彩——动机无非是要让结婚摆脱社会和家庭的强制，获得自由。但它很少顾及红尘男女的爱情日常生活，这些人让自己进入婚姻，后来却发现处于咎由自取的尴尬处境。

---

① 参见缪塞(Alfred de Musset)的独幕剧《需要一扇门，不管开着还是紧闭》(Il faut qu'une porte soit ouverte ou fermée)，引自 Œuvres complètes, Paris, S. 415－422. 也可参见侯爵夫人对表格般爱情声明的拒绝："Heureusement pour nous, la justice du ciel n'a pas mis à votre disposition un vocabulaire tres varié. Vous n'avez tous, comme on dit, qu'une chanson ... Cela nous saver par l'envie de rire, ou du moins par le simple ennui [我们还真是幸运，上天公正，没交给你们一套差别很大的词汇。就像人们说的，你们全都只有一首歌……这倒是救了我们一命，因为它让人想发笑，或至少是让人打瞌睡]。"(S. 419)关于19世纪法国对爱情追求和婚姻开启间相互关联的社会控制也可比较 Henry T. Finck, Romantische Liebe und persönliche Schönheit: Entwicklung, ursächliche Zusammenhänge, geschichtliche und nationale Eigenheiten, dt. Übers., 2. Aufl. Breslau 1894, Bd. 2, S. 1 ff.

浪漫主义爱情因此不能成为新出现问题的唯一答案。事实上,1800 年之后的时代也出现了其他主题的发展,它们融爱情/性的语义学和立于非浪漫主义基础上的婚姻为一体,也就是说,将其调低到庸常性的音阶上。在塞朗古(Sénancour)关于爱情的书中,可以找到这方面的充分证据。[①] 在接受以性为爱情的基础的同时,也认可对于此基础的超越。性就其本身而言不过是 un soulagement à obetenir: rien de plus [待获取的一剂安慰:仅此而已],[②]但同时又是爱情本身的维持与提升条件。[③] 共生机制在符码内部的功能由此可以看得非常清楚。个体在寻求幸福的表象引领下,服务于人类再生产。为此社会必须在爱情和婚姻中准

① De l'amour, selon les lois premières (1808), 引自 4. Aufl., 2 Bde., Paris 1834. 关于作者和作品可比较 Joachim Merlant, Sénancour (1770—1846), Paris 1907, Neudruck Genf 1970; André Monglond, Vies préromantiques, Paris 1925.

② A.a.O., Bd. I, S. 56.

③ "Sans quelques idée secrete de la plus vive jouissance de l'amour, les affections les moins sensuelles dans leurs effets apparens ne naitraient pas, et, sans quelque espoir semblable, elles ne subsisteraient pas [没有一些关于最生动的爱情欢乐的秘密概念,则在其效果中最少肉欲的情爱也不会诞生,没有一些相似的希望,它们也就不会幸存]。" (a.a.O., Bd. I, S. 51)

备好适当形式，以便让最大限度的秩序和自由的组合得以实现。为此，在爱情和婚姻中必须达到一种最好是和平的，无论如何不能过于狂暴、激情化的氛围，而过去的 amour passion［激情型爱情］如果说并未被拒绝，也被极大地相对化了；[①]对于完全以之为基础的结婚的社会学批判，在此已有了预先提示。[②] 在用于向对方表示要求的概念中，还能找到精英化的评价标准，[③]但已经有了这一表象：对于生活中无法实现其他什么的中流人士（也就是对于所有人！）来说，爱情就是安慰。[④]

如果人们将德斯蒂·德·特拉西[⑤]和叔本华[⑥]的意见也算在内，就会发现，在 19 世纪头几十

---

① 譬如可比较 Destutt de Tracy, De l'amour（原计划作为《意识形态要素》［Elements d'idéologie］一部分，但在当时未能出版），Paris 1926, S. 17：不是"fureur［狂热］"，而是"sentiment tendre et généreux［温柔而慷慨的情感］"。类似的可见 Joseph Droz, Essai sur l'art d'être heureux, 1806, Neuauflage Amsterdam 1827, S. 108 ff.（113）

② 比较 Sénancour a.a.O.，尤其是 Bd. I, S. 104f., 147 f., 153; Bd. II, S. 29 ff.

③ 譬如可参见 Bd. I, S. 37ff., 277 ff.（其中回溯到了文学传统）

④ A.a.O., Bd. I, S. 148.

⑤ De l'amour a.a.O.——一个有意识地促成家庭制度改革的纲领。

⑥ Die Welt als Wille und Vorstellung, Viertes Buch Kap. 44（Metaphysik der Geschlechtsliebe），引自 Werke, Darmstadt 1961 Bd. II, S. 678 ff.

年中已经有了一种理论，它不再把爱情语义学当作是给定的或当作是某种认识来接受，而是试图将其当作一种三阶段的调控关联（Steuerungszusammenhang）来把握。在文学、小说、idéologie［意识形态］（在此我们称之为语义学）的层面上，影响个体性情感塑造的引导性表象被固定下来。这些表象重又在某种“对于类的天赋的沉思”（Meditation des Genius der Gattung）中，[①]调控着人们的生殖行为。关于再生产，也就是关于“下一代的组成”[②]的决定，就在一种完全个体化的、获准自由然而又被暗中调控的选择程序中作出。自由和制度合而为一。[③] 恋爱者根据小说塑造了种种表象，然而表象的目的不在于其自身，而在于此功能。不管它们以多么悖论、不受控制、难以捉摸的方式产生：它们将配偶选择个体化，乃是为了在组合中培育人类种族，唯有透过此一功能，才能认识到所有甜蜜与伤痛，所有焦虑和困窘，所有狂热不羁的深层意义。[④]

---

① Schopenhauer a.a.O.，S. 702.

② Schopenhauer a.a.O.，S. 682.

③ 在特拉西（Destutt de Tracy）那里尤其如此。

④ 根据达尔文的观点，这一点可以立即以演化理论的形式——在此意义上以严格的科学形式——加以重复和扩展。譬如可参见 Max Nordau，Paradoxe， （转下页）

在此“意识形态”的语境中，18 世纪的自然概念解体了。科学上可供研究的、在文明中被编码的质料(Materie)，取代了由自身规律而贯彻自身的力(Kraft)。与此相应的是一种在数十年后出现的生物学感伤主义，蒲鲁东赋予了它不太清晰然而简明扼要的表述。爱情和婚姻的统一被预设为质料和形式的统一。人的再生产是这一安排的功能性目的，诸多理想参与到其实现过程中："l'influence de l'idéal était nécessaire aux générations de l'humanité [理想的影响对于人的生殖是必需的]"，另："l'amour est donc ... la matière du mariage [爱情因而是……婚姻的质料]。"[1]引导性差异因而就是：形式和质料以及理想和实在。因为在这个差异中人们无法决定赞成某一方而反对另一方，它就表述了基于性的爱情

(上接注④)Leipzig 1885，S. 273 ff.；或者 Gaston Danville，La Psychologie de l'amour，Paris 1894：爱情——在一种"systematisation exclusive et consciente du désir sexuel [性欲求的排他性和自觉性系统化]"的意义上——作为再生产过程的演化性分化的最终形式。

① 这些表述出自 Pierre Joseph Proudhon，Amour et Mariage，Teil X und XI von：De la justice dans la Révolution et dans l'église，2. Aufl. Brüssel-Leipzig s.d. (1865)，Teil X，S. 11 bzw. 10. 也可参考对于那种引人入歧途、败坏婚姻的理想化爱情的批判，a.a.O.，S. 48 ff.

和婚姻的统一，而扬弃了所有早先的形式区分。浪漫主义历经了19世纪后半叶的自然主义和进化论潮流而存活下来——然而丧失了所有的深层张力，且形式上采取一种貌似严肃的幻觉主义（Illusionismus），它总是旋即就会被揭穿。①

这么说，浪漫派就只是反抗庸常化，阻止爱情向所有人开放的最后一搏吗？或者执着于“伟大爱情”的代价必然是一种独特的犹豫难决，②乃至伟大形式的丧失吗？无论如何，由于单个家庭分化而出，可信性的诸构成基础——它们让种种可能的革新变得神圣化③——发生了推移。一个早

① 这方面典型的是一种浪漫主义和解剖学、美学理想化和育种选择的混合物，如 Henry T. Finck a.a.O.；或者诗学、生理学和“曙光政治”（Dämmerlichtpolitik）的混合物，如 Paul Mantegazza, Die Physiologie der Liebe, dt. Übers. 3. Aufl. 4. Abdruck, Jena o.J. (Erstausgabe 1854)。社会学家也加入了讨论，譬如 Lester F. Ward, Pure Sociology: A Treatise on the Origin and Spontaneous Development of Society (1903), 2. Aufl. New York 1925, S. 290 ff.，尤其是 390 ff.

② 福楼拜《情感教育》中莫罗的行动无力可以在此意义上来解读。一种更大胆的解释是：教育（人格发展）在小说中没有实现，现在必须通过一种爱情和金钱的关联化来展开，而这又同时让其变得不可能，因为金钱在此（和通常一样）象征着非本真的动机。

③ 可比较论文 Gesellschaftliche Struktur und semantische Tradition, in: Gesellschaftsstruktur und Semantik Bd. 1, S. 9—71 (49 f.).

已有之的动机是有情人寻求婚姻(小说则以结婚为结局),该动机也只是现在才变得时兴。爱情和婚姻不可兼得的旧论点如今得掩藏起来了,小说结局并非生命结局。通过去掉所有显示威胁的要素,人们试图简化浪漫主义爱情的语义学。不仅是堂吉诃德、爱玛·包法利、于连·索雷尔这样的小说主人公,不,所有人都获得了可能,将自己提升到复制来的需要中去。某种小人物的浪漫主义应运而生,必要时,它只需要消费书籍和电影就可以得到满足啦——“one of the few bright spots in a life normally bounded by the kitchen, the office and the grave [在通常束缚于厨房、办公室和坟墓的一生中不多的亮点之一]”。[①] 它易于理解,通过梦幻就能实现,对智力要求不高,也淡寡无味。虽然只有极少数人能照着这样去生活,但所有的人都能梦想那样的生活。[②] 另外,它和一个以市场和机构组织为特征的社会的

---

① Francis E. Merrill, Courtship and Marriage: A Study in Social Relationships, New York 1949, S. 25.

② 人们会强调,激情作为实际行为的符码是多么不合适,譬如 Harry C. Bredemeier / Jackson Toby, Social Problems in America: Costs and Casualties in an Acquisitive Society, New York 1961, S. 461 ff. 对于法国的素材也可比较 Patterns of Sex and Love: A Study of the French Woman and Her Morals, New York 1961.

正常职业条件可谓背道而驰，于是将爱情和婚姻开辟为别具一格的晋升之路——同样不设任何前提，也能被看成是充分个体化的。

然而，简单的庸常化就够用了吗？如果为了给低概率性行为实现提供社会的庇护和心理的预备，爱情必须重新被制度化而成为理想，那么一个理想和人格的对比不是通常不利于人格吗？如果一个符码被专门化，专用于让非正常行为显得正常，则如果行为乃是在实在的(real)心理和社会条件的压力下才重归正常化，符码岂不是失效了吗？最终，人们重又在婚姻中发现了不相容性的老问题：恰恰是那些奠定了婚姻的预期让人大失所望。可能尤其是男性受到幻想破灭的煎熬，假如斯塔尔夫人的猜测是对的：他们用想象代替所缺乏的心灵联系。[①] 无论如何，社会学在思辨时首先想

---

① 可比较 De l'influence des passions sur le bonleur des individus et des nations a.a.O., S. 132；以上(Anm. 6)援引的经验性研究的结果也证明了这一点。从社会学角度来看，男性和女性受浪漫主义爱情传染的程度差别也与这一事实相关，即男性的社会地位通常不会因为婚姻而改变，所以男性更能放任自己受浪漫冲动的支配，而女性面对婚姻时也是在对她的未来地位作决定，因此更有理由通过周详考虑，决定和谁一起开启进入浪漫领地之旅。对此可参见 Zick Rubin, Liking and Loving: An Invitation to Social Psychology, New York 1973, S. 205 f.

到，恰恰以罗曼史开场的婚姻才会被这样一种现实冲击所威胁。[①] 就这样，浪漫主义爱情将离婚置于一种新的、戏剧性的光照下。“The world that loves a lover does not love a divorcé ... He has got what he wanted and found it was not good for him [世人钟爱恋爱者，不爱离异者……他得到了他想要的，却发现并不适合他]。”[②]宗教、道德、法律和

---

① 比较 Ernest R. Mowrer, Family Disorganization: An Introduction to a Sociological Analysis, Chicago 1927, S. 128 ff.; Ernest W. Burgess, The Romantic Impulse and Family Disorganization, Survey 57 (1926), S. 290－294; Merrill a.a.O., S. 23 ff.; Paul H. Landis, Control of the Romantic Impulse Through Education, School and Society 44 (1936), S. 212－215. 在此具有关键性的是这一发现：现代家庭的功能问题，尤其是夫妻间相互理解的困难，并不是文明造成的伤害，或者在普遍意义上可以归咎于工业社会，而恰恰是植根于功能领域的自治本身，也就是说植根于由自治引发的预期提升。

然而要注意到，人们在四十年后失去了对这样的结论的兴趣；它们如今被视为一种单纯的“意见”，并没有被系统性地研究过。可比较 J. Richard Udry, The Social Context of Marriage, Philadelphia 1966, S. 192; Ernest W. Burgess / Harvey J. Locke / Mary Margaret Thomes, The Family: From Traditional to Companionship, New York 1971, S. 272 f. 此外这种意见的论证逻辑也不完全令人信服。谁要是经过深思熟虑而结婚，也还是不能保证不会失望；比之于浪漫主义者，他（她）甚至更容易在和预期相比较中发现种种不如意。

② 沃纳由这些表述引入了离婚主题，参见 Willard Waller, The Old Love and the New: Divorce and Readjustment (1930), Neudruck Carbondale 1967, S. 3.

家庭政治壁垒的撤去，将社会判决引向了离异者本人。一种公开的排拒不再能从这些层面获得支持，然而当事人自身并不一定会获得更有利的处境：当事人知道，人们知道，是他（她）让自己陷入了这一境地。要说谁的罪过的话，那就是"浪漫主义爱情"的意识形态性错误调控。这一假设促使人们为持久的亲密关系寻找另外的基础。陈旧的（譬如清教徒的）"终生伴侣"表象又在 companionship [伙伴关系]、"同伴友谊"（Kameradenschaft）的称谓下复活了，虽然已没有人记得起来源。人们在婚姻中寻找的，不是拔高到非实在性的理想世界，更不是炽热情感的持久证明，而是在所有重要事情上相互理解和共同行动的基础。

一种化简为少数几个标志的浪漫派复合体分化而出的趋势，仍然为该世纪上半叶的消遣文学所重构、过度提升和陈套化，[①]与此同时，对符码的

---

① 试比较 R. W. England, Jr., Images of Love and Courtship in Family-Magazine Fiction, Marriage and Family Living 20 (1960), S. 162—165. 其中有一个对 1911 到 1915 年和 1951 到 1955 年的美国文学的比较，其启发意义尤其关系到以下方面：(1)初遇的偶然性（=无规则性）；(2)相识时间的短暂（=爱情本身就立即决定了一切）；(3)所有其他的生活承担都退居幕后；(4)通过转移到更高阶层语境，在阶层上得到价值提升。

反身性更强的加工似乎已经引发了变革。另有经验性数据表明，不同于消遣文学以及对消遣文学的兴趣所传达的形象，浪漫主义热忱在爱情表象中蔓延并不太广；而这些事实自然会反过来对语义学起到降温作用。[1] 是什么导致了这种变化？一种偶然给出的解释是，对于婚前性行为的更大容忍度，[2]以及两性角色差异的日益消失，无法和浪漫主义爱情的表象相结合；[3]浪漫派以苦修禁欲，以满足的延后为前提。可就算情形如此，最多说明了浪漫主义爱情表象的可信度在陷落，却并未道出，它们作为由象征而一般化的交流媒介是朝着哪个方向被转化的。

---

① 比较 Charles B. Spaulding, The Romantic Love Complex in American Culture, Sociology and Social Research 55 (1971), S. 82—100.

② 这个趋势本身一再被研究，被证实一直到最近都是如此。譬如可参见 B. K. Singh, Trends in Attitudes Toward Premarital Sexual Relations, Journal of Marriage and the Family 42 (1980), S. 387—393.

③ 正如 Merrill a.a.O., S. 52; G. Marion Kinget, The "Many-splendoured Thing" in Transition or "The Agony and the Ecstasy" Revisited, in: Mark Cook / Glenn Wilson (Hrsg.), Love and Attraction: An International Conference, Oxford 1979, S. 251—254. 能够支持这一观点的经验性研究如 Joachim Israel / Rosmari Eliasson, Consumption Society, Sex Roles and Sexual Behavior, Acta Sociologica 14 (1971), S. 68—82.

这种有待发展的亲密性的新语义学可以依赖于一个因素：非人格性和人格性关系的差异，这一因素之前从未以此方式对象征内容产生影响。它并非过去对自己群体的所属者和外来人的区分，由此区分生长出了 phílos / philía [爱/友谊]的传统差异。① 所涉及的不是某种正好碰上的、自然形成的人群分组，单个人或较小群体在其中至多能通过迁徙(脱离群体)实现位移。问题所在不再是宗教性(关联于上帝的)和世俗性(必然是自私的)爱情的差异，因为对于另一方的命运和人格特征，两者都可以保持相对的冷漠。② 这样一种冷漠在减轻负担方面带来的种种便利，也因此而消失了。所涉及的也不再是婚姻和孤独的差异，浪漫主义者的幻想、反讽和失望均由于这一差异而点燃。如今赋予了形式的差异，毋宁说处于社会关系层面，单个人要么能将其全部自我置入这一层面，要么不能。单个人也只能——这一情形是新出现的——在非人格性关系中实现其一生中的大部分要求，在这类关系中，单个人无法就其自身进行交流，或只能在不同系统的狭隘界限之内进行交流。

---

① 比较 Franz Dirlmeier, ΦΙΛΟΣ und ΦΙΛΑ im vorhellenischen Griechentum, Diss. München 1931.

② 至少是在此传统终结时，这一点可以被清楚地表述出来。

这种条件甚至将自我的建构本身纳入了其中，也就是将学校和职业生涯语境中的成长过程包括进来。自我自身循着差异经验的轴线而被构建起来，由这些社会结构性条件，差异经验获得了一种特殊色彩。对于另一个自我——这等于说：另一个他人、另一个自己的自我——的需要由此而受到了深深的影响。这一需要一道参与了自身同一性的构建。

19世纪的人们鉴于工业革命给市民阶层制造的诸种情形，会假设问题仅仅涉及男性。只有男人在家庭之外工作。只有他需要去应付世界的种种不如意。只有他会直接面对周围人的冷漠、无情和恶意，而女人用爱情来修复他的创伤。

> Le soir, il arrive brisé. Le travail, l'ennui des choses et la méchanceté des hommes ont frappé sur lui. Il a souffert, il a baissé, il revient moins home. Mais il trouve en sa maison un infini de bonté, une sérénité si grande, qu'il doute presque des cruelles réalités qu'il a subies tout le jour ... Voilà la mission de la femme (plus que la génération même), c'est de refaire le cœur de l'homme [晚上，他精疲

力竭地回到家。工作负担、事情的无聊及周围人的恶意重重地击打他。他在受难,他在衰退,他回来时已经不像人样了。但在他的家里,他能找到无限的善良,如此之宁静,简直要怀疑整个白天经历的残酷现实是否真实……这就是女性的使命(超过了生育本身),即修复男人的心灵]。①

在这个社会理论前提之下,男女的人类学差异首先必须加以保持,甚至推至极端——在它被完全放弃之前。

如果非人格性和人格性关系之差异的这一基本经验成为共有知识财富,如果它独立于阶层划

---

① Jules Michelet, L'amour, Paris 1858, S. 17. 类似看法(婚姻作为一个平庸世界中的幸福岛屿)更早可见于 Droz a. a. O. (1806/1827), S. 108 ff. 关于美国的相应家庭意识形态及其标志如"retreat [躲开尘嚣]"、"conscious design [自觉筹划]"和"perfectionism [完美主义]"也可比较 Kirk Jeffrey, The Family as Utopian Retreat from the City: The Nineteenth-Century Contribution, in: Sallie TeSelle (Hrsg.), The Family, Communes and Utopian Societies, New York 1972, S. 21－41, auch in: Soundings 55 (1972), S. 21－41. 其他关于 19 世纪的情形可参见 Neil J. Smelser, Vicissitudes of Love and Work in Anglo-Ameirican Society, in: Neil J. Smelser / Erik H. Erikson (Hrsg.), Themes of Work and Love in Adulthood, Cambridge Mass. 1980, S. 105－119.

分、独立于性别而出现在每个人身上，这必然会将对于人格性关系、对于充分的人际间互渗入的愿望安置于更深层面，同时又增强到不可实现的地步。其间，和一种物资短缺经济（相互帮助）以及一种勤勉为生道德的关联尚未完全消失。这些承载了传统友谊伦理的要素始终很重要，但它们被降格为最低限度条件：它们不可或缺。恰恰因为这些要求寓于非人格性关系领域，在那里能得到实现，故而对于人们在亲密性关系中指望从对方获得的东西来说，它们才不能构成出发点。爱情和友谊的理想无法顺着它们攀援而上，这类理想并不在于和短缺资源打交道、勤勉为生、不吝付出、乐意投入一类抬得过高的要求，然而又在于什么呢？

人们会猜测，在一个给每人都提供了高度复杂环境（有着随时转换的关系）的社会，婚姻或者类似婚姻的关系反而会被进一步强化，因为它们至少能够以一种持久关系的形式为整个人格提供支撑。[①] 经验性研究也表明，比之于各自角色被同时固定于环境中的家庭，在一个高度复杂、变化不

① 譬如可比较 Warren G. Bennis / Philip E. Slater, The Temporary Society, New York 1968, S. 88 ff.，其中的未来前景却并不稳定。

定环境中的家庭会更趋向于弥散而亲密(diffus-intim)的内部联系。[1] 然而,由这种对于亲密关系强烈的、可以说代偿性的兴趣,却很难推断出相应系统的稳定性。恰恰是那些想找到某种失落之物,实现某种未实现之物的希望和预期,也可能树立起根本无法实现或难以实现的标准。尤其是当缺少了社会层面上被标准化的语义学时,情况就更是如此。人们评估前景和调整自身的行为方式,皆依赖于这样的语义学。

① 参见 Elisabeth Bott, Family and Social Network: Roles, Norms, and External Relationships in Ordinary Urban Families, 2. Aufl. London 1971.

第十五章
今日如何？问题和替代方案

比起以往，我们今天碰到的爱情语义学情境更难用一个引导性公式来概括。是拒绝，还是隐蔽地延续由传统规定的表象，两种态度难分轩轾，半斤八两。看起来，符码的形式经历了从理想到悖论再到问题的转化，而问题大概是非常简单的：找到一个亲密关系的伴侣，且将其牢牢拴住。对于任何一种乐观情绪的怀疑，都关联于高要求的、高度个体化的预期态度。分手和独身的替代方案成了受到严肃对待和理解的生活规划。人们对这一问题作出的恰当阐释尝试并不多，其中一篇的作者安·斯威德勒（Ann Swidler）认为，在恋爱的悖论性要求之内，可以发现一种朝着与个体性自我实现更高度兼容的方向的推移。[①] 如

---

① 参见 Love and Adulthood in American Culture, in: Neil J. Smelser / Erik H. Erikson (Hrsg.), Themes of Work and Love in Adulthood, Cambridge Mass. 1980, S. 120—147.

斯威德勒所说，这种自我实现不再被看成轻狂的少年意气中一次刻骨铭心爱情的问题，而毋宁说是成年阶段的生活实际问题，需要在漫长一生中通过建立联系、放弃联系、压根不要联系等方式去设法克服。

问题情境的变化就在这当中得到了表达（尽管非常粗略），为了能理解这些变化，我们必须重新由社会结构变迁出发。社会学家普遍认为，较古老社会秩序的公社式生活情形为亲密关系提供的空间很少，社会控制乃至社会的再保险（Rückversicherung）紧靠着行为，为单个人提供了足够的共识机会。进入切近关系的伴侣多数在之前就已相识，进入切近关系常常并不意味着认识的实质性拓展，不意味着接纳伴侣之体验的深层结构。对人格和谐一致的预期不能提升得太高；也许“灵魂之物”在相应范围内压根就不存在，因为社会没有为自我的问题化提供任何机会。和谐的人际关系的最重要因素就在于外部关系的协调一致，在友谊或共同生活中只需要将这些社会关系组合到一起就够了。

亲密关系自治化被斯拉特贴切地称为“社会

性回归”(soziale Regression)，[①]它创造了一种全新情境。外部支撑拆除了，内部紧张却被加剧。稳定性如今必须由纯粹人格性资源而得以实现，且是在任自身进入另一方的同时！如果人们再一次进行历史比较，就会看到：法国人在1700年左右还认为稳定的爱情关系是根本不可能的，同一时期的英国道德主义者在日益增长的感伤情绪中看到了婚姻中爱和恨的增长。[②] 近来的研究也再次证明，亲密关系中特别容易孕育冲突。[③] 出现这一情形的原因大概在于，对于具体行动、角色理解、环境评估、因果性归因、品味问题、价值评判上的意见分歧来说，只有人格性交流层面能够充当解决冲突的层面，在此层面上，人们欲维持相互爱情

---

① Philip E. Slater, On Social Regression, American Sociological Review 28 (1963), S. 339－364. 尤其应该注意到西美尔式问题方向的颠倒：第三者的闯入并不是问题，第三者从控制和共识担保的功能中退出才是问题。

② 证据见于 Wilhelm P.J. Gauger, Geschlechter, Liebe und Ehe in der Auffassung von Londoner Zeitschriften um 1700, Diss. Berlin 1965, S. 300 ff.

③ 只需要比较 Harriet B. Braiker / Harold H. Kelley, Conflict in the Development of Close Relationships, in: Robert L. Burgess / Ted L. Huston (Hrsg.), Social Exchange in Developing Relationships, New York 1979, S. 135－168 (尤其值得注意的是其论断：在伴侣强化他们的关系时，孕育冲突的可能也在上升)。

中的协调一致;然而与此同时,由意见或行为方式得出的结论也会联系到这一最终层面,可谓不言自明,因为这种因果关联理应由爱情来作担保。

二三十年代的社会学寻求的第一个回答很简单:规划的编排有误。浪漫主义爱情对于婚姻来说不合适。这一解释在今天已近乎绝迹,相反,人们发现自己面临这一问题:是否"社会性回归"——即放任亲密关系成为自己的、人格性的塑造——本身才是问题的原因。如果事情是这样,我们就是在和一种普遍而典型的发现打交道,即现代社会不再将其成就仅仅作为所缺失之物(Desiderat),而是自此而后作为实在性来经验了。这对于社会学而言意味着:它必须将社会结构分析和语义学分析更明确地分离,必须更加谨慎地使用因果性假设。

我们一直在跟踪爱情语义学演化,它导入并伴随亲密关系分化而出的过程,一开始毋宁说是对抗作为社会制度的婚姻,然后是把婚姻视为相爱者的自我创建(Eigengründung)。这种和婚姻形式的联系看起来逐渐在松动。很早以来父母干涉就仅限于非正式的预防性手段,如为子女接触异性创造机会或防范其接触异性。就连这种控制看来也越来越让位于自愿担负的顾虑。但首先是时间视域替代了社会控制的位子。人都会变老，由此会承受压力——一种一般化的社会压力！——必须找到，要不就接受一位合适的婚姻伴侣。社会是通过象征去支配被允许的和受保护的排他性的，以上这些推移终归会对此象征造成影响。然而，它们允许近乎自治性地使用该象征，这不可能不产生后果，尤其是在这一方面：以此方式变得自治的婚姻无法为亲密关系的主要威胁——不稳定性——提供足够的保护。

鉴于这一情境，我们现在暂且搁置婚姻的形式和吸引力的问题，而转向在社会层面被设为自治的亲密关系的一般性问题。可能涉及婚姻，但也可能涉及婚外关系，只要它们试图实现对亲密性的特殊要求。

尽管费了这么多口舌来谈亲密性、亲密关系和类似之物，却没有一个足以在理论上充分把握这些主题的概念。人们最容易将所指的东西理解为高度的人际间互渗入。[1] 这意味着，人们在交互关系中降低相关性阈限，从而导致对某一方有相关性的事物，对另一方也几乎总是有相关性。交

① 譬如可参见 Irwin Altman / Dalmas A. Taylor, Social Penetration: The Development of Interpersonal Relationships, New York 1973.

流关系相应地被密集化了。如果人们注意到我们在第二章处理过的接纳选择模式的类型学,就可以如此来界定亲密性的特征,即不要说一方伴侣的行动,单单一方伴侣的(选择性)体验,对另一方来说就已经相关于行动了。法国古典主义这方面的惯用主题有:爱情中没有鸡毛蒜皮的琐事;强调履行义务和爱情不相符合;不仅要做所要求的一切,还要未卜先知,提前下手。德国唯心主义会说,将另一方的世界关系据为己有,换言之,对方的享受就是我的享受。爱情关系的高度言语化也证实了这一论题。相爱者之间能不知疲倦地说个不停,乃因为所有的体验都值得传达,会收到交流上的反响。

对于所有由象征而一般化的交流媒介,都会有一个问题被提出来:是否有可能分化出相应的社会系统,后果又如何?亲密关系能否获得自由,成为自治性的自我调节过程?亲密关系能否放弃社会根据而独立存在,仅仅依靠一些并不符合其自身本性,不符合其特殊的信息加工模式的过程,保持和环境的联系?

随之而来可能有第二个问题相续:对于由此产生的事实情况,像 amour passion [激情型爱情]这种曾经助长了分化而出的语义学还适合吗?一开始时需要让概率极低者变得可能和可信，是一回事；而要忍受概率极低者，又是另一回事。19世纪就已在过度提升和庸常化之间犹豫不决，今天的亲密性编码更是如此，必须允许每一个人自由地进入相应态度。按帕森斯的说法，借助一种“affect［冲动］”语义学可实现“generalized accessiblity to an ‘attitudinal’ entity［对一种‘态度’实体的一般化可达性］”。[①] 一种激情、过度、漫无节制、对于自身感觉不负责任的语义学，或者仅仅就是一种高亢情绪和缥缈幸福的语义学，对此还能派上用场吗？

首先大概可以做出这样的判断，即“浪漫主义的/浪漫派”（romantisch / Romantik）的语义学内容早就被悄然置换了——不管是当人们将概念的意义关联于本义上的浪漫派，还是简单地拿它来指代小说中的爱情描写，都不外如此。譬如说，美国人建构刻度表来测量浪漫主义爱情，如果人们关注到表上使用的项目，所指的大致就是那种互

① Talcott Parsons, Religion in Postindustrial America: The Problem of Secularization, Social Research 41 (1974), S. 193－225. 也可比较他的 Some Problems of General Theory in Sociology, in: John C. McKinney / Edward A. Tiryakian (Hrsg.), Theoretical Sociology: Perspectives and Developments, New York 1970, S. 27－68 (50 ff.).

为对方而在世(Füreinanderdasein)的情感,不多也不少。[1] amour passion[激情型爱情]的传统已无迹可寻。在此起决定作用的差异,似乎最多还能触及性关系的入口:性关系是否带有情感性牵绊。[2] 由此,性关系的共生机制不仅被纳入了符码中,而且成了"事情本身",对此人们可以采取不同的态度:其间的差异嗣后才定义了"浪漫主义爱情"。

第一眼看上去,如此谦逊的意义要求——所涉及的,终归是生活意义!——和社会结构的深度情境,和自主处理已分化出来的亲密关系的无可避免性,形成了鲜明对照。但也许所需要的解释恰恰就在其中,也许恰恰是因为那种被我们总

---

① 比较 Zick Rubin, Measurement of Romantic Love, Journal of Personality and Social Psychology 16 (1970), S. 265—273. 表面看来相差异的(但并没有充分地交代各项目本身)观点是 Llewellyn Gross, A Belief Pattern Scale for Measuring Attitudes Toward Romanticism, American Sociological Review 9 (1944), S. 463—472.

② 譬如韩特(Morton M. Hunt, Sexual Behavior in the 1970's, Chicago 1974)区分了性伦理的两种形态:"liberal-romantic[自由—浪漫主义的]"和"radical-recreational[激进—娱乐的]"。在经验性考察中作出的类似区分见 Joachim Israel / Rosmari Eliasson, Consumption Society, Sex Roles and Sexual Behavior, Acta Sociologica 14 (1971), S. 68—82.

结为分化而出、自治化、社会性回归的发展，使得人们不敢过于冒险，用文明高尚的模式、要求、语言形式，给本来就棘手的预期调协过程增添负担。另外在此过程中，内部可能性的复杂性连带着相关环境的复杂性都会增加。如果注意到这一事实，即不管对 Ego［自我］还是对 Alter［他者］来说都涉及人格和环境的关系问题，也就是说，都涉及一个无法简单地通过描述符合愿望的人格标志就能予以确定的问题，就很难设想，解决方案存在于一种能够流传下去的语义学的层面上。显然，像“同伴友谊”(Kameradenschaft)这样的单个词语只是不充分指示，尤其是因为它们所由源出的领域在今天已大大非人格化了。人们甚至不得不自问，这个主题是否、又以何种方式还能够成为文学表现的对象。这里缺少了那种性和道德、需保密之物和可公开之物之间的紧张关系，那些必须排斥公共领域而作为个人隐私来践行的东西之所以能付梓，正是拜此紧张关系所赐。这里缺少了相伴而生的对于学习和对于代理性共同体验的兴趣。① 也缺少了性的那种相对来说简便易行的、直

① 关于浪漫主义爱情领域的这两个对于文学富有启发的视角可参见 Aubert a.a.O.

接或间接的功能——作为所愿望之物的秘密指标。绝不是说，人们可能放弃作为共生机制的性！但是性的主题化，抑或对那些在语义领域代表性的主题的处理，都不再具有那种一目了然的问题关联，不再会如此清楚地暗示，对于亲密交流的需要可以在这条路上得到满足。如果同时还涉及世界，则性不再能充分地象征互渗入关系。此外，假如人们从亲密性问题今天的情形出发的话，还由此产生了关于应该赋予两性差别何种意义的问题上的不确定性。在迄今所有的爱情符码中，两性差别都得到了强调，非对称性就围绕差别而被建构和提升，这些差别如今也渐渐磨灭了。这个差异曾经一度对进入婚姻来说比金钱还重要，今天的人们却要问自己：该拿这样一个无法合法化的差异的残余怎么办？

由性关系的自由放任引出的推论首先是，条件关系必须颠倒过来——至少是在小说中。美梦成真前的长期煎熬显得可笑。相反，任自身进入性关系才能造成深刻印象和联系，但这种深刻印象和联系会导致不幸。悲剧不再是由于相爱者不能相互走近；悲剧乃在于，性关系造成爱情，以至于人们既不能靠爱情生活又无法摆脱爱情。[1]

在直接和性主题打交道的专业文献中，人们也能发现对这种新情境的反应。但这些反应指向了另一个方向。[2] 这些文献几乎是清一色地从警告、劝阻意图，转向了建议、推动、鼓励意图。维多利亚时代做出了最后的大规模尝试，竭尽所能要对性加以否定，如今这只能招来反讽性对待，[3]被视为不可理喻的歧途。取代医学语义学登场的，一方面是一种追求充分满足性高潮的临床

---

① 可比较索伦森的双重发现(Robert C. Sorensen, Adolescent Sexuality in Contemporary America, New York 1973, S. 108 ff.)：爱情作为性的必要条件，反之亦然。在此态势中，同性恋关系也能成为文学素材；同性恋关系甚至特别适合于演示这种效果。譬如可比较 James Baldwin, Giovanni's Rom, London 1956.

② 试比较 Stanton Peele, Love and Addiction, New York 1975. 这里的论述不管怎样还是平行于小说经验的，然而将肉体关系大大地弱化了。

③ 参见巴克尔—本菲尔德的(也是极为贴切的)文章标题《生殖的经济：19 世纪的性观念》。Ben Barker-Benfield, The Spermatic Economy: A Nineteenth-Century View of Sexuality, in: Michael Gordon (Hrsg.), The American Family in Social-Historical Perspective, New York 1973, S. 336—372; 或者柯米诺斯那里通篇为大写的“Respectable [体面的]”。Peter T. Cominos, Late Victorian Sexual Respectability and the Social System, International Review of Social History 8 (1963), S. 18—48, 216—250.

治疗努力,[1]这种努力又会造成其自身的悖论;[2]一方面是运动的语义学,这方面很少被人意识到,却正因此才能更清楚地被认识到。身体能动主义(Körperaktivismus)象征了青春年少——无论在性行为还是在运动中,都是如此。重要的是效能和改善效能,但并非是人们被迫偿付的效能,而是自愿提供的效能。反之要获得改善能力,他们必须付出辛劳和注意力,而但凡涉及身体效能,都需

---

① 特别有名的有 William H. Masters / Virginia E. Johnson, Human Sexual Response, Boston 1966; dies., Human Sexual Inadequacy, Boston 1970. 对此也可比较人们对于莱希(Reich)式处方的嘲弄,如 Pascal Bruckner / Alain Finkielkraut, Le nouveau désordre amoureux, Paris 1977, S. 15 f. 如果人们把更早期的房中术文献,如 L. van der Weck-Erlen, Das golden Buch der Liebe oder die Renaissance im Geschlechtsleben: Ein Eros-Kodex für beide Geschlechter, Privatdruck Wien 1907, Neudruck Reinbek 1978,也算进来,就可能要质疑革新是否真的带来了新的东西。

② 譬如在马斯特斯和约翰逊那里对于因为"fears of performance [害怕表演]"而充当的"spectator role [观众角色]"的描述,见 Masters / Johnson a.a.O. (1970), S. 10 f., 65 f., 84 u. ö. 当整个治疗过程将能力和无能的主题带入意识(这一点无论如何很难避免)时,由此产生的自我和外在观察就被视为一个严重的能力障碍。人们会有些感伤地回想起浪漫主义反讽和"清醒"(Besonnenheit),人们设想它们也完全可以被一道享受,也就是享受会变为反身性的;或者也可以想到旧的告解所问题:它同时是警告和刺激。

要接受训练。过程的完成取决于能否在空间和时间上从日常生活中分化而出。和伴侣的关系必须是“公平的”，必须也给对方一个机会。就像在运动中那样，撤退至一种从社会方面被定义为富有意义的身体行为，也能让人逃避所有其他生活领域中的意义不确定性。

对两性平等的强调较之前更多，但男女在性体验上的显著区别却由此被掩盖了。对平等的强调造成了悖论性结果，即按照男性的方式来阐释性经历以及反映性经历的爱情语义学。更简明扼要的形态、令人震惊的事件、清晰可见的开端和结束，是男性性体验和行为的优势，更适合于成为以性高潮为中心的治疗的焦点。以性为导向的行为可以分化而出的表象，看起来也是依据男人的想法，而非女人的要求。如果一个女人恋爱了，人们说，她会永远爱下去。一个男人在这当中还有其他事要干。

所有这些都表明，相对于社会要求，私人领域倾向于分化而出和松弛化（Entspannung）（顺便说一句，连这也是一个“男性”象征）。文学或电影为了其自身生存而售卖的纵情狂欢场面，不再被照单全收。然而，对于亲密性和人际间互渗入的需要依然存在。由此，也就出现了对于一种对于能组织经验的偏见，对于被维护的语义学，对于形式，而尤其是对于种种学习可能性的需要。但是交流媒介“爱情”的编码依据发生了推移；这一推移如此激进，以致人们几乎无法说出，是否有、又有哪些爱情语义学的主题能够被接纳和继续使用。

变化的激进性——譬如和1780到1830年间的时代相比较——无法从主题的激进化，从理想化的过度提升，从批评等等中读出。激进性源于社会结构性发展，归根结底，在于现代社会将人格性和非人格性关系的区分激进化了。人们可以无需太夸张地说，在每一社会关系中都能经验到这个差异：非人格性关系“仅仅”是非人格性关系。对一种和人格相调谐的状态的预期，过度地加载到了人格性关系之上，经常会将其压垮，不过此种情形只是强化了追求，而让对于非人个性关系的不满越发清楚地显现。

和以往都不同，人格性/非人格性的差异由此成了构成性差异，也就是说，成了那种按照贝特森的定义（difference that makes a difference［造成差异的差异］）赋予信息以信息价值的差异。没有这种差异，就无法从他人的行为获得任何指向亲密领域的信息；同样，但凡在涉及爱情（或语义的等价物）的场合，离开了这种差异的导引，人们也难以规定自身行动的意义。这实际上就意味着，在这一基础层面上，无论是在体验还是在行动中，都会产生如何开场的困难，因为人们必须在最初是由非人格性预期所规定的场合，看到一种对于人格性的兴趣并将其表达出来，却并没有由社会铸就的起跑形式（风雅）可供使用。①

这可能意味着，一种对爱情的深度理解在今天——不同于人们早先所认为的——不大适合用来引出一段亲密关系的开场和起跑阶段。在真实爱情的符码中会渐渐隐去的交换表象（Tauschvorstellung），恐怕更能胜任这项任务。② 尽管无缘知晓，在一种广泛化和密集化的交换理解中，无私和以他人为导向又如何能作为支配性动机扎下根来，然而，这种编码就一定比基于激情之随机产生

---

① 爱情开场的无可解释和突然性作为古老主题在此显然不再有多大作用了；所涉及的是如何开场，而不是开场的事实本身。现在人们需要的是一种以爱情开场和不开场的差异为导向的语义学。

② 譬如 Ted L. Huston / Rodney M. Cate, Social Exchange in Intimate Relationships, in: Mark Cook / Glenn Wilson (Hrsg.), Love and Attraction: An International Conference, Oxford 1979, S. 263—269. 也可比较 Robert L. Burgess / Ted L. Huston (Hrsg.), Social Exchange in Developing Relationships, New York 1979.

的编码更不可信吗？此外，它和浪漫主义的关系也并非遥不可及（不过是关联于一种很少被忆起的浪漫主义），后者不也曾广而告之：外部姿势能够引发相应的情感。

人们也会从其他立场出发来讨论，在公共性场合下，加上可以预料到的接触时间的短暂，如何可能开启人格性交流。能够就其自身进行谈论，大概是开始一段亲密关系的前提；它会刺激所交谈对象也谈论其自身。这样做的倾向可能在很大程度上是受心理决定，但倾向的实现也有赖于社会情境。还要考虑到，爱情符码标示了一种排他关系，换言之，只有当排除他人的动机一并进入交流过程时，人们才认得出一种朝着爱情方向的推进。恰恰是这一点在非人格性、公共性场合几乎不可能实现；因为谁要是以场合所需的步调（Tempo）过渡到有关人格性乃至亲密性事件的交流，立即就会暴露出，这不过是习惯性姿态，他在任何人面前都会来这一套。[1] 在这样的情形下，将兴趣聚焦于感官和性的方面可能让接触的开启变

---

① 比较 Sherri Cavan，Liquor License：An Ethnography of Bar Behavior，Chicago 1966；Zick Rubin，Liking and Loving：An Invitation to Social Psychology，New York 1973，S. 162 ff.

得容易，无论如何，就算是在公共性情境中它也无可避免地标示了某种接触意愿的排他性。

进一步可能还得要澄清，要求获得效力和持久性的语义表述在现代条件下会采取何种形式。在爱情语义学中，传统的构成性差异（感性的/非感性的爱情和与此区分相重叠的 plaisir / amour [快感/爱情]差异）越来越多地烙上了普遍社会性价值评判的印记——不管是以理想化形式，还是以悖论化形式。也正因如此，它们反而同时赋予了构成性差异更多的信息价值，以用于主题的创建和人格性倾慕领域中的方向引导。构成性差异在过去同时也是信息性差异。这种情形已经发生了变化。对于亲密领域的编码来说，很难由人格性/非人格性的差异——但也许当代的混沌不明情境在此问题上骗了我们——获得指示。编码一方面是普遍性地（universell）相关的，而不限于经典的“青春/美貌/富有”三项模式。它在原则上适用于所有凡是能想到的情境，只要人们从人际间互渗入的视角去观察它们。但也正因为这一点，它尚未说明，以哪些形式，又在哪些为双方都接受的规则之下，用于亲密领域的社会系统能够在此差异的基础上产生。对此问题的答案不可能还在构成性差异的运用中找到，也就是说，不可能还是从完全个体性和人格性的角度去回答此问题，因为差异本身并不保证在具体情境中亲密性的选择，反而给选择制造麻烦。

另一个观察结果——不妨将其表述为自我的庸常化——可以让我们领会同样的变化。爱情不再为少数几个伟大的恋爱者所专擅，不再以他们的模式为导向。浪漫派文学和浪漫主义者本人做出了最后一次尝试，将理想作为文学和作为生活来践行；两者亦因此在概念构想和实在、女人和男人的交替关系中生活和受难。但不可能强求每个人都这样去做，哪怕在某一特定社会阶层之内也不行。普适化（Univeralisierung）则要求一个任何人都可获得的自我——作为亲密性的基础。这就是先验哲学在其主体概念中所表达的意思，早期浪漫派也仍然以此为导向。“修养（Bildung）的最高任务乃是要占有他的先验自我（transzendentales Selbst），要同时是他的我之我（das Ich seines Ichs），”诺瓦利斯如是说。[1] 移用到完全经验性的爱情和婚姻上，先验思想却变形成了观念论之物。它恰恰没有提供它在此要求中所希求成为的：个

① Blütenstaub 28, zit. nach Schriften Bd. 2, Jena 1907, S. 117.

体性的塑造(Bildung)。要承认真实的个体性的任性——特别是对每一个真实的个体的承认，是包含失败者在内的！——就必须抵制对于个体性的教化(Kultur)。每个人在人格性关系中作为对其自我的承认所期待的，作为关于自身的自由谈论本身所希冀实现的，无关于任何理想性，而关乎某种事实性；所涉及的，不是从某一立场出发去表现人性，而是作为具体生活的因缘际会，需要根据生活的意义得到领会的东西。问题毋宁说是，如此相异之万有如何还能是个一，而并非：它如何能作为"整体"实现"生活的意义"；我之我在今天不被叫做先验自我，而曰同一性(Identität)。[①] 此概念不具备逻辑上的相关性，而只有象征的相关性：它证明，如果一个社会中非人格性关系占了压倒优势，就很难找到一个立锥之地，在此人们可以将其自身作为统一体来经验，能够作为统一体来发生作用。我之我不是在先验理论意义上的主体性之客观性。我之我是自我选择性过程的产物；也正

① 绝非偶然，一个起初如此干巴巴的概念接替了自身性(Selbstheit)崇拜，可它也就旋即被再神秘化，受到一种无理由的以其自身为优先的对待。类似的有"内在促动"(intrinsische Motivation)、"认知一致性"(kognitive Konsistenz)和其他形式的"平衡"(Balance)；最后还少不了：解放。

因如此，它依赖于他人的一道参与选择。如今的问题不是提升，而是如何从自身可能性中进行选择。

这样一来，人们作为爱情来寻求的，人们在亲密关系中寻求的，首先就是：*自我描述的有效化*。[①]这倒不是说，恋爱者应该高估乃至理想化被爱者。这对于后者来说成了促其上进的持续催迫，成了持续的不一致体验，毋宁说是让人难受的，至少从长远来说是这样。如果社会放任自我描述成为对自身个体性的“塑造”，即是说，自我描述被设置为偶然性的，它恰恰需要得到社会的支撑。在现代生活条件下，人们登记自己的“日常生活中的自我呈现”[②]的意识阈限已显著降低。正因如此，人们

---

① 对此可比较 William J. Chambliss, The Selection of Friends, Social Forces 43 (1965), S. 370—380，此文接续了 Morton Deutsch / Leonard Solomon, Reactions to Evaluations by Others as Influenced by Self-Examination, Sociometry 22 (1959), S. 93—112; Carl W. Backman / Paul F. Second, Liking, Selective Interaction and Misperception in Congruent Relations, Sociometry 25 (1962), S. 321—335; Theodore Newcomb, The Prediction of Interpersonal Attraction, American Psychologist 11 (1956), S. 393—404. 另外可比较 Hanns Wienold, Kontakt, Einfühlung und Attraktion: Zur Entwicklung von Paarbeziehungen, Stuttgart 1972, S. 63 ff.

② 这正是戈夫曼的书名：Erving Goffman, The Presentation of Self in Everyday Life, 2. Aufl. Garden City N.Y. 1959.

才依赖他人的周到得体，他们如此大度，绝不会去挑剔存在和幻相之间的不一致——要不就需要有某人相信存在和幻相的统一，或至少将此作为自己的自我描述的对象，而一定又会有另一人相信这个自我描述。

这种对于自我描述——哪怕它是任意选择的——的确认必须在亲密关系的开启过程中学会和操练娴熟。但是这项任务能被规范化为行为符码吗？无论如何，这会导致悖论性构成的形式再一次复苏。爱情必须再一次被规定为幻想和实在的统一体，同时，作为尽管如此也还是值得相信的生活榜样提供给人们。不论观察者对此作出何种评判：恋爱者断断乎不可能因为他们相爱，就对于其自身和对于对方都成了不值得相信的人。

如果人们主要关注的是自我描述有效化的问题，则爱情语义学必须与之相适应。变化主要涉及亲密关系分化而出的引导性象征体系，变化导致语义学中寓含的“反对什么”(Wogegen)和“为了什么”(Wofür)发生位移。激情概念强调对自身感觉和行动的非理性甚而病态的不负责任，它必须借此来抵制社会和家庭的控制尝试，而如今这一概念在此也失灵了。在这一点上，激烈和痴狂如今都已无必要。取而代之的是一种难以表述的原则,它尝试着要表达这一事实,即恋爱者自身就是其爱情的源头。自发性必须在此意义上被表达出来。爱情不能等到被询问时才让自身显露出来,它必须在所有恳求和探问之前就出现,以免显得是义务或是妥协让步。[①] 爱情不能因为受到刺激而产生。它绝不能是被动回应,而必须先发制人。只有这样它才不仅能对行动,还能对体验,对被爱者的世界态度作出反应,在一个尚未被定义的情境中自由移动。只有这样,通过比自己要去迎合的那一方抢先一步,恋爱者才能保存其自身的自由和自我规定。这一来,自愿屈服或"愿永负枷锁"(In-den-Ketten-Bleiben-Wollen)的悖论也就解开了,人们看到了日常生活中要紧的是什么:能够作为其我之我,作为其自身恋爱之源头去行动。

与此相一致,诚实在恋人交流中又一次被着

---

① 对于 amour passion [激情型爱情]符码就已经是如此,此处却用于和交际的与婚姻的义务划出界限。可比较 Bussy Rabutin, Histoire amoueuse des Gaules, Paris 1856, Neudruck Nendeln, Liechtenstein 1972, Bd. 1, S. 371 f. 在现代版本中,这个自发性标准获得了重要意义,成为爱情的知觉和证明的核心。尤其可参见 Judith M. Katz, How do You Love Me? Let me Count The Ways (The Phenomenology of Being Loved), Sociological Inquiry 46 (1975), S. 11—22.

重强调[①]——和某部长篇文学史的反思性认识正相反。[②] 由此所要求于人的，一方面超出了那种关

① 对此可参见 Lionel Trilling, Sincerity and Authenticity, Cambridge Mass. 1972.

② 在治疗和心理学方面可参见 George W. Bach / Peter Wyden, Streiten verbindet: Formeln für faire Partnerschaften in Liebe und Ehe, dt. Übers. Gütersloh 1970；进一步可参见 Sidney M. Jourard, The Transparent Self: Self-Disclosure and Well-Being, New York 1964；Jourard, Self-Disclosure: An Experimental Analysis of the Transparent Self, New York 1971；Howard L. Miller / Paul S. Siegel, Loving: A Psychological Approach, New York 1972, S. 22 f. 关于相应观念的传播可进一步参见 Zick Rubin et al., Self-Disclosure in Dating Couples: Sex Roles and the Ethics of Openness, Journal of Marriage and the Family 42 (1980), S. 305－317. 对此也可比较荷兰德对"自我"理论的知识社会学分析(Ray Holland, Self and Social Context, New York 1977)，其中探讨了这一猜测，即作家们(尤其是缺失了欧洲人处理自我指涉的经验和技巧的美国人)在书写自我时会想到自身的自我，所以会将事物一般化为积极之物，譬如推荐健康的个性发展、诚实性等等。

不言而喻，这种重新执着于诚实的自我揭露和文学上对于诚实性的狂热毫无关系。浪漫派洞察到，诚实既不可能也不值得渴求，诚实性狂热所反抗的正是这一观点，也因为这一观点而瓦解。其最突出的例子大概要算纪德(André Gide)，作为其反面描述则可举出 François Derais / Henri Rambaud, L'Envers du Journal de Gide: Tunis 1942－43, Paris 1951. 对此可比较 Henry Peyre, Literature and Sincerity, New Haven 1963, S. 276 ff. 治疗学家们考虑的不是和传承经验的差异，而是其处方的可能功效。

联于“真爱”和纯勾引行为之差异的诚实，另一方面关系到一种质朴的、能够充当药方的原则，该原则三百年来从不理会那个洞见，即在筑造人类实存和发展爱情的过程中，诚实和不诚实之间的关联难解难分。[①] 你所爱的那个人，真的会容许你说出你必须说出的一切吗？就算完全不考虑这一问题，也得想想：在时时变换的情绪状态中，一个人也应该保持诚实吗？另一方就应该像温度计那样系之于自身的温度吗？[②] 尤其是：一个人如果在面对其自身时都不诚实，别人又如何能在他（她）面前做到诚实呢？归根结底，每个实存不都是一个无根基的投射，一个抛出的设计，需要不诚实性作为支撑和保护区域吗？难道人们真的能将自身的诚实纳入交流，而不用担心单凭这一点就已变得

---

① 只需要比较 Madeleine de Scuderi, De la dissimulation et de la sincerité, in dies., Conversations sur divers sujets, Bd. I. Lyon 1680, S. 300—322. 其中的提问是：怎么能让他人做到忍受周围人面对他们时显示的诚实。这里（17 世纪中始终如此）的主题还处在将作战、宫廷成功行为、爱情事物中行为作类比的语境中。尽管如此，这证明了一种独立社会道德——它以社会考虑为引导反思其自身——的发展开端。18 世纪引出的种种后果，我们在第十二章中作了总结。

② 这个比喻见于 Marquis de Caraccioli, La jouissance de soi-même, Neuauflage Utrecht-Amsterdam 1759, S. 52.

不诚实了吗？

治疗学家对于道德的影响（以及道德对于治疗学家的影响）难以评估，却明显是值得担心的。基于此影响，单个人的脆弱健康——亦即需要愈合的构造（Verfassung）——取代了爱情的地位，唯一被发展出来的爱情表象是一种交互的持久治疗，而其基础不过是关于诚实性所达成的不诚实的相互理解。

于是人们如今要问，如果爱情应该给每个人机会，让自身和自身保持同一，成为我之我，那爱情可能是什么？尽管乍看起来，逐步撤销理想性强求（Idealitätzumutungen）（这包括了放弃所有的替代性意识形态，如 growth of personality［人格的成长］[①]等等）可以使问题解决变得容易。实际

① 只需参见 Herbert A. Otto (Hrsg.), Love Today: A New Exploration, New York 1973 中的格言："你让自己爱得越多，你带给自己和他人的完整性就越大（the more you let yourself love, the greater the wholeness you bring to yourself and others）。"也应注意这里为组织的时代而表述的七级爱情阶梯，亦即要求（1）一个组织去召集（2）一个委员会以拟定（3）一个"action framework［行动框架］"，以便迈出（4）"First Steps Toward (5) a Master Plan for (6) the Establishment of (7) a loving Society［（4）第一步，以通向（5）一个大师计划，为了（6）建立制度设施，（7）实现一个爱的社会］"（a.a.O., S. 11）。

上这却让爱情语义学失去了迄今为止不可或缺的表述帮助:过度提升为理想或悖论。在被维护的语义学层面,多被表述为、被系统化为一且因而得以流传,靠的就是这种形式。一种替代原则尚未出现在视野中。情形因此就可能是,以日常生活和庸常性为导向的降低要求提升了实现要求的低概率性,因为那就再也找不到什么形式了。

不管怎样,人们可以利用沿袭的不稳定性和为爱受苦的语义学为起点,以表述一个问题。如前文所示,amour passion[激情型爱情]符码将自身和婚姻区分开来,把握了爱情作为过度和终结的内在不可能性。现代理论看起来同样遵循此原则,因为它们也着重指出爱情这一事实状态本身的不可能性症状。譬如对于心理治疗学家迪特·魏斯(Dieter Wyss)来说,联系乃是自毁性的(selbstdestruktiv)。[①] 但对于一个想要引导爱情和婚姻实现聚首的社会来说,由此事实并不能得出该立即结束的结论,而是推导出了*学习的必要性*。鉴于解体的能动性置入了所有情感联系中,恋爱作为维持概率极低者的问题就被意识到——恋爱需要具备促成婚姻的能力。就维持而言,所要维持

① Lieben als Lernprozess, Göttingen 1975, S. 80 ff.

的乃是概率极低的交流机会，人们会假定，对此存在着一种普遍的、由社会结构所规定的需要。人们会想着其所爱的人来接纳世界经验和行动，另一方的独异性会作为对失望进行加工的结果被纳入自身的生命意义，尤其是在那些让自己变得不同的方面：他(她)会不同于其自身；会不同于所希望成为的那样；最终，还会不同于将其本性特征(Wesenszüge)升级为理想的风格化所要求的那样。

据此种种，人们会猜想，亲密性的编码过程将会朝着一种理解(Verstehen)程序的方向发展。原则上，在理解概念中包含了两方面假设：(1)将一个被观察的系统的环境和环境关系纳入观察，以便人们能够一道体验到，被观察者的体验从何而来，其行动又有何目标；(2)将信息和信息加工，即是说，将偶然性和比较图式(在被观察的系统中，Nachrichten[消息]就是根据这些图式而作为选择被体验和处理)纳入；由此一来，就有了(3)：自我描述的必要性和自身内用来使之变得容易的手段，也会被纳入理解对象的构成成分之中。在此意义上的理解，也近乎于一种不可能性，一种只能无限接近的理想性。尤其是对于那种要求，即随时做好准备，按照理解性体验的标准去行动，情形就是如此。向着理解方向去改造符码，并不会导致要求标准的降低或和现实相妥协。极而言之，理解的低概率性丝毫不亚于在他人中的再生，或者 soumission［恭顺］，或者持久性过度之类。这一转折仅仅意味着，和变化了的可信性条件相适应，会出现一种要求低概率性之物的语义学。

人们会与此相连接去考虑，是否某些东西表明了，理想化和悖论化作为符码形式会被问题导向所接替。总体化规范会导向每次都能得到确切说明、完全可以预期的问题，而这些问题既不能在理想中被简单地忽略，也不能作为悖论来恰当表述。这样一来，让自身进入对方的世界观点(Weltsicht)的信条就引出一个问题，即是否也应该接纳、认可、确证那些无来由的畏惧、自我伤害的看法、危及生命的习惯。心理学对于日常生活的敏锐观察和现代人的多愁善感，将此问题驱入了爱情伦理的中心。恰恰当人们非常细腻地、出于对亲密性的认识而感受到，对方努力和“他(她)的”环境成为共生的一体，而这一共生会反过来对对方造成负面影响，恰恰就在此时，爱情会同时既要求确认，又要求反驳。激情已不管用，理想招来了失望，问题找不到解决方案。问题导向却有一个好处，即它会把任务分派给恋人，让他们在和问题打交道的过程中显示爱情——在无望中煎熬，但还是厮守相爱。自毁性态度的主题是新出现的，在传统爱情语义学——它只需要处理品格特性和人们的相互间态度——中没有这种主题。如果对爱情的不可能性说不的要点就在此处，而非因袭流传的悖论中，倒也是不错的。

拒绝结婚而只是同居的趋势，也可以在此背景下得到诠释。人们可以看出，其中表达了某种由多重因素决定（überdeterminiert）的怀疑态度，这是由对问题的了解和认真对待所导致的结果。不结婚表达了某种保留态度，且是以这样的方式来表达的，即通过拒绝联系的象征"婚姻"同时也就避免了对保留的象征化——保留会给自己招来拒绝。早在18世纪下半叶的小说中，这种对形式的拒绝就受到拥护，以促进自由恋爱的实现。而还在更早时候，就偶尔会出现一位宽宏大量、善解人意的叔叔，会允许侄子把"他的关系"一起带来。无论如何，这套术语大概不适合用来描述今天的情形。"同居生活"已经获得了社会承认。令人吃惊之处倒不是这个事实本身，而是既无任何对于由象征而一般化的联系的接纳，也无任何形式的义务预期，这个承认就实现了。难道人们认为对于人格性关系的兴趣本身就足够强了吗？或者对一种“替代方案”的选择已经是足够充分的合法性说明？

最终，基于人格性和非人格性关系的引导性差异，编码问题也获得了一种摆脱传统的规定尝试的语义形式。编码是对那些服务于信息获取与加工的方面的某种语义双重化。从爱情对象的理想化出发，人们只可能想到完美和匮乏，而非一种严格意义上的二值编码。[①] 接下来向着 amour passion［激情型爱情］原则的转型提供了更好的出发点。在 plaisir［快感］之无可置疑性的基础上，诚实和不诚实爱情的可能性——关系到最后恩典的获得——却区分开了。浪漫派在自我委身和自我保存的反身性二值性（Doppelwertigkeit）中，将问题主观化。在两种情况下，为了实现这样的双重化，符码的统一都采取了悖论的形式，体现于“自愿成为囚徒”、“清醒的热情”之类说法。如人们所见，语义上的大师成就（Meisterleistungen）一旦要试着转化为生活，就会出现许多问题。

---

① Flaminio Nobili，Trattato dell'Amore Humano a.a.O.，fol. 31 R，虽然将爱/恨这个二元提出来讨论，却洞察到它是行不通的：他认为，“自然并不愿意从丑中生出恨，就像从美中生出爱”（“anzi è tale odio più simigliante a privatione che a vero contrario”）。

只要社会而今结构性地规定了对于非人格性和人格性关系两相对立的兴趣，解决这一亲密性编码的问题就会轻松很多。这就是说，爱情语义学可以被简单化，即是说庸常化；但这显然不意味着，生活本身会变得更简单。符码现在要求所有事件在人格性/非人格性的差异引导下，实现一种普遍性二值化。爱情是实现这一点的必需，因为爱情意味着一个关联人格的分化而出，以此人格为导向，世界才能被评判为不同于正常的，在此人格的眼中，连恋爱者本人都变得不同于正常人了。当然，被双重化的并非世上之物的实在性，而只是世界本身。双重化自始至终是一个语义学上的人工制品。它一方面由匿名效力（Geltung）的视角，另一方面由所爱的人的视角，构成了一种在所有体验和行动中的连接可能性的双类型学（Doppeltypik）。

回头视之，激情化爱情的秘术如今看来像是一种过渡性语义学，在社会系统中尚无足够结构性支持的情况下，它就已尝试对亲密关系进行二元编码了。在一个人们按阶层来生活，尚未强烈地去人格化的社会中，人们就已在文学引导下去学习让自身完全地投入一个选中的他人，在他人之中、依赖他人而活着；一开始的情况像是偶然为之，出现在婚姻之外，后来就居然在制度化联系的框架之内了。为此，语义学必须自力更生地创造出动机，相应地，它也就摆荡于美貌、德行的一方和“动物式”感性的另一方之间。今天在涉及建设一个纯粹人格性世界的动机方面，社会兴许变得更愿意包容。但另一方面，人们也可能现在才刚开始经验到，事情的实现概率有多低。

第十六章

爱情作为互渗入系统

我们详尽描述了爱情语义学的形式变迁，最后还应该从系统论视角来作一下总结。亲密关系不过是社会系统，其所被人期待，尤其是被当事人所期待的是，它们能充分适应当事人的观点，完全满足当事人的需求。由此，这些社会系统的功能和意义赋予将我们指引至那种系统指涉——个体性人格。亲密关系必须满足人格对它们的预期——否则它们作为社会系统就会陷入困境。通过对于二人关系的坚持，人格性预期和对于社会团结的威胁之间的这种关联变得无害了；让人们一次只能爱一个人，正是符码规范的功能。

循着个体的人格性系统的指引，人们会进一步问，亲密性对于单个人格的系统/环境关系意味着什么。对这个问题来说，有一个区分很重要，在有着深入分化的系统关系、变得日益复杂的社会中，该区分意义重大。人们必须将一个系统和其环境的关系区分于该系统和其环境之中的个别系统的关系。系统环境通过系统本身而具有其统一性(不论环境的区域划分如何)。相反,系统环境中的其他系统获得其统一性,应归功于其自身。凡是系统无法以自我指涉性再生产的方式来支配的一切,也就是说,包括任何其他系统,都属于环境。可是不同于环境整体,其他系统要另外由一种自身的自我指涉性再生产模式来界定其特征。"环境"对于系统来说是抽象的他者;反之其他系统对于系统来说是由自身所规定的他者。

这个差异本身就是演化性发展的结果。对于不同系统此差异会以不同方式加剧,这是因为,系统会获得和其环境的距离,会在环境中学会区分出其他系统,而这是在和越来越多、越来越千差万别的其他系统的关联中发生的,由此,以个别系统去代表整个环境的做法行不通了。可想而知,能够调和与包容这一差异的,最初是宗教。它在诸多其他系统的环境中造成了一个系统,此系统能够为其他那些系统诠释世界。宗教的象征"上帝"意味着"一和一切"——这正是宗教本身所要求实现的。通过其他系统的环境中的一个系统去代表世界的功能,被宗教改革,被影响远为深广的 16 和 17 世纪的社会系统转化所冲击。人们可以把一种亲密关系符码的分化而出视为相补充的事件。这并不意味着,爱情代替了宗教的地位(尽管时不时有人头脑发热,偏偏提出这一要求)。恰恰是在功能分化的社会中,功能领域只能以自我替代的方式向前发展,即是说,宗教只能由宗教来代替。然而,如果环境中的一个系统能够由之出发去代表此环境的位置成为空缺,会给所有功能领域都造成特别的问题。

现在,人们要为亲密关系寻找独特的解决方案。复制宗教形式的方案退场了。恰恰在二人关系中,人们无法轻易地将世界的代表权委托给对方,就像一开始由(绝对)屈服和占领之类符码概念所暗示的那样。像这样去追求世界和二人关系的统一,会导致走向悖论,如我们已经见到的。继复制宗教形式之后,留给 19 世纪的就只剩下复制本身了。绝对者成了空的姿态。不可企及者被象征化为花花公子、小丑、街头流浪儿。[①] 对此,唯一可能的回应只能是和传统决裂。恋人的引导从小说转到了心理治疗学家手中。

然而,在自身环境和自身环境中的其他系统的

---

① 关于此发展可比较 Wallace Fowlie, Love in Literature: Studies in Symbolic Expression, Nachdruck Freeport N. Y. 1972.

差异中,同时寓存着和传统的连接和新的视角,只要人们足够抽象地来把握这个差异。这个差异的问题,成了借助亲密关系发展起来的社会系统的问题。该系统并不太依赖于性格的质性、德行、和谐;重要的是另一个人,这个人会在我的环境中为我的世界引入意义,但只有在我接受他(她)并将他(她)的世界视为自己的时,他(她)才能做到这一点。就连"视角的交互性(Reziprozität)"也是一个过于简单的公式,它过多地关注人格自身交互的主题化。所涉及的是一种信息获取和信息加工的社会系统的可能性,在其中,每个信息都应当印证共有世界的统一性,因此每个信息都能让差异被突破。"我的钱包不见了"——这在第一次是可以原谅的,可是第二次、第三次呢?难道某个时刻其中一方不会猜疑:另一方是用别种方式在看这信息?

我们用(远为内涵丰富、远为苛求的)人际间互渗入概念取代了视角交互性的表象。这对于爱情主题来说有指向多个方向的后果。首先,融合的隐喻说法被消解和取代了。[1] 互渗入不会将不同系统带入统一。它不是 unio mystica [神秘合

---

① 也就是说不仅是:被嘲笑。对此可比较 Niklas Luhmann, Gesellschaftsstruktur und Semantik a.a.O., Bd. 2, S. 210.

一]。它只在要素——此处也就是体验和行动的事件单位——之再生产的操作层面上进行。一个系统用来再生产其事件序列的每个操作，即是说，每个行动，每个观察，都同时会在另一系统中发生。操作必须要注意到，它作为其中一个系统的行动同时是另一个系统的体验，而这不仅是一种外在的认同，而同时还是操作自身再生产的条件。人们在爱情中只能如此行动，即一定要有了这种对方的体验才能继续活下去。行动必须被嵌入另一方的体验世界，由此世界出发而被再生产；行动却不能因此而失去它们的自由，它们的自我选择性，以及它们对于行动者之天长地久倾向的表达价值。它们恰恰不能显现为俯首帖耳、软弱听话、迁就顺从或有意回避冲突的行为。没有爱情会满足于一句"噢我没意见"。爱情要求，只有恋爱着的人，才能如此地行动。

因此，由爱情而行动不仅是要适应，不仅是要迎合，不仅是满足愿望。如果说 soumission [恭顺]和 complaisance [献殷勤]的术语曾经是贴切的，那现在已经不适合了。重要的是在另一方的世界中找到意义。因为这个世界并不是没有问题的，确认该世界的意义亦不可能是没有问题的。它可能违逆了另一方的脾气或情绪。通过它在被爱者的世界中发生，它可能转化了该世界。它必须承担风险：到最后也不知道对另一方来说什么才是好的，可不管怎样还是得执着于爱情。

在其行动基础中，爱情作为意义领会（Sinnerfassung）乃是以另一个系统的世界为导向，由它的圆满完成也就改变了它所观察的事物。它无法冷眼旁观。它自身就构成了它的对象的一部分。它的“客体”并非寂然不动，而会将操作纳入自身从而改变了自身。这种“为他人所体验”（Vom-anderen-erlebt-Werden）成为操作性再生产的构成成分。自我再生产和外来再生产根据系统语境不同会保持分离，然而却是在同一个行动中 uno actu［连贯地］实施的。

无论如何，如果而且只要是互渗入关系在操控体验和行动，情形就是如此。自然每个伴侣都可能设法从中摆脱，然而就算是这一“让自身摆脱”，也发生在亲密关系的共时化之中。人们已经用爱情关系终结的例子来演示了这一点，得出乍看起来颇为离奇的结论，即尚未死心的恋爱者才必须宣布爱情结束了。M 侯爵夫人会这样做，爱莲诺(Ellénore)却不会。①

亲密关系中的所有交流都会落入不可交流性之手,任其摆布,不可交流性却是交流自身建构的。我们已经确认,这正是 18 世纪的人们所发现并掩盖的洞见。这也可以借助于互渗入概念来解释。在互渗入条件下,每一行动的价值都会在两条轨道上被评判:一方面是它有意要达到什么,一方面是它对于归因过程来说意味着什么。这一事实也构成著名的 double bind [双重束缚]理论的基础。② 只有在经由归因达到的层面上,前景才可能被长久地锚定,交流却始终是可以被否定的。因

① "Il faut renoncer à vous pour jamais, pour jamais! Grand Dieu! Et c'est ma propre bouche qui me prononce un arrêt qui peut-être ne sortirait point de la votre [应该和您永远断绝来往,永远!伟大上帝!从我自家嘴里宣布了判决,从您的嘴里大概是永远说不出来的],"文本中这样说。而在令其实现的英雄主义态度丧失了八十年后是这样的:"Qu'exige-vous? Que je vous quitte? Ne voyez-vous pas que je n'en ai pas la force? Ah! cest à vous, qui n'aimez pas, c'est à vous à la trouver, cette force ... [谁要求您?要我离开您?您没有看见我没有力量这样做?噢!应该是不爱的您,应该是您去找到这个力量……]"参见 Crébillon (fils), Lettres de la Marquise de M. au Comte de R. a.a.O., S. 181 和 Benjamin Constant, Adolphe a.a.O., S. 113.

② 比较 Gregory Bateson et al., Toward a Theory of Schizophrenia, Behavioral Science 1 (1956), S. 251—264.

此,将差异聚合在唯一一个爱情行动中也是不可能的——或者更确切地说:总是可能的,不过只是在此刻的永久性愿景(Ewigkeitsperspektive)中。每个陈述都会导致陈述者和他(她)所说的话分离,单凭这一项,就已丧失了无辜。尊重这一事实,必然属于爱情的题中之义。另外作选择的尝试,不啻为逼迫不诚实——如果不是精神分裂——出现。

当恋人之间相互认可各自的世界,而放弃将所有一切都带入一种总体性时,也可以理解成是互渗入。爱情之意义关联的普适性不需要——当然也不能——抓住所有当前的体验和行动。就像宗教或法律之意义关联的普适性所要求的那样,没有什么东西是天生就无相关性的,但在另一方面,也并没有给出什么强迫规定,要根据符码来调准每一步。只有在放弃了强迫时,严格意义上的普适性才是可企及的。只有一个在今天还从小说、从浪漫派角度来思考的人,当其了解到,恋人们并未赋予 shared activities [共同的活动] 和 shared values and goals [共有价值和目标] 等惯用主题多了不起的意义时,才会感到出人意料。[1] 如

① 这个基于经验性研究的论断参见 Clifford H. Swensen / Frank Gilner, Factor Analysis of Self-Report (转下页)

果这一点能够被证实，人们就有了一个依据，可以放心地断言，关于爱情的真实感受和思想要比传统语义学所规定的更为成熟。

如果为了寻求脱离爱情无法实现的要求的出路，而把单调性（Monotonie）当成指引方向，也就是说以减少信息涌入为导向，也并非多么不合情理。① 但这也就意味着：放弃功能的最优化，放弃从另一方获得对自身世界的充分确认的可能。这种或那种药方可能导致不同结果。如果暂将它们搁在一旁，剩下来的就是此命题——一个分化而出的、具有低概率性结构和低概率性功能的社会系统。再重复一遍，在这个系统中被接纳和加工的每个信息，都在测试环境的相容性（其间每个参与者本身就属于他人的环境，因此会一道被测试）。如果这不再是共同基础，系统就会瓦解（即便配偶双方“始终凑合在一处”）。这一共同基础

（上接注①）Statements of Love Relationships, Journal of Individual Psychology 20 (1964), S. 186—188 (187 f.). 也可参见 Clifford H. Swensen, The Behavior of Love, in: Herbert A. Otto (Hrsg.), Love Today: A New Exploration, New York 1973, S. 86—101 (92 f.).

① 然而很少有人真的这样建议。但可以参见 Elton Mayo, Should Marriage be Monotonous? Harper's Magazione 151 (1925), 420—427.

通过将再生产出系统的功能赋予所有的信息，从而再生产出系统。这正是那种符码的系统论对应物，该符码要求人们在交互作用中以行动来让自身适应于对方的体验。符码的统一性假设了亲密关系之社会系统的统一性，而此系统的统一性乃是差异——它构成了系统的信息加工基础——的统一性。在一个“差异”之上无法“建立”任何东西。因此人们也经常说，爱情是没有理由的。

每次两个人格之间的亲密关系被假定为以专门功能形式分化而出的自我指涉社会系统，如果人们由此假定出发，且将亲密性理解为互渗入，就可以回顾性地考察，amour passion［激情型爱情］和浪漫主义爱情的语义学传统是否、又在哪些方面为此提供了充当导向的范本？涉及到传统爱情语义学的全部储存，人们既可以放弃种种夸张的悖论化，也可以放弃激情和过度等意义要素，它们主要是用来让分化而出变得合法的。反之，始终不能放弃的是那个新人文主义和浪漫主义的概念——向世界敞开的、构建一个独异世界的个体。同样重要的是自我指涉，即为爱而爱的表象，由此而强调的是，在亲密领域中使系统之构成和延续得以实现的那些条件，必须由系统自身生产出来。

这同时延续了那种源远流长的洞见，即爱情自己赋予自己法则，不是以抽象方式，而是在具体情形中视具体情形而定。[①] 人们必须比以往任何时候都要激进地认可，爱情可消解一切可能构成它的理由和动机的品格特性。任何要“看穿”对方的尝试，都会导向无根基之所，导向真和假、诚实和不诚实的合一，摆脱了所有标准。因此，不是所有东西都能说出来。透明性只存在于系统和系统的关系中，可以这样说，借助于系统和环境的差异才有透明性——正是差异构成了系统。爱情自身就是这种透明性：

Ein Gesicht vor dem

Einen

keins mehr Sub-ject

nur noch Bezug

unfaßbar

　　und

---

① 17世纪的典型版本大致如下：存在着普遍的、不折不扣技术性的恰当勾引的规则；然而一旦爱情已经赢得，则只有意中人所说的和要求的才算数。譬如 La iustification de l'amour, in: Receuil de pieces en prose les plus agreables de ce temps (Receuil de Sercy) Bd. 3, Paris 1660, S. 289—334 (314 f.).

fest

(Friedrich Rudolf Hohl)

一张脸孔面对

另一张

不再是主体

只是关系

不可把握

　　却

　　　　牢固

(弗里德里希·鲁道夫·霍尔)

术语索引

A

B

Begehren 欲求
Begrifflichkeit 概念性
Begründung 理据,论证
Bestätigung 确认
Bezugsgeschehen 参考事件
Bildung 塑造,修养

C

Code 符码,规则
Code,binärer 二值符码
Codierung 编码,规则化
Chance 机会

D

Darstellungsformen 表演形式
Designation 指称
deskriptiv 描述
Differenz 差异
Differenzierung 分化
Differenzpunkt 差异点
Diffenrenzschema 差异图式
diffus 弥散的
Disposition 支配,禀性倾向
Dissimulation 掩饰
Doppelwertung 二值化

E

Ego 自我
Eigenart 独异性

F

G

Gebot 信条,诫命
gegeben 给予的
Gegenbewegungen 反向运动
Gegenstand 对象
Geliebte 被爱者,意中人,情人
Gemüthsart 情性
genetisch 发生学的
Geschichte 历史一故事
Gesichtspunkt 视角
Geschlossenheit 闭合性
Geselligkeit 交际
Gesetz 法则

H

Hausherrschaft 家庭统治权
Hausökonomie 家庭经济
Hierarchie 科层制,等级制
Hierarchisierung 科层化,等级化
Horizont 视域

I

Ichsein 我在
Ideal 理想
Idealität 理想性
Idee 观念,理念
Ideenevolution 观念演化
Inanspruchnahme 占用
Indifferenz 冷漠,漠然无差异
Indikator 指标
Individuum-Sein 作为个体存在
Informationsverarbeitung 信息加工

J

K

Konformität 从众行为
Konnotation 内涵意义,意味
Konsequenz 一致性
Konstanz 恒定性
Konstellation 态势
Konstitution 构成、构建
konstitutiv 构成性的
Kontingenz 偶在性
Kontingenz, doppelte 双重偶在性
Konversationstheorie 交谈理论
Konzentrierung 集中化
Kopplung, strukturelle 结构耦合
Körperaktivismus 身体能动主义
Korporativ 法人型
Korrelat 相关物
Künstlichkeit 人为造作

L

Lebenstüchtigkeit 勤勉为生
Leistung 效能
Lernmöglichkeiten 学习可能性
Liebende 恋人,恋爱者,相爱者

M

Maß 尺度
Maxime 金律
Metaphorik 隐喻体系
Mitteilung 传达
Minnesang 宫廷恋歌
Motiv 动机
Motivierung 促动

N

O

P

Pointillismus 点画法
précieuse 端庄淑女
Primärbedürfnisse 初级需求
Problemlage 问题情境
Programm 规划
programmieren 规划的编排
Puritanismus 清教主义

Q

Qualität 质性
questions d'amour 爱情提问

R

Raffinement 文雅
real 实在的
Realität 实在性,实在
Redlichkeit 诚实
Re-entry 再入
Referenz 指涉
Reflexion 反身
Reflexivität 反身性
Regulativ 调节
Relationierung 关系化
Relevanzbereich 相关性领域
Repräsentativität 代表性
Rückversicherung 再保险

S

Sache 事情
sachlich 事情的
Sachverhalt 事实情况

Sachzusammenhang 事情关联
Schichtgleichheit 门当户对
Schwelle 阈限
Selbstaktiverung 自我启动
Selbstfestlegung 自我限定
Selbstheit 自身性
Selbstliebe 自爱
Selbstlosigkeit 无私
Selbstreferenz 自我指涉
Selbstsein 作为自身而在
Selbstverdoppelung 自身双重化
Selbstwert 自身价值
Selektion 选择
Selektivität 选择性
Seligieren 神圣化
Seltenheitswert 珍稀价值
Semantik 语义学
Semantik,gepflegte 被维护的语义学
Sensibilität 敏感性
Sicheinlassen 任自身进入
Sicheinstellen auf Liebe 以自身迎合爱情
Simulation 仿真
Sinn 意义
Sinnerfassung 意义领会
Sinngebung 意义赋予
Sinnmomente 意义要素
Sinnüberschüss 意义盈余
Sittenpolemik 道德论争
Sozialität 社会性
Sperrbegriff 封闭概念
Spezifizieren 专门指定

Startmechanismus 启动机制
Startplausibilitäten 起始可信性
steigern 提升
Steigerung 提升
Stellenwert 位值
Subjektität 主体状态
Subjektivität 主体性
Sublimierung 崇高化,升华
Subsumtion 涵摄
symbiotisch 共生的
Symbolik 象征体系
Systematisierung 系统化

T

Tautologie 重言论述
Tempo 步调
Thema 主题
Thematisierung 主题化
Tieferlegung 深入安置
Totalität 总体性
Tradierbarkeit 可流传性
Transparenz 透明性
Trivialisieren 庸常化
Trivialität 庸常性
Tugend 德行

U

überdeterminieren 多重因素决定
Übersteigerung 过度提升
unaufrichtig 不诚实的
universal 普适性的

V

W

Welthaftigkeit 世界性
Weltkorrespondenz 符合于世界
Weltsachverhalten 世界事态
Weltsicht 世界观点
Weltstandpunkt 世界立场

X

Y

Z

Zeitlichkeit 时间性
Zufall 偶然
Zulassungskriterien 准许的标准
Zuneigung 倾慕
Zurechnung 归因
Zusammensein 共在
Zuwendung 好感

图书在版编目(CIP)数据

作为激情的爱情 ：关于亲密性编码 /（德）尼克拉斯·卢曼著；范劲译.
--上海：华东师范大学出版社，2019
ISBN 978－7－5675－8774－8

I. ①作… II. ①尼… ②范… Ⅲ. ①爱情－研究 IV. ①C913.1

中国版本图书馆 CIP 数据核字(2019)第 023625 号

华东师范大学出版社六点分社

企划人　倪为国

快与慢

作为激情的爱情：关于亲密性编码

著　　者　(德)尼克拉斯·卢曼
译　　者　范　劲
责任编辑　王　旭
封面设计　姚　荣

出版发行　华东师范大学出版社
社　　址　上海市中山北路 3663 号　　邮编　200062
网　　址　www.ecnupress.com.cn
电　　话　021－60821666　行政传真　021－62572105
客服电话　021－62865537　门市(邮购)电话　021－62869887
地　　址　上海市中山北路 3663 号华东师范大学校内先锋路口
网　　店　http://hdsdcbs.tmall.com

印 刷 者　上海盛隆印务有限公司
开　　本　787×1092　1/32
印　　张　13.25
字　　数　170 千字
版　　次　2019 年 11 月第 1 版
印　　次　2019 年 11 月第 1 次
书　　号　ISBN 978－7－5675－8774－8/C.265
定　　价　78.00 元

出 版 人　王　焰

（如发现本版图书有印订质量问题，请寄回本社客服中心调换或电话 021－62865537 联系）